Edith Sitwell, die hierzulande vor allem durch ihr Buch über ›Englische Exzentriker‹ bekannt wurde, fühlte sich zeitlebens zu jenen hingezogen, die von der Norm abwichen. Denn nichts war ihr mehr zuwider, als zu werden »wie alle anderen«.

»Die Mittelschicht-Mühlsteine, denen ich als Kind im Klassenzimmer ausgeliefert war, haben mich wie die Oberschicht-Mentalität, der man mich als sehr junge Frau überantwortete, mein ganzes Leben hindurch kleinzukriegen versucht. Es ist ihnen nie gelungen.« Ihre hinreißende Autobiographie, die Edith Sitwell wenige Tage vor ihrem Tod 1964 beendete, ist eine witzige, scharfzüngige Beschreibung ihrer Zeit und der Menschen, denen sie begegnete.

Edith Sitwell, 1887–1964, gilt heute neben T.S. Eliot als bedeutendste Wegbereiterin der modernen englischen Lyrik. Zu ihren Veröffentlichungen gehören mehrere Gedichtbände, Romane und Biographien.

Edith Sitwell

Mein exzentrisches Leben

Autobiographie

Aus dem Englischen von
Karl A. Klewer

Fischer
Taschenbuch
Verlag

Limitierte Sonderausgabe
Veröffentlicht im Fischer Taschenbuch Verlag GmbH,
Frankfurt am Main, Januar 1994

Lizenzausgabe mit freundlicher Genehmigung der
Frankfurter Verlagsanstalt GmbH, Frankfurt am Main
Originaltitel der bei Hutchinson of London erschienenen Ausgabe:
›Taken Care of‹

Umschlaggestaltung: Balk/Gelberg/Heinichen
Foto: Cecil Beaton
Druck und Bindung: Clausen & Bosse, Leck
Printed in Germany
ISBN 3-596-12126-4

Gedruckt auf chlor- und säurefreiem Papier

Für die Gestalten
aus Porlock

Inhalt

ANHANG

Vorwort

Dies Buch entstand unter beträchtlichen Schwierigkeiten. Ich hatte mich von einer äußerst schweren und langwierigen Krankheit noch nicht erholt. Eine Infektion, die auf eine Lungenentzündung folgte, breitete sich in meinem ganzen Körper aus, und die schlimme Vergiftung eines Fingers zog sich über fünfzehn Monate hin. Die quälenden Schmerzen zwangen mich, als die Vergiftung fortschritt, abwechselnd immer nur eine Hand zu benutzen. Die in diesem Buch geschilderten Erinnerungen beziehen sich auf die Vergangenheit, und ich spiele auf keinen meiner geliebten lebenden Freunde an. Ich hoffe sehr, daß ich niemanden verletzt habe, auch wenn ich, durch die mir von Mr. Percy Wyndham und Mr. D. H. Lawrence zugefügten Beleidigungen über das Maß des Erträglichen hinaus gereizt, beiden sozusagen ein paar kräftige Ohrfeigen versetzt habe. Es stimmt zwar, daß ich sowohl auf den Tiefpunkt hingewiesen habe, den die Lyrik-Kritik erreicht hat, wie auch auf das jämmerliche Gewinsel ohne Nährwert, das gewisse unbedeutende Dichterlinge von sich geben – aber ich habe mich beispielsweise bemüht, nicht von Mr. Edwin Muir zu sprechen (Dr. Leavis' nicht mehr unter den Lebenden weilende geistige Zwillingsschwester). Ich habe niemanden angegriffen, der nicht zuvor mich angegriffen hat. Bei der Abfassung bestimmter Kapitel dieses Buches ist mir klar geworden, daß die Öffentlichkeit alles glaubt – vorausgesetzt, es gründet sich nicht auf Wahrheit.

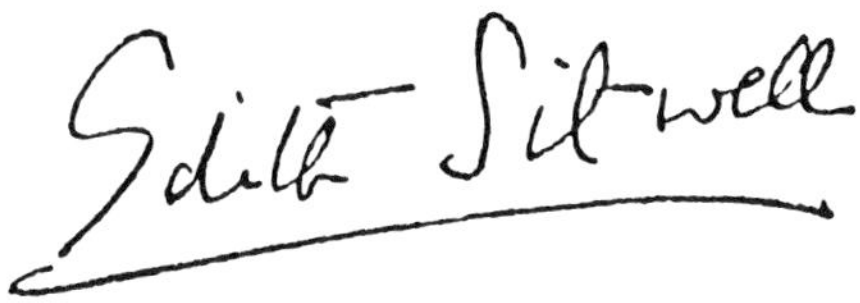

Dame Edith Sitwell
starb am 9. Dezember 1964,
kurz nach Abfassung dieses Vorworts

ERSTES BUCH

Ein ungewöhnlich heftiges Kind

Lady Ida
die Mutter Edith Sitwells

Kierkegaard schrieb in seinen Tagebüchern »Ich bin ein zwiegesichtiger Janus: mit dem einen Antlitz lache ich, mit dem anderen weine ich.«

*

Nur mit Bezug auf das Nachstehende und in keiner anderen Weise ähnele ich Savonarola, dessen mir vorher nicht bekannter Ausspruch Vorläufer des meinen war, auch wenn er damit seine Heimatstadt meinte und nicht die Welt.

Eine Dame wollte wissen, warum ich meist Schwarz trug.

»Sind Sie in Trauer?«

»Ja.«

»Um wen?«

»Um die Welt.«

*

»Du warst ein ungewöhnlich heftiges Kind«, sagte meine Mutter ohne jeden Groll.

Der Sommer des Jahres 1887 war besonders heiß gewesen. Eines Nachmittags in der ersten Septemberwoche hatten meine Großeltern, Lord und Lady Londesborough, oder besser gesagt, meine Großmutter (denn mein Großvater war ein sanftmütiger Mensch, dessen Merkmal eher eine gewisse Großzügigkeit war), das Schlafzimmer meiner Mutter in Wood End, unserem Haus in Scarborough, zum Schauplatz einer sogar für die Verhältnisse meiner Großmutter wilden Auseinandersetzung ausersehen, eine der schlimmsten, die sie je vom Zaun gebrochen hatte. Diese beiden Schatten – der eine hochgewachsen und ungewöhnlich dunkel (ich kannte eine deutsche Gouvernante, die ihn für den spanischen Botschafter gehalten hatte, als sie ihn im Hyde Park reiten sah), der andere, meine Großmutter, ein vollkommenes Abbild der Familie Plantagenet, der sie entstammte, ein Abbild, dem Wut, ihr Pygmalion,

Leben eingehaucht hatte – standen mit dem Rücken zum Fenster des riesigen Wintergartens, der einen Hintergrund aus großen tropischen Blättern und Pflanzen bildete, aus dem gelegentlich wunderbare Blumen wie Vögel ins Zimmer meiner Mutter flogen.

Diese Pflanzenpracht atmete ganz den Geist der Epoche: »[mit] seidenen Schnüren, grauen Schleiern, grünen Samtflekken und den kristallenen Scheiben, die schwarz anlaufen, wie Bronze in der Sonne.«

Meine Großmutter wütete und bewirkte mit diesem einzigartig entsetzlichen Streit meine verfrühte Ankunft auf der Welt. Meine schöne achtzehnjährige Mutter lag, von diesem Ausbruch gelangweilt (von den Kriegen abgesehen, in die ganze Völker verwickelt waren, kann es weder vor oder nach dem Erdbeben von San Francisco etwas damit Vergleichbares gegeben haben), meines Eintritts in die Welt harrend im Bett. Ich meinerseits belebte den Zustand meines Ungeborenseins durch heftige Tritte und Hiebe gegen die Wände meines Gefängnisses, damit man mich hinausließ. Ich wußte nicht, in was für einer Welt ich mich wiederfinden würde – in was für einem *siècle aux mains.*

»Ich habe mich manchmal gefragt«, sagte meine Mutter in Erinnerung an jenen Vorfall, »ob diese Heftigkeit damit zu tun hatte, daß du auf die Welt kommen oder auf deine Großmutter losgehen wolltest.«

Nicht weit vom Haus entfernt bewegte sich die See träge wie ein Löwe, der seiner Beute auflauert, so still, daß man nicht zu ahnen vermochte, zu welch außergewöhnlichem Brüllen dies allem Anschein nach sanftmütige Geschöpf jenseits der löwengelben Sände fähig war.

Das Toben meiner Großmutter schien das Universum zu füllen.

Eine Zeitlang hatten die ungeheuren, mit dem Glanz der

Niagarafälle wetteifernden Ströme von Smaragden sie überrascht, die Juweliere im Auftrag meines Großvaters auf sie herniederregnen ließen.

Erst an dem Tag, von dem ich spreche, entdeckte sie, daß er die Gewohnheit hatte, Damen aufzusuchen, die man als die hinter jenen Strömen verborgenen Najaden ansehen konnte – Nymphen, die ansonsten damit beschäftigt waren, in musikalischen Komödien kreischend über die Bühne zu hüpfen. Nach jedem dieser Besuche packte meinen Großvater das schlechte Gewissen – daher die Smaragde.

Meine Großmutter sagte alles, was ihr in den Sinn kam. Die Smaragde aber behielt sie.

Am 7. September, zwei Tage nach jener Schlacht, gab mein Großvater, seinerzeit Präsident des Cricket Festivals von Scarborough, eine große Mittagsgesellschaft. Sie fand auf dem Cricketgelände in einem Zelt statt, das von blühenden Kübelpflanzen sowie den schwarzen Bärten und Augenbrauen – wie Tannenäste im Winter – von Dr. W. G. Grace und anderer Cricketspieler verschönert wurde.

Alles ging gut, bis die versammelte Gesellschaft erkannte, daß ich im Begriff stand, in die Welt einzutreten.

Meine Mutter, die knapp dem Geschick entging, auf dem Cricketplatz mit mir niederzukommen, wurde eilends nach Wood End gebracht, wo ich binnen einer oder zwei Stunden geboren wurde.

Ich glaubte mich früher einmal an meine Geburt zu erinnern. Vielleicht handelte es sich dabei um die Erinnerung, wie ich zum ersten Mal das Licht erlebte. William James hat in seinem Werk *Principles of Psychology* geschrieben: »Wenn wir das Licht zum ersten Mal sehen, *sind* wir es eher, als daß wir es *sehen.* Aber all unser späteres Wissen bezieht sich auf das, was dies Erlebnis vermittelt: die erste Empfindung ist für das Kind das Universum.«

Diese erste Empfindung bleibt auf allen Gebieten jedem, der mit Leib und Seele Künstler ist. Mir ist sie geblieben. »Das Kind«, heißt es bei William James weiter, »sieht sich einem Objekt gegenüber, das alle Kategorien des Verstehens enthält. Es besitzt Objektivität und Kausalität im vollständigen Sinne dessen, in dem jedes spätere Objekt oder System sie besitzt.«

Meine Eltern begriffen nichts von dem, was aus der Kindheit in meinem Kopf lebendig war.

In einem Essay über eine Ausstellung der Bilder Massons schrieb André de Bouchet: »Während die Kunst des Malers schärfer wurde, [. . .] Sonnen zahllose weitere Sonnen gebaren [. . .] eine wilde Sonne, die über Hahnenkämpfen vibrierte, eine Schmetterlingssonne, die über dem Kopf des Malers vibrierte, eine Brotsonne hinter der ihren Teig knetenden Bäckerin.« All das sah ich, aus der Sicht des Malers in die des Dichters umgewandelt. In gewissem Sinne hatte ich die Wahrnehmungsfähigkeit eines wilden Tieres und das Auge des Malers. Künstler auf allen Gebieten müßten Augen und Witterung des Löwen haben sowie dessen Wahrnehmungsschärfe und dazu das, was André Breton *»la construction solaire«* genannt hat, die Sonne der menschlichen Verstandeskraft.

Doch schon früh warfen Gespenster ihren Schatten über mich wie auch über mein späteres Leben – sie waren so gewaltig wie der Wind des Schweigens auf der Mauer.

Ich möchte zu einer armen toten Frau nicht grausam sein. Ich habe längst vergeben, was ich an Unglücklichsein tragen mußte, und schreibe jetzt nur darüber, weil man sonst nach meinem Tode manches an mir falsch verstehen würde. Heute empfinde ich für meine Mutter nur Mitleid, ein armes junges Geschöpf, das gegen seinen Willen einem gleichermaßen unglücklichen und bemitleidenswerten jungen Mann in einer Art Leibeigenschaft und Sklaverei vermählt worden war. Beide schienen nicht die blasseste Vorstellung von den »Tatsachen des Lebens« gehabt zu haben. Meine Mutter flüchtete sich wenige Tage nach der Hochzeit ins Elternhaus, aber meine Großmutter schickte sie zurück. Der Wechselbalg, der ich bin, wurde neun Monate nach Beginn jener Sklaverei geboren. Kein Wunder, daß mich meine Mutter während meiner ganzen Kindheit und Jugend haßte, auch wenn sie sich in rührender Weise mit meiner Existenz aussöhnte, nachdem ihr das Unglück widerfahren war. Zu dieser Aussöhnung kam es, nachdem sie mich ein Jahr lang auf die abscheulichste Weise zu drangsalieren versucht hatte, und zwar hauptsächlich mit Hilfe gemeinster Anwürfe gegen meine Sittlichkeit.

Dann, mit einem Mal, verzieh sie mir, daß ich auf der Welt war. Danach fragte sie mich eines Abends (auf Renishaw schlief ich im Zimmer neben dem ihren): »Edith, warst du je glücklich?«

»Ja, Mutter«, gab ich zur Antwort. »Du etwa nicht?«

»Nie *richtig* glücklich«, sagte sie darauf. »Aber immerhin habe ich drei wirklich reizende Kinder.« Dann schlief sie aufseufzend wieder ein.

Als junge Frau war meine Mutter eine wahre Schönheit – dem Wesen nach italienisch. Sie wies eine ausgeprägte Ähnlichkeit mit einer der Michelangelo-Zeichnungen in den Uffizien auf, dem Bild einer jungen Frau von außergewöhnlicher sommerlicher Schönheit, gegenüber einer alten Frau, die zwar gealtert ist, aber immer noch Reste jener »großen Mittsommerpracht«, einer majestätischen Schönheit, erkennen läßt. Zugleich wies meine Mutter Züge ähnlich denen auf, wie sie in der großartigen Beschreibung der Furien deutlich werden: »Die unfruchtbaren Töchter der fruchtbringenden Nacht.«

*

Nichts entstand je in ihrem unfruchtbaren Kopf; meine Brüder und ich aber entstanden aus ihrer fruchtbringenden Nacht.

In ihrer Jugend war sie überaus fröhlich, überaus großzügig und überschüttete andere mit allem, was ihr gehörte. Sie war wie ein Kind.

In späteren Jahren, als sie unter die Räuber gefallen war, wies ihr Äußeres immer noch Spuren jener sommerlichen Schönheit auf, aber es war, als sei ein schwarzer Schleier darüber geworfen. Ihr Haar war nach wie vor dunkel, so, als habe es unter dem Schatten eines Furienflügels gelegen, und noch immer war sie von überwältigender Großzügigkeit und grenzenloser Gastfreundschaft.

In Montegofuni lebte sie auf und genoß es, üppige Mittags- und Abendgesellschaften zu geben, und immer wieder gelang es ihr und meinem Vater, daß dazu bis aufs Messer verfeindete Menschen eingeladen wurden, die einander dort begegneten. Doch auf Renishaw, wo ihr diese Stunden der betriebsamen Gastfreundschaft verwehrt waren, bedeutete für sie die Zeit nichts anderes als eine leere Runde zwischen Nacht und Nacht, eine wiederholte Abfolge aus trübem Nichts, wie der Rhythmus, der in ihrem Kleid aus Staub schlug. Für sie tröpfelten die Augenblicke dahin wie traurige und bedeutungslose Tränen.

Irgendwie mußte sie die Wüstenei ihrer Tage durchqueren, das war alles, was sie wußte.

Für sie war alles Große auf die Kleinheit und Nutzlosigkeit eines Sandkorns vermindert; diese Körner, die kleinen Dinge des Lebens ohne Sinn und ohne Saft und Kraft, häuften sich um sie auf, bis sie unter ihnen begraben lag.

»Ich lebe von einem Tag zum anderen«, pflegte sie auf Fragen nach ihrer Lebensweise zu antworten. Sie hätte auch hinzufügen können »und für die kleinen Ablenkungen, die die Stunden mit sich bringen.«

Ihre Wutausbrüche waren die einzige Realität in ihrem Leben.

Auf Renishaw verbrachte sie ihre Vormittage grundsätzlich

im Bett – (das tue ich auch, aber die meinigen sind ganz und gar ausgefüllt) – weil es nichts zu tun gegeben hätte, wenn sie aufgestanden wäre. Ein weiterer Grund, warum sie liegenblieb, war, daß ihre Füße, auf die sie stolz war, schmerzten, denn sie bestand darauf, sich ihre Schuhe stets eine Nummer zu klein machen zu lassen. So las sie im Bett liegend die Zeitungen; doch nicht einmal das nützte ihr, denn am Ende des Tages konnte sie sich an kein einziges der darin berichteten Ereignisse erinnern, an keinen einzigen Satz, und das galt auch für Romane, die sie wahllos verschlang.

»Hab ich das schon gelesen?« fragte sie regelmäßig, wenn von einem Buch die Rede war.

»Mir ist egal, *was* ich lese«, sagte sie, »solang ich lese. Es vertreibt mir die Zeit.«

So brachte sie die Inhaltslosigkeit ihrer Tage zu, den leeren Zeitraum zwischen einer Stunde und der nächsten. Sie konnte unmöglich wissen, was Versunkenheit bedeutet, denn in ihr hallte stets der hohle Klang der Zeit und gemahnte sie – nicht etwa an sie selbst, denn sie besaß kein Selbst, war nichts als ein Bündel kleiner Kümmernisse, Befürchtungen und sich bergehoch türmender Raserei – daran, daß die Tage in finsterem und trauervollem Zug zum Grabe hin vergingen.

Und an der Wand hinter ihr wirkte der Schatten dieses gedankenlosen und unerheblichen Wesens größer als sie, denn er war ein Abbild des Untergangs: die Bewegungen jenes verblüffenden und gestaltlosen Schattens waren furios, von Verzweiflung gekennzeichnet, als verkünde er das Verhängnis.

Trotz ihrer Wutanfälle (das Ergebnis von halbvergessenem Elend und Enttäuschung) gab es Augenblicke, unmittelbar bevor der Hinterhalt erkennbar wurde, in den sie fiel, da sie mir gegenüber eine gewisse Weichheit erkennen ließ – beispielsweise wenn sie die Soupers für den Krankenhausball in Scarborough vorbereitete: »Natürlich brauchen wir *unbedingt* Wachteln dazu, Liebling!« Oder wenn sie mit in die Ferne gerichtetem idealistischem Blick in ihren Augen sagte: »Selbstverständlich wäre es mir am *liebsten,* wenn dein Vater in die Irrenanstalt käme.«

Die Erscheinung meines Vaters wich in seinem späteren Leben ganz und gar von der ab, an die ich mich aus frühester Kindheit erinnere. Damals sah er in harmloser Weise gut aus, wobei die Harmlosigkeit in erster Linie darauf zurückging, daß er mit rötlichen Lidern zwinkerte, sobald ihm jemand widersprach oder ihm etwas unbehaglich war – beispielsweise, wenn er über Geld sprach, wie das eine Mal, als ich, die ich entsetzlich arm war, fünfzehn Pfund verdient hatte (damals für mich ein bedeutender Betrag).

»Ich hoffe«, sagte er, »daß du das für die Kleinen Kerlchen sparst« – seine Enkel.

(Diese Anregung hätte die armen, lieben, ritterlichen Geschöpfe entsetzt!)

Ich weiß nicht mehr, was ich ihm geantwortet habe, aber er schwieg mit einem unbeschreiblich geizigen Blick, als müsse man ihn (in einem abgewetzten pelzgefütterten Mantel und mit zwei aufeinandergesetzten Zylinderhüten auf dem Kopf) vor einem Schaufenster stehend porträtieren, auf dem drei vergoldete Kugeln aufgemalt waren, das Wahrzeichen der Pfandleiher.

Im späteren Leben verlor er diese Merkmale und sah durchaus gut und edel aus; mit seinen seltsamen, blassen, wild und einsam dreinblickenden Augen und seinem roten Bart ähnelte er dem Porträt eines der Borgias oder eines anderen frühen italienischen Tyrannen.

Selbstverständlich galt die Hauptsorge meines Vaters meiner Mutter, deren Vergnügungssucht eine durchaus kritikwürdige Angewohnheit war. Als sie starb, sagte der gute alte Henry Moat, Kammerdiener meines Vaters sowie meinen Brüdern und mir selbst ein lebenslänglicher Freund: »Nun, zumindest weiß Sir George jetzt, wo Ihre Ladyschaft künftig ihre Nachmittage verbringen wird.«

Mein Vater war körperlich äußerst aktiv und hatte es sich in späteren Lebensjahren angewöhnt, mit großen Schritten durch die langen Gänge von Renishaw zu gehen, denn wie er sagte, spielte es für einen Menschen, der eine solche Gewohnheit kultivierte, keine Rolle mehr, ob die Tage kalt und trübe seien oder von drückender Hitze, länger oder kürzer würden. Eine Sache, der man keine Aufmerksamkeit mehr widme, höre auf zu existieren. Ihm war aber durchaus bewußt, daß das Wetter als Gesprächsgrundlage von Nutzen war (und er äußerte sich billigend über lautstarke weibliche Niemande, die dafür sorgten, daß »der Ball im Rollen« blieb, womit er meinte, daß sie bei allen Mahlzeiten unaufhörlich seichten Unsinn herausplapperten und damit den Ablauf der Zeit zukleisterten). Von diesen Zwischenspielen abgesehen, blieben für ihn lediglich der Widerhall seiner Schritte und die Sorge um seine Gesundheit Bindeglieder zur Realität. Er hielt jedoch nichts davon, Risiken einzugehen, und obwohl er ein eingefleischter Agnostiker war, betete er allabendlich, für den Fall, daß es sich dabei doch um eine gute Investition handelte.

Bei seinem Auf- und Abschreiten ging er sehr langsam und verwendete so viel Zeit wie möglich darauf, damit ihm das Haus noch größer vorkam, als es ist, denn er hielt es gern für sehr groß. Gelegentlich (etwa ein-, zweimal täglich) hielt er vor einer Tür inne, wenn er in dem dahinterliegenden Raum Stimmen hörte – nicht um zu lauschen oder jemandem nachzuspionieren, denn es gab nichts zu hören, das für ihn von Interesse war, sondern weil er auf diese Weise einen Augenblick lang Berührung mit der Welt hatte, in der sich andere bewegten, dachten, handelten, ohne daß er Teil davon hätte werden müssen. Das ließ ihn sich selbst gegenüber wirklich erscheinen, wirklich in seiner Abgeschlossenheit, in der Loslösung seiner Identität von der Welt, die er dennoch nach Belieben berühren konnte. Aus diesem Grunde behauptete er, über geheime Informationen aus unbekannter Quelle zu verfügen. »Wir wissen schon«, pflegte er zu sagen; und kam ein Brief an meine Mutter in einer Handschrift, die er nicht kannte, fragte er sie regelmäßig: »Wie geht es den Leuten?«

Er verteilte verschiedene ihm gehörende Gegenstände über die zahlreichen Räume des ganzen Hauses – so war sein Hut in einem Raum, sein Stock in einem anderen und sein Brillenetui in einem dritten. Wenn er dann im Lauf seiner Herumwanderns dieser Belege seiner Persönlichkeit wieder ansichtig wurde, erinnerte ihn das an ihn selbst, und das war angenehm. Außerdem gab ihm das die Möglichkeit, als einziger Bewohner des Hauses seinen Anspruch auf jedes der Zimmer geltend zu machen. Betrat jemand anders einen der betreffenden Räume, folgte ihm mein Vater dorthin und machte durch sein Gehabe klar, wobei er mit einem Mal den Eindruck hohen Alters vermittelte, daß er sich dort hatte ausruhen wollen und gehofft hatte, niemand werde ihn dabei stören.

Sofern er nicht in den Gängen auf und ab schritt, verbrachte er einen großen Teil seiner Zeit damit, vor dem Haus hin und her zu wandeln, wobei es ihm gelang, wie eine aus einer Person bestehende Prozession auszusehen, deren Anfang, Mitte und Ende er in einem war.

Man konnte es merken, wenn als Symbol der Staatsmacht und der damit verbundenen Verantwortung der Staats-Baldachin vorübergetragen wurde. Dann begann er ziemlich rasch auszuschreiten, scheinbar voll Entschlossenheit, aber sein linker Fuß war einwärts gedreht, dem rechten zu, als suche er bei ihm Sicherheit; und nach einer Weile wurde klar, daß er kein besonderes Ziel hatte; er schien allein deshalb zu gehen, weil er dann den festen Boden unter sich fühlte. Er sprach selten mit seinen Angehörigen oder mit Besuchern, er schien von allen durch eine endlose Ebene getrennt zu sein – sich weithin erstreckende Jahrhunderte, vielleicht einen Kontinent mit all seinen unterschiedlichen Klimazonen oder den ungeheuren Raum, der zwischen Kontinenten liegt. Gelegentlich jedoch blitzte über diese Ebene hinweg, vom Planeten zur Erde, eine leichte Handbewegung, ein Winken, ein Lächeln voll großer Güte. Auch hatte er die Angewohnheit, wenn schon nicht mit anderen, so doch mit sich selbst zu reden, wobei er mit unbenutzter Stimme etwa vor sich hin brummelte: »Die *denken* vielleicht, ich tue es, aber ich tue es *nicht.*« Oder er flüsterte, den Kopf leicht zur Seite geneigt, vertraulich zu einer Schulter hinab: »Und wenn *die* das tun, werde *ich* genau in die entgegengesetzte Richtung gehen.« Wenn er das gesagt hatte, lachte er merkwürdig auf, mitunter rauh und scheppernd, so daß es klang wie ein Tor, das so lange geschlossen gewesen war, daß es sich nur mit Mühe auf seinen festgerosteten Scharnieren zu drehen und mit noch größerer Mühe weit zu öffnen vermochte. Nachdem er gelacht hatte, nahm er die Uhr heraus und sah beschämt darauf, obwohl ihm die Zeit nichts bedeutete. So ging er immer weiter auf und ab; es klang wie der Rhythmus der vergehenden Zeit in einem leeren Haus, wie das Tröpfeln, mit dem der Regen vom Laub fällt, und das Haus wiederholte das Geräusch seiner Schritte. Wenn er nicht auf und ab schritt, grübelte er über verschiedene abstruse Theorien nach. Beispielsweise bekundete er großes Interesse an Einsteins Relativitätstheorie, die er zu verstehen vorgab (allerdings mißbilligte er sie); und er hatte zahllose eigene – meist schrullige – Theorien über dies und jenes.

Abgesehen davon, daß er mit meiner Mutter verheiratet war, galt die Hauptsorge meines Vaters der Tatsache, daß die Welt nicht begriff, daß sie erschaffen worden war, damit er seine Theorien beweisen konnte. Wie eine der Personen aus *Laven-*

gro hätte er zu sagen vermocht: »Die Welt muß existieren, damit sie die Gestalt einer Birne haben kann. Und daß sie diese Gestalt und nicht die eines Apfels hat, wie manche Narren behaupten, habe ich hinlänglich bewiesen. Gäbe es aber keine Welt, was würde dann aus meinem System?«

In Ungnade, weil ein Mädchen

Edith
drei Jahre alt

Vom Augenblick der Geburt an war ich meine ganze Kindheit und Jugend hindurch bei meinen Eltern unbeliebt. Ich war in Ungnade, weil ich ein Mädchen war. Schlimmer noch war, daß sich während meines Heranwachsens zeigte, daß ich den Vorstellungen, die mein Vater von weiblicher Schönheit hatte, nicht entsprechen würde. In keiner Weise ähnelte ich einem Pekinesen oder einer der aufgedunsenen rosa Nachahmungen von Rosen, die mein Vater (der es sich nie vergeben konnte, daß er eine Dame geheiratet hatte) so bewunderte. Statt dessen hatte ich die Züge der Plantagenets geerbt sowie die tiefliegenden Augen meiner Großmutter Londesborough.

Meinen Eltern mißfiel ich, weil sie gern ein Kind wie das gehabt hätten, das 1788 einer Frau namens Mary Clark geboren worden war: »Die Ärzte fanden ihren Kopf von sonderbarem Aussehen.« Aber diese Merkwürdigkeit »kümmerte sie nicht weiter, denn das Kind verhielt sich in der üblichen Weise, und erst nachdem der eingetretene Tod unbestreitbar war, ... erwies sich, daß es nicht das geringste Anzeichen für das Vorhandensein von Großhirn, Kleinhirn oder Rückenmark gab.« Das wäre für meine Eltern ein ideales Kind gewesen. Aber leider habe ich mich nie auf die übliche Weise verhalten, und es ließ sich auch nicht leugnen, daß ich schon in frühester Kindheit deutliche Anzeichen für das Vorhandensein von Großhirn, Kleinhirn und Rückenmark an den Tag legte. Ich war eine Enttäuschung. Meine achtzehnjährige Mutter hatte geglaubt, sie habe eine neue Puppe bekommen – eine, die auf ihre Aufforderung hin die Augen öffnete und schloß und »Papa« und »Mama« sagte. In dieser Hinsicht wie in jeder anderen erfüllte ich die in mich gesetzten Erwartungen nicht.

Mein Vater hatte nur einen Trost. In meiner frühesten Kindheit, bevor er sich in eine trappistenähnliche Abschließung in sich selbst zurückzog, hatte er sich stets als die Spitze einer jener hierarchisch aufgebauten Familienpyramiden gesehen, die bei Fotografen so beliebt waren. Kaum konnte ich gehen, sah er dies imaginäre Bild mit der Unterschrift versehen »Bezauberndes Foto eines jungen Vaters mit seinem Kinde.« Unter dem Eindruck dieser Phantasievorstellung warf er mich mit einem Kissen um, so daß mein Kopf auf die eiserne Kaminumrandung aufschlug.

Meine Eltern waren mir vom Augenblick meiner Geburt an Fremde.

Ich habe nicht vergessen, daß ich wohl ein Kind war, das die Menschen um es herum zur Verzweiflung trieb, da ich jeden Augenblick meines Tages voll Heftigkeit auslebte. Ich war ein ziemlich dickes kleines Mädchen: in meinem von grüngoldenen Locken umrahmten Mondgesicht saßen, merkwürdig bei einem so kleinen Kind – ja, überhaupt bei einem Kind – die Augen eines Menschen, der alle Tragik der Welt miterlebt und vorhergesagt hatte.

Vielleicht waren mir mit meinen vier Jahren die einsetzenden Leiden der Dichterin bewußt, die ich werden sollte.

Doch in meiner frühesten Kindheit war ich, solange mich niemand drangsalierte oder herumkommandierte, unsagbar glücklich unter den merkwürdigen Sonnen, die ausschließlich *mein* Leben erhellten, und von denen andere nichts wußten – die Kinder, die einer anderen Gattung Mensch anzugehören schienen und die nicht mit mir spielen konnten. (Die Kindergesellschaften, zu denen ich getrieben wurde, waren eine Qual für mich. Die Kinder wollten freundlich zu mir sein, brachten es aber nicht fertig, weil ich eine Fremde war. Man kannte mich nur als die »arme kleine E.« Ich hielt mich nicht etwa für ihnen überlegen – ich war mein ganzes Leben lang nie so widerwärtig, mich irgendeinem Lebewesen, ob Mensch oder Tier, »überlegen« zu fühlen. Ich bin einfach meinen Weg allein gegangen – wie ich das immer getan habe.) Aber ich hatte noch nicht die späteren Jahre meiner Kindheit erreicht, da ich, wie Arthur Rimbaud (in gewisser Hinsicht mein engster Seelenverwandter) in *Une Saison en Enfer* hätte sagen können: »*une voix étreignait mon cœur gelé ... On ne tuera pas plus que si tu étais cadavre!* ›*Au matin j'avais le regard si perdu et la contenance si morte, que ceux que j'ai rencontrés* ne m'ont peut-être pas vu‹.« (»Schnürte eine Stimme mein eisiges Herz zusammen [...] Man wird dich nicht töten, nicht mehr, als wenn du schon ein toter Leib wärest! ›Wenn der Morgen kam, war mein Blick so verloren und meine Haltung so tot, daß die Menschen, denen ich begegnet bin, mich vielleicht nicht gesehen haben.‹«)

Meine Freunde waren mein liebes altes Kindermädchen Davis (wenn ich jetzt an sie denke, sehe ich sie wie einen Satz aus meiner Freundin Gertrude Steins *Geography and Plays* »ein Schatten ein weißer Schatten ist ein Berg.« Sie war zugleich ein weißer Schatten und ein Berg. Und ihr wahrer Name war Trost) sowie Henry Moat, meines Vaters Kammerdiener, der meinen Brüdern und mir bis zu seinem Tode die Freundschaft hielt. (In der Nacht, da er starb – besser gesagt, unmittelbar, bevor der Morgen graute – hörte Osbert, wie der ferne Freund, der auf seinem Totenbett in Whitby lag, im Anrichtezimmer auf Renishaw umherwandelte, das so lange sein Reich gewesen war. Ich glaube – rede ich mir ein – er wollte nach den drei Kindern sehen, inzwischen zwei erwachsene Männer und eine erwachsene Frau, mit denen er sich in den traurigen Jahren angefreundet hatte.) Ich sehe ihn so vor mir, als könne er jeden Augenblick durch eine Tür treten und zu mir sagen: »Sie sollten sich besser davonmachen, Miss Edith. Ihre Ladyschaft hat einen ihrer Zustände und sucht nach Ihnen.« Er war ein gewaltiger, rotgesichtiger Mann wie ein wohlwollendes Flußpferd und besaß eine Stimme wie ein strahlendes Nebelhorn. Er hatte achtzehn Brüder, alle ebenso groß und stark wie er selbst, und eine Schwester. Sie stammten aus einer Familie von

Walfangkapitänen, die bis auf die Zeiten Königin Elisabeths I. zurückging.

Ich habe bereits davon gesprochen, daß sich mein Vater stets im Mittelpunkt einer Fotografie sah. Ich war wohl noch sehr klein, als er beschloß, sich zusammen mit seinen Lieben auf Zeichnungen oder Gemälden von solchen Künstlern verewigen zu lassen, die unter keinen Umständen als gefährlich anzusehen waren. (Er sah die Kunst der Malerei als Möglichkeit, die Wirklichkeit zu verkleinern und zu verzerren – nicht sie zu *überhöhen,* wie es große Künstler gewöhnlich tun.) Ich erinnere mich an eine Zeichnung, die angeblich meine Großmutter Sitwell, meine Tante Florence – die vergoldete Wildnis ihres Haares straff gehalten – und meinen Vater beim Tee im Wintergarten von Wood End zeigte. Eine Vielzahl äußerst verspielter, gestaltloser Blätter umgab sie. Die silberne Teekanne und der Wasserkessel waren mit Achtung, wenn nicht gar Ehrfurcht, gezeichnet und vermittelten weit eher den Eindruck von Realität als die abgebildeten Menschen.

Mein Vater war wie zum Cricketspiel gekleidet und hielt einen Cricketschläger in der Hand. Zwar praktizierte er diesen Sport nie, doch erweckte die Zeichnung den Eindruck, als sei er aus irgendeinem Grund untrennbar mit dem Schläger verbunden und kehre gerade von einem Spiel zurück, bei dem der Sieg ihm allein gebühre – so, als seien die anderen zehn Mitspieler bloße Produkte der Vorstellungskraft.

Es gab auch ein hübsches Porträt meiner Mutter. Darauf war sie in weiß und hellbau gekleidet und ließ ihre müßigen Hände auf den Saiten einer Zither ruhen. (Sie hatte nie im Leben Zither gespielt.)

Zu meinem Bedauern muß ich zugeben, daß ich das aufbrausende Temperament meiner Großmutter Londesborough geerbt hatte – wenn auch nicht ihre Leidenschaft, wegen Kleinigkeiten einen Streit vom Zaun zu brechen. Doch vertrug ich es nicht, daß man meine Pläne durchkreuzte. Ich erinnere mich, wie man mich, als wir einmal auf dem Weg nach London waren, mit Schimpf und Schande nach Scarborough zurückbringen mußte, weil ich vor tiefer Verzweiflung kreischte, als ein Zug, der gleichfalls in Richtung London fuhr, den unseren überholte.

Als Kind rief ich peinliche Situationen hervor. Einmal sollte mich Davis in Wood End in den Salon herunterbringen, damit ich einer von Mutters Freundinnen guten Tag sagte, einer entzückenden jungen Frau von geradezu sommerlicher Erscheinung. Sie hatte eine eingeschnürte Taille wie eine minoische Bienenpriesterin und warf einen Schatten wie ein langer Vogel. Mir kam es vor, als müsse dies Wesen singen und habe nichts mit Finsternis und Kummer zu tun. Arme Rita! Wenige Jahre nach jener Zeit nahm sie sich das Leben, von Armut und einer hoffnungslosen Liebe zu Boden gedrückt.

»Kennst du mich noch, kleine E.?« fragte sie, als ich in den Raum geführt wurde. (Aus irgendeinem Grund nannte mich alle Welt mit diesem einen Buchstaben, bis mein Bruder Osbert, der damals noch nicht geboren war, sprechen konnte. Danach hieß ich »Dish«, da seine Säuglingszunge nicht imstande war, »Edith« zu sagen.)

»Kennst du mich noch?«

»Nein.«

»Kinder haben ein äußerst unzuverlässiges Erinnerungsvermögen«, sagte mein Vater zwinkernd.

»Was willst du werden, wenn du mal groß bist, kleine E.?« fragte Rita, ein warmherziges Geschöpf, das den Zorn meiner Eltern von mir fortlenken wollte.

»Ein Genie«, gab ich zur Antwort.

Ich wurde sogleich aus dem Salon entfernt und zu Bett gebracht. Doch blieb meine Schande unvergessen, und man sprach in späteren Jahren unauffällig flüsternd häufig davon.

Zu einer weiteren unglückseligen Szene kam es im Schlafzimmer meiner Großmutter Londesborough, als das Mädchen ihr die Falten im Gesicht mit heliotropfarbenem Puder überstäubte.

»Oma, warum läßt du dir das Gesicht so lila machen?«

»Weil Oma davon hübsch aussieht, mein Liebling.«

»Aber nein, aber nein.«

»Miss E., abscheuliches Kind. Wie können Sie so zu ihrer Ladyschaft sprechen! Ich werde Sie ins Kinderzimmer zurückbringen.«

»Nein, bringen Sie die Kleine nicht fort. Ich hab sie gern um mich.«

»Aber Oma, wenn es dich nicht hübsch macht, warum läßt du es dir in der Farbe machen?«

»Weil die arme Oma scheußliche Kopfschmerzen hat.«

»Dann singt dir die kleine E. was vor, damit sie weggehen.«

Daraufhin begann ich zu singen – meine eigene Fassung von »Wir pflügen und wir streuen . . .« und wurde aus dem Verkehr gezogen, weil man fand, ich sei zu weit gegangen.

Meine Großmutter schien mir aber nichts nachgetragen zu haben, denn ich erinnere mich, daß ich bald danach bei meinen Großeltern in deren Haus im New Forest zu Besuch war. Dort stand ich unter einem riesigen blühenden Magnolienbaum und unterhielt mich mit dem Gärtner Macpherson. Er war . . .

. . . old as tongues of nightingales
That in the wide leaves tell a thousand Grecian tales

. . . the ancient man, wrinkled like old moonlight
Beneath dark boughs . . .

... so alt wie Nachtigallenzungen,
Die unter breiten Blättern
Tausend Geschichten aus dem alten Griechenland
erzählen

... der Alte, faltig wie altes Mondlicht
Unter dunklen Ästen ...

*

Auch erinnere ich mich an allnachmittägliche Ausfahrten mit meiner Urgroßmutter, der uralten Herzoginwitwe von Beaufort, Vorbild der Königinwitwe in meinem Gedicht »The Sleeping Beauty« (Dornröschen) und der alten Frau in »Colonel Fantock«.

Sie sah aus, als werde sie jeden Augenblick zu einem silbernen Staubhäufchen zusammensinken.

Da sie immer gleich in einen Schlaf verfiel, der bald ewig sein würde, merkte sie nie, daß wir jeden Nachmittag dieselbe Strecke fuhren.

Etwa um diese Zeit litt mein Großvater an sich wiederholenden Gichtanfällen, und um das zu lindern, was zweifellos wilder Schmerz in seiner Brust war, veranlaßte meine Großmutter ihre Töchter Lily und Mildred dazu, vierhändig auf dem Klavier Duette nach Melodien der jüngsten Musikkomödien zu spielen. Beide Damen besaßen Hände von außergewöhnlicher Schönheit, es waren aber keine Pianistenhände, und obwohl sie richtig spielten, erinnerte der Klang an das »Hens' hooves hitting the hard road.« (»Hohle Hämmern von Hühnerhufen auf der harten Straße.«)

*

Manchmal fragte ich mich, ob das die wilden Schmerzen in Großvaters Brust tatsächlich linderte. Mir jedenfalls wurde in jenem zarten Alter unfehlbar übel, ganz gleich in wessen Gesellschaft ich Musik ertragen mußte, die mir zuwider war. (Beispielsweise gab es ein entsetzliches Lied, »Meines Herzens Königin«, das diesen Ausdruck der Mißbilligung bei mir hervorrief. Und viele Jahre später, mit zwölf, wurde mir in aller Öffentlichkeit schlecht, als Mr. Sousa mit seiner lautstarken Kapelle in der Londoner Albert Hall »The Washington Post« spielte.)

*

Mein erstes richtiges Abenteuer, von denen abgesehen, die bereits zu jener Zeit meinen Geist erhellten, war eine Reise nach Cannes, auf die ich mitgenommen wurde, als ich vier Jahre alt war (Osbert war noch nicht auf der Welt). Von der Überfahrt mit dem Schiff erinnere ich mich lediglich an das elefantenähnliche Trompeten der Sirene und mein unaufhörliches Kreischen, weil die Fähre mit unerklärlicher Hartnäckigkeit ihren Kurs fortsetzte, ohne meine Erlaubnis einzuholen.

Die Bahnfahrt war von Gefahren umstellt. Meine Mutter hatte das untere Bett in unserem Schlafwagenabteil, während Davis und ich über eine äußerst klapprige Leiter das obere erklommen.

Ich hatte an einem Auge ein Gerstenkorn und heulte steinerweichend. Meine Mutter, die sich rasch erzürnte (und in diesem Fall verdiente sie zweifellos jedes Mitgefühl), drohte mich aus dem Fenster zu werfen. Mit solchen Mitteln bemühte sie sich während meiner ganzen frühen Kindheit meine Zuneigung zu erringen.

Selbstverständlich heulte ich um so lauter.

Ich wurde nicht hinausgeworfen, denn sonst wäre dieser Bericht nie verfaßt worden, und Davis versuchte meine Mutter damit zu beruhigen, daß sie in einem der oberen Betten Tee machte. Da sie dabei mit zischenden Streichhölzern und einer blakenden Spirituslampe hantierte, gefährdete sie den Zug, unser Leben und das unserer Mitreisenden.

Doch wir kamen trotz aller Gefahren an und fanden uns in einer von Blumen beherrschten Welt wieder. Ihr Duft war wie eine Seele in den weiten Narzissenfeldern, die Schatten der über ihnen liegenden schneebedeckten Berge zu sein schienen – und in den Feldern gelbe Osterglocken, die in meinem späteren Leben wie Geister meiner frühen Dichtkunst waren:

Jonquilles, dont on fit les cils de tant de blondes filles.
Narcisse oriental, fleur inféconde et pas morale,
Soucis dorés, charme effaré du familier succube étoile errante
flamme dans les cheveux tristes du pauvre Songe
Jonquille, Narcisse et soucis, je vous préfère
Aux plus claires chevelures, fleurs trépassées fleurs de jadis.

Osterglocken, aus denen man so vieler blonder Mädchen
Wimpern machte.
Narzisse des Orients, unfruchtbare und unmoralische Blume
Goldene Ringelblumen, bestürzter Zauber des
vertrauten Sukkubus unsteter Stern
Flamme in den traurigen Haaren des armseligen Traumes
Osterglocke, Narzisse und Ringelblumen, ihr seid mir lieber
als das leuchtendste Haar, dahingegangene Blumen,
Blumen von einst.

So schrieb der arme Remy de Gourmont angesichts jener Schönheit, und trotz der tragischen Krankheit, die sein Gesicht zum Teil zerstört hatte.

Diese wunderschöne Passage bleibt mir wie eine Erinnerung an jene Felder, durch die ich als kleines Kind gegangen bin (auch wenn es in jenem Frühling keine *soucis dorés,* also Ringelblumen, gab).

Eines Tages sagte Davis, als wir beide in diesen Feldern unter dem blaßgrünen Licht standen, das wie Wasser aus einem Eukalyptusbaum war: »Dahinten kommt *ihre* Kutsche. Sie müssen einen Knicks machen.«

Der Landauer enthielt eine alte Dame in Witwentracht. Ich knickste, und mir wurde mit einer eindrucksvollen Verneigung gedankt.

Die alte Dame war Königin Viktoria. Ich hatte meine Reverenz einer Epoche und einer Welt erwiesen, die im Begriff standen, dahinzugehen.

*

Bei unserer Rückkehr nach Renishaw konzentrierte ich meine Zuneigung auf den dort beheimateten Pfau.

Diese Zuneigung wurde zu jener Zeit erwidert.

Wenn wir auf Renishaw waren, stand der Pfau jeden Morgen Punkt neun (es ist seltsam, welch genauen Zeitsinn Vögel und andere Tiere haben) auf dem Bleidach vor dem Schlafzimmer meiner Mutter und wartete darauf, daß ich kam und ihr guten Morgen sagte. Sobald er mich sah, stieß er ein rauhes Willkommenskreischen aus (in der Regel habe ich für häßliche Stimmen nichts übrig, aber ihn mochte ich so sehr, daß von meinem Standpunkt aus kein Fehl an ihm sein konnte). Immer wartete er, bis ich das Zimmer meiner Mutter verließ, und flog mir dann mit einem weiteren rauhen Kreischen in den großen Park voraus. Wir gingen darin umher, wobei ich den Arm um seinen wunderbaren Hals gelegt hielt, der wie Tränen in einem dunklen Wald glänzte. Ohne sein Krönchen, mit dem er mich überragte, wären wir beide von gleicher Größe gewesen. Davis fragte mich: »Warum mögen Sie Peaky* so sehr?«

* Pfau: engl.: Peacock = Peaky [Anm. d. Übers.]

Ich sagte: »Weil er schön ist und eine Himmelskrone trägt.«

(»Der Stolz des Pfaus«, heißt es bei William Blake, »ist der Ruhm Gottes.«)

Diese Romanze dauerte mehrere Monate. Dann kaufte mein Vater für Peaky eine Frau (in meinen Augen ein äußerst reizloser und unbedeutender Vogel), woraufhin sich jener von mir abwandte und sich ausschließlich der Aufgabe widmete, seinen Kindern beizubringen, wie sie die Schwänze, die sie von der Natur mitbekommen hatten, zu Fächern ausbreiten konnten.

Ich glaube nicht, daß mir die Kränkung meines Stolzes naheging, die darin bestand, daß mich ein Pfau hatte sitzen lassen; was mich kränkte, war die Zurückweisung meiner Zuneigung. Das war meine erste Erfahrung mit der Treulosigkeit. Meine anderen Freunde zu dieser Zeit waren ein Papageientaucher mit einem Holzbein (er war bei einem Unfall verletzt worden und wirkte wie ein alter Kapitän aus einem Dickensbuch) und eine aus dem Nest gefallene Jungeule, die täglich mit dem Kopf an meiner Schulter schlief, wobei sie so tat, als schnarche sie, um Mäuse anzulocken. Doch bis zur Geburt Osberts, als ich fünf Jahre alt war, besaß ich als Freunde unter den Menschen, mit Ausnahme von Davis, Henry Moat und meiner Kusine Veronica, Tochter meiner Tante Sybil Codrington, lediglich Mollie und Gladys Hume. Sie waren die Töchter eines Colonel Hume, ein hochgewachsener Mann, der wie ein Storch stakste und einer Gestalt aus *Struwwelpeter* ähnlich sah (man stellte ihn sich immer vor, wie er mit einem Gewehr über billardtischgrünes Gras ging, vor einem Hintergrund großer Blätter von derselben Farbe und Struktur und auf einen fliehenden Hasen anlegte – oder wie eine Gestalt aus Strawinskijs *Chansons Plaisantes*).

(Beide Werke haben meine frühe Dichtung wesentlich beeinflußt.)

Colonel Hume war das Vorbild zu ›Old Sir Faulk‹ in meinem

Werk ›Fox Trot‹ – was das Äußere betrifft. Aber ich versetzte ihn in die Landschaft unseres alten Freundes und Nachbarn Colonel Chandos-Pole in Radburne.

Die Kinder der Humes waren etwa im gleichen Alter wie ich, vier oder fünf Jahre alt.

Eines Nachmittags gingen Davis und ich zum Tee zu ihnen, nachdem wir sie eine Weile nicht gesehen hatten. Sie trugen Schwarz und kamen mir vor wie überschattete Wesen.

Ihre Mutter war gewöhnlich beim Nachmittagstee im Kinderzimmer anwesend, nicht aber an diesem Tag, und ich fragte, wo sie sei. Bitterlich weinend sagten sie: »Sie ist tot.« Bald darauf gingen wir, statt wie sonst nach dem Tee mit den Hume-Mädchen zu spielen. Ich fragte Davis, warum sie geweint hatten.

»Weil ihre Mutter tot ist.«

»Ja, ich weiß. Aber warum haben sie *geweint?*«

*

Old
Sir
Faulk
Tall as a stork,
Before the honeyed fruits of dawn were ripe, would walk,
And stalk with a gun
The reynard-coloured sun,
Among the pheasant-feathered corn the unicorn has torn,
forlorn the
Smock-faced sheep
Sit
And
Sleep;
Periwigged as William and Mary, weep . . .
»Sally, Mary, Mattie, what's the matter, why cry?«

The huntsman and the reynard-coloured sun and I sigh;
»Oh, the nursery-maid Meg
With a leg like a peg
Chased the feathered dreams like hens, and when they laid an egg
In the sheepskin
Meadows
Where
The serene King James would steer
Horse and hounds, then he
From the shade of a tree
Picked it up as spoil to boil for nursery tea«, said the mourners.
In the
Corn, towers strain,
Feathered tall as a crane,
And whistling down the feathered rain, old Noah goes again –
An old dull mome
With a head like a pome,
Seeing the world as a bare egg
Laid by the feathered air; Meg
Would beg three of these
For the nursery teas
Of Japhet, Shem and Ham; she gave it
Underneath the trees,
Where the boiling
Water
Hissed
Like the goose-king's feathered daughter – kissed
Pot and pan and copper kettle
Put upon their proper mettle,
Lest the Flood – the Flood – the Flood begin again through these!

Alter / Sir / Faulk / Groß wie ein Storch, / Ging, bevor die honigsüßen Früchte des Dämmers reiften, / und beschlich mit einem Gewehr / die reinekefarbene Sonne./ Im fasanenfedrigen Getreide hat das Einhorn gerissen,/ verzweifelt sitzen / die hängegesichtigen / Schafe / Und / Schlafen;/ Mit einer Perücke bedeckt wie William und Mary, weinen ... / »Sally, Mary, Mattie, was ist, warum weint ihr?« / Der Jäger und die reinekefarbene Sonne und ich seufzen; / »Ach, das Kindermädchen Meg / Mit einem Bein wie ein Pflock / Hat die gefiederten Träume wie Hühner verjagt, und als sie ein Ei / legten / Im Schaffell / Wiesen / Wo / Der gelassene König Jakob Roß / Und Hunde lenkte, / dann / Nahm er es aus dem Schatten eines Baumes / Mit als Beute, um es für den Nachmittagsimbiß im Kinderzimmer zuzubereiten« / sagten die Trauernden. Im Getreide / Mühen sich Türme, / Gefiedert, hoch wie ein Kran(ich), / Und den gefiederten Regen herabpfeifend, geht der alte Noah wieder – / Ein alter langweiliger Tölpel / Mit einem Kopf, kahl wie ein Apfel / Sieht die Welt als von der gefiederten / Luft gelegtes bloßes Ei; Meg / Erbat davon drei / Für Japhets, Sems und Hams / Nachmittagsimbiß im Kinderzimmer; / sie gab ihn unter den Bäumen, / Wo das siedende / Wasser / Zischte / Wie des Gänsekönigs gefiederte Tochter – küßte / Topf, Pfanne und Kupferkessel / die auf die Probe gestellten/ Damit nicht die Sintflut – die Flut – die Flut erneut / durch diese beginne!

Dies Gedicht war, wie auch weitere meiner frühen Gedichte, »Die von einem Techniker überholte Lyrik der Kindheit«, wie Jean Cocteau bei anderer Gelegenheit gesagt hat.

Es ist ein Experiment mit der Wirkung, dem Rhythmus, dem Tempo und gewissen Anordnungen von Assonanzen und Dissonanzen, sowie einer gewissen Anordnung des Ineinanderverflechtens ein-, zwei- und dreisilbiger Wörter.

Der Grundrhythmus am Anfang dieses Gedichts geht zum Teil auf den monotonen Klang der ersten Verse zurück, die Dissonanzen in ›Faulk‹, ›tall‹, ›stork‹, ›before‹, ›walk‹, die als solche so wenig wahrnehmbar sind, daß man sie nahezu als Assonanzen ansehen könnte. Dabei ist jeder dieser Klänge auf eigene Weise tief und dunkel, beispielsweise in ›tall‹ und der zweiten Silbe von ›before‹, wohingegen Tonhöhe und Länge bei beiden Wörtern (wenn auch in nahezu unglaublich geringem Maße) voneinander abweichen und deutlich tiefer reichen als ›Faulk‹ oder ›stork‹, wobei ›stork‹ geringfügig dunkler klingt als ›Faulk‹.

All diese monotonen Klänge wirken, wie sie leicht in ihrer Tiefe, Wärme und Länge voneinander abweichen, wie angenehme ländliche Schatten. Im fünften und siebten Vers sind die Wörter ›honeyed‹ und ›reynard‹ etwas runder als ›pheasant-feathered‹, und jedes wirft einen kleinen abwärts geneigten, jeweils dem des anderen entgegengesetzten, Schatten, weil die leichte und flüchtige Art der zweiten Silbe von ›honeyed‹ in ihrer Dissonanz gegenüber der von ›reynard‹ mit einem Mal dunkel wird, während die erste von ›honeyed‹ eine um eine Spur dunklere Dissonanz des ›rey‹ in ›reynard‹ ist. So fallen die Schatten in entgegengesetzte Richtungen.

Daß im Vers »The reynard-coloured sun« (also reinekefarben, die fuchsfarbene Sonne des Frühherbstes) die auf ›d‹ endenden Wörter so nahe beieinanderstehen, bewirkt in diesem Fall einen leichten Luftsprung, und einige Verse später runden die Dreisilber in »Periwigged as William and Mary, weep« wie auch in »Oh, the nursery-maid Meg / With a leg like a peg / *Chased* the feathered dreams like hens, and when they laid an egg« die hohen A-Laute als Kontrapunkt zu ›Meg‹ ›leg‹, ›peg‹, ›egg‹ den Grundrhythmus ab.

Diese A oder Ai-Laute finden später im Gedicht beharrlicher und mit tieferem Nachdruck ihren Widerhall in

»... In the / Corn, towers strain, / Feathered tall as a *crane,* / And whistling down the feathered *rain,* old Noah goes again –«

*

Zwar sind diese Assonanzen trotz der leichten Kontrapunktik nahezu ebenso bedeutungsvoll wie der von ›corn‹ und ›tall‹ vorgegebene Grundrhythmus, doch läßt sich erkennen, wie schlaff im Vergleich mit dem übrigen der Rhythmus von Versen ist, die lediglich einen Endreim aufweisen, aber keine erkennbaren Assonanzen oder Dissonanzen, wie im zweiten Vers von »An old dull mome / With a head like a pome.«

Obwohl ›head‹ im nächsten Vers sogleich wieder mit ›egg‹ verbunden wird, hat das keine Auswirkung auf den Rhythmus, weil davor kein zugehöriger Klang aufgetreten ist.

Ein kaum wahrnehmbarer und flüchtiger ländlicher Schatten tritt auch später im Gedicht noch einmal auf, wenn es in den Versen »Of Japhet, Shem and Ham; she gave it / Underneath the trees«, zu einem Wechsel des ›aph‹ in ›Japhet‹ auf das dumpfere ›v‹ von ›gave‹ kommt.

Sargents Familienportrait

Wenn mich meine Mutter nicht gerade drangsalierte, ähnelte meine Kindheit vor der Geburt meiner beiden innig geliebten Brüder der des kleinen Mädchens in Rimbauds *Enfance* – ich war ein überhebliches junges Geschöpf – »ohne Eltern, ohne Haus und Hof, adeliger als das Märchen [. . .] sein Gebiet, grelles Himmelsblau und Grün, erstreckt sich über Küsten, denen Wogen, von keinen Schiffen befahren, wildklingende griechische, slawische, keltische Namen gegeben haben.

Am Saum des Waldes – die Traumblumen läuten, brechen auf, leuchten – das Mädchen mit den orangefarbenen Lippen, die Knie übereinandergeschlagen in der hellen Sintflut, die aus Wiesen quillt, nackter Leib, den die Regenbogen, die blumige Natur, das Meer beschatten, durchstrahlen und bekleiden.«

Das war mein Innenleben als, sagen wir, Zwölfjährige, die ich damals noch unberührt war vom grob sinnlichen Leben um mich herum, in dem meine Außenwelt ausgelöscht wurde.

»Bei den Arten des Sichtbaren«, schrieb mein geistiger Vorfahr in einer Nebenlinie, Francis Bacon in seiner *Naturgeschichte,* »scheint es sich um *Aussendungen von Strahlen* zu handeln, die vom gesehenen Gegenstand ausgehen, nahezu wie Gerüche, nur daß sie wesenloser sind.«

So sollte auch der Klang von Dichtung sein. Von frühester Kindheit an sind mir diese Aussendungen von Strahlen von allen Gegenständen gekommen, die ich sah.

Al was this land fulfild of faëry

Einst war dies Land voll Feenzauber

Lesen lernte ich, bevor ich vier Jahre alt war, und zwar las ich die Märchen der Gebrüder Grimm sowie die von Hans Christian Andersen. Viele der letzteren ängstigten mich, da ich die

Einsamkeit nicht zu ertragen vermochte, die sie zu durchziehen schien. Ich schrak vor der Kälte der Schneekönigin zurück. Jetzt ist mein Leben voll Wärme, aber meine Kindheit war so unaussprechlich kalt und einsam, daß ich mit fünf Jahren von zu Hause davonlief (ich weiß nicht, welchem Ziel ich entgegenfliehen wollte). Da ich aber meine Knöpfstiefeletten nicht zubekam und kein Geld hatte, fing mich ein junger Polizist ein und händigte mich meinen Eltern wieder aus. (Damals war Osbert zwar schon geboren, doch war das warme Herz, das nie jemanden im Stich gelassen hat, da erst wenige Wochen alt, und so konnte er noch keine Worte finden, um sich auszudrükken).

Aber es gab eine andere alltägliche häßliche Welt, der man sich stellen mußte.

Wie wir im vorigen Kapitel gesehen haben, mußte meine Freundin, die Jungeule, schnarchen, um die Aufmerksamkeit von Mäusen zu erregen. Mein ganzes Leben lang hatte ich das Unglück, die Aufmerksamkeit von Mäusen (der menschlichen Art) zu erregen, ohne dafür schnarchen zu müssen.

Als ich elf war, hatte ich gelernt, daß die Natur, weit davon entfernt, Angst vor der Leere zu haben, diese geradezu bewundert.

Zu jener Zeit setzte man mich im Schulunterricht einem hingebungs- und liebevollen, alles durchdringenden, sich in alles einmischenden, neugierigen, verblödenden Mittelschicht-Erstickungsprozeß aus, weil man hoffte, daß ich »wie alle anderen« würde.

Denn, wie es bei Bernhardt Rust, im Dritten Reich erst preußischer Kultusminister, später Reichsminister für Wissenschaft, Erziehung und Volksbildung, in *Bildung und Erziehung* heißt (von *Our Time* im Januar 1946 zitiert): »Niemand darf sich für glänzender halten als seine Mitmenschen: wir brauchen keine Intellektuellen. Jeder Geist ist gleich wichtig.«

Der Geist der Menschen muß also, kurz gesagt, klein gemahlen werden, bis nur noch Plattheit übrigbleibt.

Trotzki hat (in *Fragen des Alltagslebens*) gesagt: »Es ist gut, wenn das Leben von den Mühlsteinen des proletarischen Denkens gemahlen wird. Die Mühlsteine sind stark und werden mit allem fertig, was man ihnen zu mahlen gibt.«

Die Mittelschicht-Mühlsteine, denen ich als Kind im Klassenzimmer ausgeliefert war, haben mich wie die der Oberschicht-Mentalität, denen man mich als sehr junge Frau überantwortete, mein ganzes Leben hindurch kleinzukriegen versucht. Es ist ihnen nie gelungen. Die Vorstellung, jemand oder etwas könne mich kleinkriegen (selbstverständlich standen meine liebenden Quälgeister in ihren stolzen Wattegebäuden zu keinem Zeitpunkt auch nur entfernt mit dem proletarischen Denken in Verbindung), war nichts als das Ergebnis schieren Wunschdenkens.

Inmitten des Erstickungsprozesses, von dem ich gesprochen habe, fiel meinen Eltern auf, daß ich mich infolge einer Rückgratverkrümmung leicht vorgebeugt hielt und daß meine überaus dünnen Knöchel schwach waren. Daher übergaben sie mich mit allem Drum und Dran Mr. Stout, einem Orthopäden in London, dessen Lebensinhalt ein unablässiger Kampf gegen das menschliche Skelett war. Er befand sogleich, daß bei mir von A bis Z nichts stimmte und meine Muskeln denkbar weit verkümmert sein mußten.

Ich weiß nur noch wenig vom Äußeren dieses Herrn, außer daß er wie eine aus Margarine gehauene Statuette wirkte, die man anschließend so steif gefroren hatte, daß keine Wärme, ob von der Umwelt oder von menschlichem Empfinden, sie auch nur anzuschmelzen vermocht hätte. Anschließend hatte man diese Statuette mit ausgepolstertem Wollstoff umwickelt, um ihr den Anschein von Stämmigkeit zu verleihen.

Nach meinem ersten Zusammentreffen mit Mr. Stout brachte man mich zu einem Hersteller orthopädischer Hilfen, und dort wurde ich in eine Art stählerne Bastille eingesperrt. Dieser Kerker begann unter den Armen, so daß ich sie seitlich nicht mehr an den Rumpf legen konnte. Auch meine Beine waren eingekerkert bis hinab zu den Fesseln, die überdies nachts gemeinsam mit meinen Fußsohlen in einer qualvollen Martervorrichtung zusammengeschlossen wurden. Nicht einmal meine Nase entging der Tüchtigkeit jenes Herrn. Von einem Gummiband, das meine Stirn umschloß, führte ein System aus zwei (mit Hilfe von Schlüssel und Schloß zu verstellenden) Stahlstücken, die zu beiden Seiten des fraglichen Organs hinabliefen. Dicke Polster an den Nasenlöchern drehten die Nase kräftig in die Richtung, die der von der Natur vorgesehenen entgegengesetzt war und versperrten ein Nasenloch, so daß mir das Atmen schwer fiel.

Diese Zierde trug ich allerdings ausschließlich während der langen Stunden, die ich mit Unterricht verbrachte, denn man befürchtete, sie könne, in der Außenwelt angelegt, Passanten zu seltsamen Gedanken, wenn nicht gar zu Empörung, veranlassen.

Ich erwähne die dem Schmachten in der Bastille ähnelnde Existenz meiner Kindheit lediglich, weil sie ein Licht auf mein späteres Leben wirft, denn sie hat dafür gesorgt, daß meine Bein- und Rückenmuskeln halb zurückgebildet wurden.

Aus irgendeinem Grunde ließ man meine Hände und Arme in Freiheit, so daß ich diese, ich wage zu sagen, flüssig und ausdrucksvoll zu bewegen vermag.

Mr. Steinberg, der Verfertiger meiner Bastille, war so ungeheuer dick, daß er sich wie dichter Nebel über London auszubreiten schien, ein Eindruck, der dadurch verstärkt wurde, daß er nebelgelb war. Seine Augen waren, ebenso wie jeglicher Ausdruck, der darin liegen mochte, hinter schwarzen Brillengläsern verborgen.

Lange nach dem Ende meiner Kindheit kam ich in einem Omnibus in Bayswater mit diesen schwarzen und luftlosen leeren Fenstern erneut in Berührung und spürte noch einmal die krankmachende Angst und Demütigung sowie das gleiche Gefühl hoffnungslosen Eingesperrtseins, wie als Kind.

Meine Eltern waren meist von halbbelebten Personen umgeben, die wie eine unangenehme Form der Vegetation oder wie aus billigem Satin hergestellte Puppen waren, denen man statt der Augen hier und da Knöpfe aufs Gesicht gesetzt hatte.

Meine Mutter legte eine Spur zu viel Gewicht auf ihre gesellschaftliche Stellung – (damals galt ein Graf als Wesen, das sich auf den höchsten Bergspitzen aufhielt, wo ihn gewöhnliche Sterbliche zwar verehren, sich ihm aber nicht nähern durften). Sie pflegte, zweifellos auf meinen Vater gemünzt, zu sagen: »Ein Baronet ist das Minderwertigste auf Gottes Erdboden« – ihrer Ansicht nach vermutlich weniger wert als ein schwarzer Käfer. Wenn sie auf mich wütend war – bei ihr ein Dauerzustand –, sagte sie zu mir: »*Ich* bin von höherer Abkunft als *du.*« Das stürzte mich in eine gewisse Verwirrung.

Doch hinderte das Beharren meiner Mutter auf ihrer gesellschaftlichen Stellung sie nicht daran, sich mit Menschen anzufreunden, die gewiß nie in Lady Londesboroughs Salon zugelassen worden wären.

Eines der schlimmsten dieser unmenschlichen Wesen war Miss Diana Pilkington, angeblich eine Schönheit. Ihr Körper schien genau in zwei Teile geteilt zu sein, von denen der obere aus einem riesigen rosa Schinken bestand, der ihr als Gesicht diente; seine untere Hälfte hingegen ähnelte einem jener beinlosen Spielzeuge, die hin und her schaukeln, wenn man sie leicht anstößt.

Hinter der gewaltigen ausdruckslosen rosa Fassade war sie ein abgestumpftes Geschöpf, an dem plumpe, ungeformte Gesichtszüge einfach deshalb angebracht waren, weil sie einen

Mund brauchte, um zu essen, sowie eine Nase, um damit das Elend anderer herauszuschnüffeln.

Damit, daß sie sich bemühte, Bewunderung auf sich zu ziehen, füllte sie den größten Teil ihrer Tage, obwohl sich ihre groben rosafarbenen Finger, die so aussahen, als habe jemand sie wie ein Stück Fleisch an den vordersten Gelenken abgeschnitten, bisweilen mit Applikationen beschäftigten – sie benähte aufsässig glänzenden weißen Atlas mit imitierten rosa und scharlachroten Dorothy-Perkins-Rosen aus zusammengebüschelten Bändern – (eine Nadelarbeit, die man kurz zuvor einem der dümmeren der minder bedeutenden Maler des achtzehnten Jahrhunderts nachzuäffen begonnen hatte).

Obwohl *vollständig zeitlich menschlichen* Ursprungs, rief sie in mir die Vermutung hervor, der Allmächtige habe an ihr sein Gesellenstück geübt.

Sie besaß einen erschreckenden Einfluß auf meine Mutter, die von ihrer Gewöhnlichkeit ganz und gar hypnotisiert zu sein schien. (Zu jener Zeit hatte meine Mutter nur wenig Gesellschaft. Zwar kamen Leute, doch wurden sie wieder fortgeblasen – entweder durch den Wind, der von der Nordsee herüberwehte, oder durch einen ziellosen geistigen Wind.)

Einige Male beredete Miss Pilkington meine Mutter dazu, sie zu einer mitternächtlichen Rattenjagd in den Kellerräumen eines großen Hotels in Scarborough zu begleiten. (Zwar war das Miss Pilkingtons Lieblingssport, aber doch ein seltsames Tun für eine Dame mit dem Hintergrund meiner Mutter und ihrem Hang zu peinlich mäkeliger Sauberkeit. Sie war, wie ich schon gesagt habe, hypnotisiert.)

Terrier bei Fuß und dicke Knüppel in den Händen versammelten sich die Rattenfänger, und Miss Pilkington war eifrig bei der Sache, gab den quiekenden Geschöpfen eins auf den Schädel und ermunterte die Terrier dazu, ihnen an die Gurgel zu fahren. Von Rattenblut bedeckt sagte sie: »Nichts auf der Welt macht mehr Spaß.«

Diana Pilkington weidete sich am Anblick fremden Leides. Besondere Freude bereitete es ihr, sich in mein Unterrichtszimmer zu drängen und die Demütigung zu genießen, die ich in meiner stählernen Bastille litt. Oft brachte sie vollständig fremde Menschen von ähnlicher Machart mit, die voll unverhohlenen Entzückens über meinen Zustand der Hilflosigkeit lachten.

Meiner Großmutter Londesborough wurde die Existenz dieser widerwärtigen Frau mit ihrem »Nichts auf der Welt macht mehr Spaß« vorenthalten. Meine Mutter teilte Miss Pilkington einfach mit: »Ich kann mit Ihnen und Ihren Schwestern leider nicht zusammentreffen, wenn meine Mutter in Scarborough ist.«

*

Jeden Samstagnachmittag mußte ich ›nachsitzen‹, weil ich das Gedicht »Der Knabe stand auf dem brennenden Deck« nicht auswendig lernen konnte oder mochte. In meinen kindlichen Augen war der fragliche Knabe der Gipfel der Idiotie. Alle anderen hatten das brennende Deck verlassen, und so konnte er durch sein Verweilen dort nichts erkennbar Gutes bewirken – warum also ging er nicht? Ich war nicht bereit, Lippenbekenntnisse zu einer solch stupiden Episode abzulegen.

Diese Weigerung wiederholte sich, als ich zwischen elf und dreizehn Jahren alt war.

Andererseits konnte ich, schon vor meinem dreizehnten Jahr, Alexander Popes *Der Lockenraub* von vorn bis hinten auswendig hersagen – die einzige geniale Dichtung, die sich in Wood End auftreiben ließ. (Ich hatte das Gedicht heimlich abends gelernt, während meine Gouvernante beim Essen war. Im Bett sitzend, beugte ich mich darüber und prägte mir den Text eifrig ein.)

Aus dem feinen, schimmernden, gelegentlich überschatteten, leichten und unendlich vielfältigen Gewebe dieses Wunders von einem Gedicht, ging das Gefühl dafür auf mich über, daß Aufbau wie Gefüge gleichermaßen die Eltern des Rhythmus sind, wie auch, daß Tempo-Schwankungen nicht nur auf erstere zurückgehen, sondern auch auf letztere.

Im späteren Leben lernte ich, daß die unsagbar fein empfundenen und kostbaren Veränderungen in den nachstehenden Versen – aus einer Passage über die Sylphen –

Some to the Sun their Insect-Wings unfold,
Waft on the Breeze, or sink in Clouds of gold;
Transparent Forms, too fine for mortal sight,
Their fluid Bodies half dissolv'd in Light.
Loose to the Wind their airy Garments flew,
Thin, glitt'ring Textures of the filmy Dew;
Dipt in the richest Tincture of the Skies,
Where Light disports in ever-mingling Dyes,
While ev'ry Beam new transient Colours flings
Colours that change whene'er they wave their Wings.

Insektenflügel ruhn in leisem Flug
Auf kühlem Wind, auf goldnem Wolkenzug,
Durchsichtige Formen, aufgelöst in Licht,
Zerflatternd vor dem menschlichen Gesicht.
Das Luftgewand zerfließt in Winden lau,
Ein flimmerndes Geweb aus Duft und Tau,
In reichste Färbung des Gewölks getaucht,
Das Licht mit tausend Strahlen überhaucht,
Wo jeder Strahl verschiedene Farbe trägt,
Farbe, die wechselt, wenn ein Flug sich regt.

auf eine besondere Anordnung ein- und zweisilbiger Wörter im Wechsel mit anderen zurückgehen, die über den winzigsten denkbaren Bruchteil einer weiteren Silbe verfügen, der einen kaum merklichen Schatten wirft oder, sofern sie nahe genug steht, eine sich kaum wahrnehmbar dehnende Pause hervorruft - beispielsweise in »their airy« (hier wird die Wirkung natürlich noch dadurch verstärkt, daß es sich um Assonanzen handelt). Die Veränderungen der Bewegung gehen auch darauf zurück, daß weich klingende Assonanzen wie ›some‹, ›sun‹ in eine gewisse Anordnung zu Assonanzen gestellt sind, die sich von Weichheit zu Schärfe verändern - ›Insect-Wings‹, ›Thin, glitt'ring‹ (wobei das ›g‹ in ›Wings‹ den Vers kaum spürbar verlängert). Die Veränderungen der rhythmischen Bewegung werden gleichfalls durch eine unglaublich feine und sich immer wieder verändernde Anordnung von Alliterationen und Vokalismen hervorgerufen, wobei letztere den Vers verlängern, ihn in der Luft schwingen lassen, so daß er steigt oder sinkt.

Doch darüber rede ich natürlich als erfahrene Dichterin, nicht als das Kind, in dem das Wissen in Form eines Instinkts seinen Ausgang nahm.

Ich besitze kein *körperliches* Leben mit Ausnahme zweier meiner Sinne - Hören und Sehen.

*

Ich beabsichtige nicht, viel über meine Schulzeit zu schreiben. Ich habe aus der Welt gelernt, nicht von Landkarten, und alle Lebewesen, ob Mensch, Tier oder Pflanze, waren meine Geschwister. Diese Bruderschaft wird auf einigen Seiten von Lorenz Okens großartigem Buch *Elemente der Physiophilosophie* klar, wo es beispielsweise heißt: »Da das Tier alle Bestandteile in sich enthält, enthält es auch die Pflanze, und ist daher sowohl Pflanzen- wie Tierreich oder das ganze Sonnensystem.«

*

»Tiere sind vollständige Himmelskörper, Trabanten oder Monde, die unabhängig um die Erde kreisen; alle Pflanzen hingegen sind zusammengenommen lediglich einem einzigen Himmelskörper gleichwertig. Ein Tier ist eine Unendlichkeit von Pflanzen.«

*

Ruhm sah ich als Kind allenthalben, und was mich damals im Schlaf heimsuchte, sucht nunmehr, da ich eine Frau bin, meine Arbeitswelt heim.

Schon seit frühester Kindheit habe ich mich angesichts des unendlichen Entwurfs der Welt gefragt – das vom Frost auf die Fensterscheiben gemalte Muster von Fell und Federn, die sechs Strahlen der Schneeflocke, die sich in der sechsstrahligen Unendlichkeit des Bergkristalls widerspiegeln –, angesichts des Schuppenmusters an den Beinen von Vögeln, die wir ähnlich am Knöterichstamm wiederfinden –: hat Blindheit diese Formen entworfen? Diese Muster habe ich, bewußt oder unbewußt, in meinen frühen Gedichten *Bucolic Comedies* benutzt.

Gegenstand zahlreicher meiner frühen Gedichte ist das Heranwachsen des Bewußtseins. Mitunter ist es wie das eines Menschen, der bisher blind war und, unvermittelt mit der Gabe zu sehen ausgestattet, *lernen* muß, wie man sieht. Oder es geht um den Ruf der wartenden, zusehenden Welt, in der alles, was wir sehen, Symbol von etwas dahinter Liegendem ist, hin zum Bewußtsein, das noch in diesem Erdschlaf verborgen liegt.

Das Gedicht »Aubade« handelt in seiner gegenwärtigen Gestalt (nachdem es durch mein eigenes Leben, meine eigene Erfahrung gegangen ist), von einem Landmädchen, einer einfachen, vernachlässigten und unglücklichen jungen Magd, die voll bukolischer Einfalt bei Tagesanbruch herabkommt, um das Feuer anzuzünden.

Darin heißt es: »The morning light creaks« (Das Morgenlicht knarrt), und der Grund dafür liegt darin, daß das Licht des frühen Morgens nach dem Regen nicht so ohne weiteres kommen will. Auch ist es sehr hart und scheint den Schatten förmlich Hindernisse in den Weg zu legen – das vermittelt den Eindruck eines Knarrens, weil es hart und zugleich ungewiß ist.

Each dull blunt wooden stalactite
Of rain creaks, hardened by the light,

Sounding like an overtone
From some lonely world unknown.

Jeder dumpfe stumpfe hölzerne Stalaktit
Des Regens knarrt, vom Licht verhärtet

Und klingt wie ein Oberton
Aus einer unbekannten einsamen Welt.

*

Beim Morgengrauen scheinen von Zweigen hängende, lange Regentropfen durch das Licht verwandelt, sie haben das dumpfe, stumpfe Aussehen von Holz; auch wenn man das Geräusch in der Wirklichkeit nicht hört, schwingt etwas wie ein Klang aus einer unbekannten, geheimnisvollen Welt darin mit.

*

Die Verse

But the creaking empty light
Will never harden into sight,

Will never penetrate your brain
With overtones like the blunt rain . . .

Doch das knarrende leere Licht
Wird sich nie zu etwas Gesehenem verhärten,

Nie in dein Gehirn vordringen
Mit Obertönen wie der stumpfe Regen . . .

bedeuten, daß für diese Magd, die im Morgengrauen ihr Bett verläßt, das Licht etwas Leeres ist, das sie nicht bemerkt. Es kann ihr die Fähigkeit zu sehen nicht vermitteln, da sie zu sehen unfähig ist.

In the kitchen you must light
Flames as staring, red and white,

As carrots or as turnips, shining
Where the cold dawn light lies whining.

In der Küche mußt du entzünden
Flammen die rot und weiß glänzen,

Wie Möhren oder Rüben scheinen
Wo winselnd das kalte Dämmerlicht liegt.

*

Mich läßt die zitternde Bewegung eines gewissen kalten Frühlichts auf dem Fußboden an eine Art hohes animalisches Wimmern oder Winseln denken, einen halb furchtsamen und halb kriecherisch-unterwürfigen Drang nach etwas außerhalb unseres Bewußtseins.

Ein Dichter muß sich zwangsläufig sein ganzes Leben hindurch damit beschäftigen, den Sinn der materiellen Erscheinungen zu untersuchen, und er muß den Versuch unternehmen zu sehen, was von der spirituellen Welt sie zeigen. So lebte ich in meiner grünen Welt des Wachstums, mit Tieren und Pflanzen als meinen Gefährten.

Da ich Dichterin bin, nimmt man an, ich müsse den Wunsch haben, mein Leben damit zu verbringen, daß ich den *Mrs. Dale's Tagebuch** entstammenden klischeedurchsetzen Konversationen lausche.

So merkwürdig das ist, ich tue nichts dergleichen. Wenn ich solcher Aufregung zu entfliehen vermag, denke ich daran, wie Harvey – ich zitiere das nach A. J. Snows *Matter and Gravity in Newton's Philosophy* –, »annahm, daß die Wärme in Tieren, die kein Feuer ist und auch ihren Ursprung nicht im Feuer hat, aus dem Sonnenstrahl stammt«. Und ich fühle demütig, daß sogar *mein* Blut auf diesen Strahl zurückgehen muß.

*

Die Leute, die ein französischer Kritiker als »*Les Apôtres du Petit Bonheur*« bezeichnete, werden es nicht glauben, aber die Erfahrungen, die ein Dichter macht, während ein Gedicht in ihm allmählich Gestalt gewinnt (ich spreche hier von Dichtern im vollen Besitz ihrer Kunst, nicht aber von solchen, die sich erst langsam dorthin vortasten), ähneln – und das sage ich in aller Bescheidenheit – denen eines Heiligen – aber eines solchen, der sich noch nicht alles Irdischen entledigt hat.

»Ich bekenne«, schrieb der Heilige Bernhard (*Cantico,* Pre-

* *Mrs. Dale's Diary* war eine BBC-Rundfunkserie im Stil einer Familienschnulze, wobei Mrs. Dale hochgestochene Belanglosigkeiten von sich gab. [Anm. d. Übers.]

digt 74) »auch zu mir ist das WORT gekommen –, und schon öfter. Obwohl es öfter bei mir eingekehrt ist, habe ich einige Male sein Eintreten gar nicht bemerkt. Ich spürte, daß es *da* war.

Denn woher es in meine Seele kam oder wohin es wiederum ging, das, so gestehe ich, weiß ich bis zur Stunde noch nicht, [...] Sicher ist das WORT nicht durch die Augen eingetreten, denn es hat keine Farbe. Auch nicht durch die Ohren, denn es hat keinen Klang.«*

Auch nicht durch die Nase, denn es durchdringt nicht die Luft ... Auf welchem Weg ist es also hereingekommen? Oder ist es vielleicht gar nicht hereingekommen, weil es nicht von draußen gekommen ist?« [Auch hier weicht die Erfahrung ab, die materielle Welt hat ihr Wesen dem Engel ausgeliefert, der den Dichter heimsucht. E. S.] »Aber es kann auch nicht aus meinem Innern gekommen sein, weil es gut ist und weil ich weiß, daß in mir nichts Gutes ist. Ich bin in die höchsten Giebel meines Wesens hinaufgestiegen – und siehe: das WORT war oberhalb von allem. Ich bin in die tiefsten Keller meines Wesens als neugieriger Forscher hinabgestiegen – und dennoch: es fand sich unterhalb von allem. Wenn ich nach draußen schaute, so erfuhr ich, daß es weiter außen war als alles, was außerhalb von mir ist. Wenn ich in mein Inneres schaute, daß es weiter innen war als alles, was in mir ist.«

*

Aber der Dichter und der Heilige müssen lange wachen, bis es zu diesem Zusammentreffen kommt.

Und ich schreibe hier über die frühe Erfahrung des Dichters – in einer Zeit, da er ausschließlich mit der Außenwelt in

* [Anmerkung: Hier weicht die Erfahrung des Dichters von der des Heiligen ab. Für einen Dichter wird das Wort *durchaus* zum Klang. Aber zu einem, der von ferne kommt. E. S.]

Berührung steht. Es ist so ähnlich, als sehe man dem Wachstum einer Lilie zu, von Wurzel zu Stengel, von Stengel zu Blüte.

Mit Bezug auf meine frühesten Gedichte haben einige Kritiker die Ansicht vertreten, ich sei stark von Diaghilews »Ballets Russes« beeinflußt worden. Das ist nicht der Fall, auch wenn diese natürlich alle Künstler auf allen Gebieten in gewissem Maße beeinflußt haben. Meine Einflüsse stammen eher aus den äußeren Umgebungen meiner Kindheit, doch liegen sie mir jetzt fern, seit auf die Kindheit die Reife gefolgt ist.

Stark beeinflußt hat mich zu Beginn meiner Arbeit der große Komponist Strawinskij, auch wenn er seine künstlerischen Leistungen auf einem anderen Gebiet vollbracht hat. Beispielsweise stammt die Inspiration zu einem kurzen Gedicht mit dem Titel »Dark Song« (Dunkles Lied) von einem seiner Lieder.

The fire was furry as a bear
And the flames purr . . .
The brown bear rambles in his chain
Captive to cruel men
Through the dark and hairy wood . . .
The maid sighed, ›All my blood
Is animal. They thought I sat
Like a household cat;
But through the dark woods rambled I . . .
Oh, if my blood would die!‹
The fire had a bear's fur;
It heard and knew. . . .
The dark earth, furry as a bear,
Grumbled too!

Das Feuer war pelzig wie ein Bär
Und die Flamme schnurrt ...
Der Braunbär an seiner Kette streift umher
Gefangener grausamer Menschen
Durch den dunklen und haarigen Wald ...
Die Maid seufzte: ›All mein Blut
Ist Tierblut. Sie nahmen an, ich säße
Wie eine Hauskatze;
Doch durch die dunklen Wälder streifte ich ...
Oh, stürbe doch mein Blut!‹
Das Feuer hatte einen Bärenpelz;
Es hörte und kannte ...
Die dunkle Erde, pelzig wie ein Bär,
Grummelte auch!

In dem Gedicht geht es um den Ursprung der Dinge und ihre Beziehung – das Feuer, das wie ein Tier schnurrt und das dichte Fell eines Tieres hat (der sich auflösende pelzige schwarze Umhang), und ein Mädchen, dessen Blut der dumpfe Rhythmus und der Instinkt der Erde zu eigen ist. Die langen, rauhen ›r‹-Laute schnurrender Tiere und die gelegentlich auftretenden Vokale wie in ›bear‹ und ›fire‹, auch wenn letztere durch ein nahezu stummes ›r‹ getrennt werden, sollen den unbesiegbaren Tierinstinkt vermitteln. Das Gedicht baut auf einem Grund aus harten ›r‹-Lauten auf, die mit gedämpften ›r‹-Lauten abwechseln, wobei die Dichte der Laute ›br‹ und ›mb‹ in »The brown bear rambles in his chain« die Dichte des stumpfen Bärenfells wiedergeben sollen. Die Dissonanz im ersten Vers »The fire was furry as a bear«, wo sich die eineinhalb Silben von ›fire‹ vor- und aufwärts strecken und sich dann gegenüber der dunklen, dichten, benommenen Beharrlichkeit der ersten Silbe von ›furry‹ brechen – in den ersten sechs Versen handelt es sich um *fallende* Dissonanzen – all das vermittelt den Eindruck von den dicken Tatzen des Tieres, die nicht die Kraft haben, etwas zu heben. Die sinkenden oder stumpfen Dissonanzen, mit denen einige Verse anstelle von Reimen enden ›bear‹ – ›purr‹, ›chain‹ – ›men‹, die Art, wie inmitten dieser Dunkelheit von Zeit zu Zeit ein eindringlicher hoher Vokal auftritt – all diese Wirkungen sind beabsichtigt und sollen ein verdunkeltes Tasten wiedergeben.

Bei der Mehrzahl dieser in *Bucolic Comedies* enthaltenen frühen Gedichte geht es in den Experimenten weniger um den Rhythmus als um die Durchdringung von Sinnen. Man hat die Bilder in diesen Gedichten als sonderbar bezeichnet. Das geht teils auf eine Verdichtung zurück, teils habe ich, wo die Sprache eines Sinnes nicht ausreichte, um die Bedeutung, die Empfindung, vollständig auszudrücken, die eines anderen benutzt und auf diese Weise bis zum Wesen des Gesehenen hinab vorzudringen versucht. Ich habe es mittels Attributen entdeckt, die auf den ersten Blick fremdartig erscheinen, aber in einer nicht ohne weiteres wahrnehmbaren Verbindung miteinander stehen – indem ich deren substantielle Färbung hervorbrachte (klarer und leuchtender als sie von einem abgestumpften Auge wahrgenommen wird) und sie aller unerheblichen Einzelheiten entkleidete.

*

Die Tage in Scarborough waren wie die Tonleitern, die ein Kind auf dem Klavier spielt, oder wie Regentropfen, die an Fensterscheiben hinablaufen.

»Sir George Beaumont«, schrieb Samuel Coleridge in *Anima Poetae*, »sah einen großen Vorteil darin, durch eine Gazebrille nach der Natur zu zeichnen«.

Das kennzeichnet selbstverständlich den Dilettanten, der die Dinge unvermeidlich abschwächt und verschwimmen läßt. Nichts konnte weniger dilettantisch sein als meine Brüder und ich. Wir waren für den Professionalismus geboren. Doch hoffte mein Vater, ich würde zeichnen lernen und alles durch eine Gazebrille sehen. Nichts durfte scharfe Umrisse haben, die Wahrheit mußte angenehm verhüllt sein. Er wollte, daß meine Brüder und ich alles gleichermaßen halb konnten, und Leidenschaft für etwas, das wir sahen (oder hörten), strikt ausgeschlossen blieb. Je weniger Begabung wir für etwas hatten, desto mehr wurden wir gedrängt, es auszuüben. Da wir beispielsweise Spiele und Sport überhaupt nicht mochten, wurden wir gezwungen, unsere Zeit damit zu vergeuden. Dabei sollte das nicht einmal unserer Erholung dienen, sondern uns eine Möglichkeit geben, »nicht hinter den anderen zurückzubleiben«.

Nachdem mein Vater entdeckt hatte, daß ich für die Kunst des Malens oder Zeichnens nicht im geringsten begabt war, beschloß er, ich müsse es an der örtlichen Kunstschule lernen, deren Spezialität in einer außergewöhnlich weitgehenden Entmutigung bestand. Zwar wären Michelangelo und Leonardo aus diesem Unterricht wohl lebend hervorgegangen, doch bezweifle ich, ob ein minder bedeutender Maler als sie ihn hätte überleben können.

Die Zeichenlehrerin, Miss Alberts, war eine freundliche, wollige, teesüchtige ältliche Jungfer, die immer in grünen Serge gewandet ging (vermutlich als Tribut an die Vorstellung der satirischen Zeitschrift *Punch* davon, wie sich Präraffaeliten gebärdeten). Sie schien mit einer dreifachen Ration schimmernder vorstehender Zähne ausgestattet worden zu sein, die sie stets in einem einschmeichelnd-süßlichen Lächeln entblößte. Sie *verabscheute* die Kunst nicht etwa, sondern verstand außer mit Bezug auf deren rein handwerkliche Seite einfach nichts davon. (Und zwischen ihrer rechten Hand, die ein eigenes Leben, oder besser gesagt, einen eigenen Tod, zu besitzen schien, und ihrem Gehirn, bestand keinerlei Verbindung.)

Diese völlig unverbundene Hand führte meine noch recht kindliche Hand, damit diese die Zeichnung nach dem Gipsabguß eines Löwen – ausgerechnet – verbrach. Das Ergebnis kann man sich vorstellen. Hätte ich den Gipsabguß einer Maus kopieren müssen, wäre die Leidenschaft der Entrüstung und des gekränkten Stolzes – *mein* Stolz und der feurige Stolz des Löwen – geringer gewesen.

Diese unsägliche Zeichnung existiert noch und wird »Dame Edith's Löwe« tituliert – ich hoffe, es ist der Löwe der Verfasserin von »Herz und Sinn«.*

Als ich etwa zwölf Jahre alt war, bestimmte mein Vater, daß Er (es geht nicht anders, man muß in diesem Zusammenhang einen großen Anfangsbuchstaben verwenden) für die Nachwelt porträtiert werden wollte. Auf jeden Fall sollte das Porträt ein Pendant, ein Doppelgänger, des von Copley gemalten Familienbildes sein, das im Eßzimmer von Renishaw hängt.

Nach vielem Hin und Her beschloß er, den Maler Sargent unter seine Fittiche zu nehmen und machte sich daran, dem fraglichen Herrn sein Fach beizubringen.

Mein Vater stand im Reitdreß Modell (er ritt nie), meine Mutter in einem weißen, mit Flitter besetzten, tief ausgeschnittenen Abendkleid und einem Federhut, wobei sie mit einer hübsch geformten, schlaffen, ganz und gar nutzlosen Hand rote Anemonen in einer silbernen Schale ordnete (sie arrangierte nie Blumen, und ohnehin wäre es eine merkwürdige Beschäftigung für jemanden im Ballkleid gewesen, selbst wenn sie dazu einen Hut trug).

Die Farbe der Anemonen wurde von meinem scharlachroten Kleid wieder aufgenommen. Ich war weiß vor Zorn und Verachtung und empört, daß mich mein Vater in einer von ihm

* Siehe das Gedicht am Ende dieses Kapitels. E. S.

als zärtlich-väterlich angesehenen Umarmung hielt. (Während der Sitzungen war ich von meiner Bastille befreit.) Osbert und Sacheverell, die auf dem Fußboden saßen und mit dem schwarzen Mops meiner Mutter spielten, waren die einzigen Lebewesen, die eine Spur von Leben zu haben schienen. Es gelang Mr. Sargent, ein gütiger und bezaubernder Herr, sie mehr oder weniger still zu halten, indem er ihnen in gewissen Abständen nachstehende Verse vortrug:

There was a young lady of Spain
Who always was sick in the train –
Not once and again,
Or again and again,
But again and again and again.

Einst kam bei der Fahrt auf der Bahn
das Essen einer Frau aus Span-
ien wieder hoch. Nicht dann und wann,
Oder nur ab und an –
Nein, es kam, und es kam, und es kam.

Als Hintergrund für das Porträt diente einer der Wandteppiche auf Renishaw – zufällig war auf ihm Justitia abgebildet.

HEART AND MIND

Said the Lion to the Lioness – ›When you are amber dust –
No more a raging fire like the heat of the Sun
(No liking but all lust) –
Remember still the flowering of the amber blood and bone,
The rippling of bright muscles like a sea,
Remember the rose-prickles of bright paws
Though we shall mate no more

Till the first of that sun the heart and the moon-cold bone
are one.‹

Said the Skeleton lying upon the sands of Time –
›The great gold planet that is the mourning heat of the Sun
Is greater than all gold, more powerful
Than the tawny body of a Lion that fire consumes
Like all that grows or leaps ... so is the heart
More powerful than all dust. Once I was Hercules
Or Samson, strong as the pillars of the seas:
But the flames of the heart consumed me, and the mind
Is but a foolish wind.‹

Said the Sun to the Moon – ›When you are but a lonely white
crone,
And I, a dead King in my golden armour somewhere in a dark
wood,
Remember only this of our hopeless love:
That never till Time is done
Will the fire of the heart and the fire of the mind be one.‹

HERZ UND GEIST

Sprach der Löwe zu der Löwin: ›Wird gelber Staub aus dir,
Nicht mehr die Brunst des Feuers wie der Sonne Glut
(Nicht Neigung, nur Begier) –
Gedenke noch der Blütezeit von gelbem Bein und Blut,
Des Kräuselns heller Muskeln wie das Meer,
Denk an der hellen Tatzen rosa Dorn,
Paaren wir auch nicht mehr,
Bis sich Feuer jener Sonne, Herz, und das mondkalte Bein
zusammentut.‹

Sprach das Gerippe, gestreckt auf dem Sande der Zeit:
›Der große Planet aus Gold: der Sonne trauernde Glut
Ist größer als alles Gold und mächtiger
Als der lohe Körper des Löwen, den Feuer zehrt
Wie alles, was wächst und springt ... so auch das Herz
Ist mächtiger als Staub. Einst war ich Herkules,
Auch Simson, stark wie die Säulen jedes Meers:
Doch die Flammen des Herzens zehrten mich, Geist sinnt
Wie ein törichter Wind.‹

Sprach die Sonne zum Mond: ›Wirst weißes altes Weib voll
Einsamkeit
Und ich, toter König im goldnen Harnisch wo in dunklem
Wald,
Wisse nur dies, wenn Lieb ohne Hoffnung ist:
Erst mit dem Ende der Zeit
Sind Feuer des Herzens und Feuer des Geists nicht entzweit.‹

Davis mit Osbert,
Sacheverell und Edith

Im selben Frühjahr, in dem das Sargent-Porträt fertig wurde, mußten mir Polypen aus der Nase entfernt werden, und so verließen auf Mr. Stouts Rat ich, meine Bastille und Miss King Church, Osberts und meine Gouvernante, wieder einmal Scarborough, mit dem Ziel London, wo wir uns in einer Pension nahe dem Lancaster Gate einmieteten.

Die Straße, in der diese Pension lag, war zu beiden Seiten von blühenden Obstbäumen gesäumt, die Kindheitserinnerungen in den Bewohnern des Hauses wachriefen, Wesen, die mit Ausnahme des einzigen Mannes, der dort sein Leben zubrachte, so uralt aussahen, daß es schien, als könnten sie, wie der Schädel des Piltdown-Menschen, unmöglich so alt sein, wie ihr Aussehen annehmen ließ.

Die im Ruhestand lebenden alten Jungfern, die in jenem Haus ihre letzten Jahre zu verbringen gewillt waren – und wenn man es recht bedachte, würde es bei ihnen zwischen Leben und Tod keinen großen Unterschied geben – waren wohl früher Gouvernanten bei den Kindern wohlhabender Eltern gewesen. Ihren inzwischen erwachsenen Zöglingen, die alle drei Jahre zu Besuch kamen und ihre einstigen Erzieherinnen mit kleinen Geschenken zu Tränen des Glücks rührten, schienen sie sehr zugeneigt zu sein.

Sonst geschah in ihrem Leben nie etwas, obwohl Dicky Wilkins, ein Rentier mit bescheidenem Einkommen, sie zu jeder Mahlzeit durch seine gegen Proletariat, Politik, Jugend und die Welt ganz allgemein gerichteten Schmähreden zu einer gewissen Lebhaftigkeit und Billigung aufrüttelte. Er war der einzige männliche Bewohner der Pension und vermittelte seinen Zuhörerinnen, ähnlich wie Hitler, ein Gefühl von Kraft durch Freude. Ganz besonders mißbilligte er Schwäche.

Die alten Damen schätzten ihn sehr; sie sahen in ihm mit seinen mittleren Jahren die Hoffnung der jungen Generation, die die Völker der Welt zu Krieg und vollständiger Vernichtung drängen würde (wobei selbstverständlich Dicky und sie selbst unbehelligt in einer Welt bleiben würden, die aus einer Teegesellschaft im kleinsten Kreise bestand).

Dicky war nicht groß und von einem Körperbau, den er selbst als erster zierlich genannt haben würde.

Aber dürr war er nicht: es schien sogar, als sei sein Körper ein ganz klein wenig gepolstert, obwohl an keiner Stelle irgendwelche Vorwölbungen zu sehen waren. Es kam einem so vor, als liege zwischen Dicky und seinen Kleidern eine dünne Schicht Watte, die ihn schützen sollte, nicht nur vor dem kalten Wetter, sondern vor der Welt. Wenn er ging, wirkten all seine Bewegungen von der Hüfte an abwärts wie von einer herrenhaften und diskreten Boa constrictor beherrscht. Sein Gesicht mit den schwer herabhängenden Lidern und dem halb geöffneten und ein wenig schwächlich wabbligen Mund – (ja, leider, obwohl Schwäche sein Schreckgespenst war) – verlieh ihm zusammen mit seiner angenehm gerundeten Gestalt eine verblüffende Ähnlichkeit mit einem aus dem Nest gefallenen unflüggen Vogel. Mitunter legte er – vielleicht als Selbstschutz –, wenn er vor dem Kreis ihn bewundernder alter Damen sprach, eine leicht frivole Art an den Tag (auf diese Frivolität war er stolz, und hinter ihr verbarg er eine Tiefe seines Wesens, eine Weisheit und Voraussicht, die ebenso auffällig waren wie sein Witz). Bei solchen Gelegenheiten sah es aus, als nage er während des Sprechens an Vogelmiere. Doch in den Augenblicken, da die Gottheit aus seinem Munde sprach, da er, bescheiden wie er war (und er war äußerst bescheiden) zum Orakel wurde, zum Sprachrohr des Gerichts, gegen dessen Entscheidung kein Einspruch möglich war, öffnete und schloß sich sein Mund, bis er große Ähnlichkeit mit einem frischgeschlüpften Küken hatte, das an Pips leidet und dessen Zungenspitze daher verhornt ist. Bei solchen Gelegenheiten fiel seine Bescheidenheit noch mehr auf als sonst. Er nahm seinen Zwicker ab, polierte die Gläser, wobei er den Blick senkte und rasch zwinkerte, während aus seinem Mund das Orakel tönte und er gegen die Regierung, die Zeiten, die Schwäche des Zeitalters allgemein wetterte. Bisweilen stieß das Orakel, in seinem Wunsch, die Dinge zu bessern und dem Niedergang der Epoche vor ihrem endgültigen Ende Einhalt zu gebieten, die entsetzliche Drohung aus, er, Dicky, werde »der Zivilisation den Rücken kehren«, sofern man nicht auf die Stimme des Orakels (alias Dicky) als Rufer in der Wüste hörte.

Madame Baker, die Herrscherin über die Pension, bekam man nur selten bei Tageslicht zu sehen, und wenn, dann als leidenden Menschen. Sie hatte ihr gesamtes Wesen dick eingemummelt, um sich vor dem grausamen Spott zu schützen, der die Wehrlosen verfolgt, die Armut, die Hoffnungslosigkeit jener, deren einziger zerbröckelnder Schutzwall gegen die Welt die Fassade der Jugend war (Gelächter, das sich als Mitgefühl tarnt). Sie hatte sich so sehr in Erinnerungen an gedachte Szenen und Triumphe eingewickelt, um sich vor der Wirklichkeit ihrer Armut zu schützen, ihren hoffnungslosen Zukunftsaussichten, daß sie sich nicht mehr an ihr Leben erinnerte, wie es in Wahrheit gewesen war.

Die Pension wie ihre Herrin schien stets durch einen geschäftigen freudlosen Tag beherrscht zu sein. Doch nachts, wenn sich die Bewohner des Hauses vor dem Eintritt in den Schlaf entkleideten, der Vorläufer eines längeren und traumloseren Schlafs war, wurden, wie es unvermeidbar ist, alle Belanglosigkeiten beiseite gelegt.

Ich erinnere mich an eine solche Frühlingsnacht, in der alle lebenden Geschöpfe bis auf das Unerläßliche entkleidet waren.

Vor dem Haus schien der Sturm junger Blütenblätter, die glitzernd und wind-dünn waren, naß wie von Tränen: manche warm und von Jugend erhitzt, andere flogen fort, als verfolge der junge und begierige Frühlingswind sie; sie trieben im

Hagelsturm greller weißer Knospen, die eben dieser Wind heranführte, gegen die Fenster, und schmolzen mit einem schwachen ersterbenden Laut, wie Schnee auf dunklen Pfaden. Es sah aus, als sei die ganze Welt von diesen Blütenkronen angefüllt, die von Kälte entflammt zitterten, während ihre Blütenblätter unter der Berührung des jungen Windes zusammenschrumpften.

Oben bereitete sich Madame Baker zum Schlafengehen vor.

Man meinte, die Sintflut bräche herein, wenn sie abends ihr Kleid ablegte.

Diese gewaltige Frau mit ihrem dicken, dumpfen Gesicht und Nacken sah, wenn sie für das traurige und hoffnungslose Tagesgeschäft vollständig bemalt und ausgerüstet war, im Ruhezustand wie das (durch irgendeine bedeutungslose Wichtigkeit angeschwollene) einer zwecklosen Prozession vorangetragene Ebenbild einer der Todsünden aus, die Galionsfigur von Habgier oder Neid. Ihre ungeheuren Dimensionen verliehen ihr einen schwerfälligen und plumpen Gang, eine watschelnde Art der Fortbewegung, die den Eindruck erweckte, als sei sie immer an mindestens vier Orten zugleich. Ihre Munterkeit, die so beschaffen war, daß sie nicht ein einziges Lebewesen darstellte, sondern eine immer noch zunehmende Vielzahl, vermittelte jedem, der mit ihr zu tun hatte, den Eindruck, daß es unmöglich sei, ihr zu entrinnen und daß man von ihr unvermeidlich überrollt würde.

So, schwerfällig auf- und abtauchend wie eine lange Reihe von See-Elefanten vor den sich auftürmenden Wogen, stellte sie sich der Armut ihrer Tage.

Ihre Augen hatten, wenn sie vollständig von Maskara umgeben waren, den gewollten Ausdruck der Tücke, zugleich aber lag in ihnen ein Blick harter und unverhohlener Gier, den der gesamte Umriß ihres Gesichts bestärkte. Doch wenn sie jetzt allein in ihrem Zimmer war, die Farbe von Augen, Wangen und Lippen gewaschen hatte, wirkten ihre armen, wabbligen Wangen rührend hilflos, hingen traurig und mutlos herab. Ihre Augen waren nicht mehr gierig, sondern waren die Augen eines sehr alten Kindes. Sie waren sogar gütig, und die Trauer – denn grausame ältere Verwandte hatten sie um etwas gebracht, auf das sie sich Hoffnung gemacht hatte (grausame Jugend, um so vieles älter, härter, zynischer als sie selbst) – enthielt nichts von Bitterkeit. Man hätte in diesem alten und verwirrten Kind nie und nimmer dasselbe Wesen erkannt, das sich, durch eine schimmernde Schicht von Farbe und So-tun-als-ob vor der Welt abschirmte, das sich mit solcher Tapferkeit der Armut stellte, dem grausamen Auge des Tages und den kleinen wie Mäuse nagenden Sorgen jeder Stunde.

Ohne weiteres war es möglich, daß ihr Sein bei Tage und ihr Sein bei Nacht nicht derselben Urwurzel entsprangen. Tags hielt sie den Kopf so, als habe sie ihn herumgeschleudert, wenn der Wind umsprang und sie dabei erstarren ließ. Wenn sie Bekannte begrüßte, denen sie nicht recht grün war und die sie zu beeindrucken wünschte, hielt sie sich die rechte Hand über den Kopf – ungefähr so, wie jemand, der einem Hund beibringen will, daß er um Zucker betteln soll. Sie war auf Vornehmheit und Würde geradezu versessen und gestand oft, sie könne sich gut vorstellen »oben auf einer Marmortreppe zu stehen – um *Gäste zu empfangen*«, auch wenn im dunkeln blieb, wer diese sein mochten. »Du hättest Botschafterin werden sollen, meine Liebe«, sagten ihre Freundinnen bewundernd.

Niemand wußte mit irgendeiner Art von Sicherheit, woher Madame Baker kam oder wer ihr Gatte gewesen war. Bei Fragen nach letzterem sagte sie jedesmal undeutlich: »Er bekleidet eine sehr bedeutende Stellung, Liebste, ... in Wien. Aber ich darf nicht sagen, *was* es ist.« Danach blieb sie eine Weile stumm und sah vor ihrem inneren Auge den auf dem Foto in der Schublade im Obergeschoß Abgebildeten, das glänzende

Wesen mit der ausladenden Weste und dem feuchten Fliegenfänger für kleine unbedeutende Nachtflieger, die üppige tropische Vegetation, die von seiner Oberlippe sproß.

Armer Bert. So waren diese Frauen. Ach ja!

Bei anderen Gesprächsgegenständen als ihrem Mann war sie redseliger und umgab sich gern mit der Aura kontinentaleuropäischer Freizügigkeit. Sie sprach häufig von den »alten Zeiten in Wien«, in denen sie, wie sie von Zeit zu Zeit durchblikken ließ, eine anerkannte Gesellschaftsschönheit war, auf die Trinksprüche ausgebracht wurden.

Jetzt in der Frühlingsnacht mit ihren durchdringenden Gerüchen und ihrer Schönheit kamen die Erinnerungen an diese in ihrer Vorstellung existierenden Tage und Nächte zurück. Ach Liebe! Was für eine Zeit war das gewesen! Nie vor drei ins Bett! Der Champagner! Der Glanz! Ach ja, damals waren wir jung!

Doch jetzt gab es Augenblicke, in denen sie sich nicht erinnern konnte, ob es wirklich stimmte, daß sich allnächtlich, wenn sie mit ihrem Gefolge von Bewunderern ein Restaurant betreten hatte, alle anwesenden Gäste erhoben und ihr zutranken – sie konnte sich nicht erinnern, ob es wirklich stimmte, daß Großherzöge aus ihren Abendschuhen Champagner getrunken hatten. War ihr das geschehen? Oder hatte sie es irgendwo gelesen? Gewiß *mußte* es ihr geschehen sein? Sie hatte es doch so oft erzählt.

Und was blieb ihr jetzt? Nur kleine, flüchtige Annehmlichkeiten hier und da. Und während sie das Licht löschte und sich massig in ihrem Bett umdrehte, beschloß sie, sich am nächsten Tag schlafend zu stellen, wenn sie Annie an der Tür vorübergehen hörte, damit sie nicht aufstehen und den frühmorgendlichen Tee machen mußte. Ja, schlafend würde sie sich stellen, damit Annie ihr eine Tasse Tee bringen mußte, um sie zu wecken.

Oben in ihrem kleinen Zimmer, vor dem schmalen Streifen gefleckten und stumpfen Spiegelglases stehend, Annie bei Tag und Greta bei Nacht, ihr Haar von den Einengungen dessen befreit, die ihr von »der verdammten alten Katze« auferlegt wurden, bog sie den Hals und zwinkerte beim Anblick des Bildes, das sie im Spiegel sah. Bewundernd und liebevoll betrachtete sie das berückend schöne Geschöpf, das so geheimnisvoll hinter dem bleichen Gesicht mit der langen Nase und den hellen Augen verborgen lag, dem zu klein geratenen Körper mit der jugendlich flachen Brust.

Sie hob die Arme, die verarbeiteten Hände, über den Kopf und betrachtete die berückend schöne Gestalt im Spiegel.

Tick-tack, tick-tack. Die Zeit verging. Das Geräusch ihres knarrenden Schrittes war lauter als das der jungen Blütenblätter an den Fensterscheiben. Annie bei Tag und Greta bei Nacht blickte zur billigen Uhr auf dem Kaminsims hin. Halb zwölf – halb zwölf! Das berückend schöne Geschöpf, das sie jeden Abend besuchen kam, mußte sie bald verlassen, denn um sechs Uhr am nächsten Morgen würde die Uhr auf dem Kaminsims ihre Sklavin mahnen.

Sie dachte an Bob, den Gärtnerjungen von Mon Tresor, ein Stückchen weiter die Straße entlang. Er hatte ihr gestern einen Zweig mit Mandelblüten gegeben. Albern, nicht wahr? Und Greta bei Nacht dachte, nicht die Spur wie Robert Mackenthorpe, der Held von tausend Abenteuern der Leinwand, bei Frauen so berückend schön wie das Bild im Spiegel – Robert Mackenthorpe, Gretas Held und Kavalier.

Jetzt waren alle Lichter im Hause gelöscht. Dicky Wilkins hatte, auf der Seite liegend, den Mund offen, einen Arm über sein Gesicht geworfen, die vom Orakel ausgestoßene finstere Drohung wahrgemacht – die Drohung, auf die die Welt gewartet hatte. Er hatte der Zivilisation den Rücken gekehrt (es geschah ihr recht! Sie war oft genug gewarnt worden!). Furchtlos und allein hatte er sich in jene wilde Welt begeben, die mit seiner eigenen Natur im Einklang stand. Was mußte ein solcher Mann fürchten?

Doch was war jener ferne Laut, der das Blut erstarren ließ – dieser sich immer mehr nähernde, krachende, berstende, dröhnende Lautsturm? Ein Elefant, der die gewaltigsten Bäume im Urwald entwurzelt, die pflanzlichen Ungeheuer in den Urschlamm schleudert, mit seinen riesigen Füßen auf ihnen herumtrampelt und in seinem wütenden Triumph trompetet!

Dicky setzte sich im Bett auf, schweißgebadet und zitternd.

Die Maus durchbiß mit einem letzten Quietschen die hölzerne Wandtäfelung und floh eilends durch den Raum in ihr Mauseloch.

Die Primeln hatten es nicht so gemeint

Edith
vier Jahre alt

Als kleines Kind und heranwachsendes junges Mädchen habe ich ziemlich viel Zeit bei meinen beiden Großmüttern verbracht – bei der Großmutter mütterlicherseits in Londesborough, und bei Lady Sitwell in ihrem kleinen Landhaus (Hay-Brow, in der Nähe von Scarborough). Blumen umgaben es wie summende Sommerlichter oder eine einschmeichelnde Mozartmelodie. Um sie kümmerte sich Großmutters belgischer Gärtner, Ernest de Taeye, der wie ein großer, schwerfälliger Bär gewirkt hätte, wäre er nicht vollständig kahl gewesen, was darauf zurückging, daß er eine bestimmte Primel angefaßt hatte. Von Blumen sprach er voll Zärtlichkeit, wie bisweilen Väter (vermute ich) von ihren Kindern sprechen, und er berührte sie alle mit gleicher Zärtlichkeit – die Primeln hatten es ja nicht so gemeint.

Wegen seiner Kahlköpfigkeit trug er stets einen Strohhut, der eine gewisse Ähnlichkeit mit einem Bienenkorb hatte, und er sah einem Porträt flämischer Meister überaus ähnlich.

Osbert hat in einem Gedicht ein liebevolles und liebreizendes Porträt von Mr. de Taeyes Frau geschaffen.

Deutlicher erinnere ich mich an den Haushalt meiner Großmutter Sitwell aus der Zeit, da sie in ihr Haus in Gosden in der Grafschaft Surrey zurückgekehrt war.

Auch hier war man von einer Welt aus Blumen umgeben.

Wenn ich jetzt an diese Welt denke, kommt mir die wunderbare Stelle des geheiligten, erleuchteten Wahnsinnigen Christopher Smart in *Rejoice with the Lamb* (Frohlockt mit dem Lamm) in den Sinn:

For there is no Height on which there are not flowers.
For flowers have great virtues for all the senses.
For the flower glorifies God and the root parries the adversary.
For the flowers have their angels even the words of God's
  Creation.

For the warp and the woof of flowers are worked by perpetual
moving spirits.
For elegant phrases are nothing but flowers.
For flowers are peculiarly the poetry of Christ.
For the right names of flowers are yet in heaven.
God makes gardeners better nomenclators.

Denn es gibt keine Höhe, auf der es nicht Blumen gibt.
Denn die Blume lobpreist Gott, und die Wurzel wehrt den
bösen Feind ab.
Denn auch die Blumen haben ihre Engel, die Worte von
Gottes Schöpfung.
Denn Kette und Schuß der Blumen werden von beständigen
sich bewegenden Geistern ineinander gewoben.
Denn elegante Ausdrücke sind nichts als Blumen.
Denn die rechten Namen von Blumen sind noch im Himmel.
Gott macht aus Gärtnern bessere Namensgeber.

Mit Ausnahme des Butlers Frank (der zwar nicht jung war, wohl aber jünger zu sein schien als mancher der anderen), einer Gehilfin des Hausmädchens und eines Küchenmädchens, rosa wie Ernests Primeln, dessen Gekicher zu Stille gefroren war, war die Dienerschaft meiner Großmutter Sitwell so steinalt, daß sie sich aus dem achtzehnten Jahrhundert verirrt zu haben schien.

Frank hatte ein ernstes, dunkles Hundegesicht mit einer spitzen Nase. Er und Musk, einer der Samojedenhunde meiner Großmutter, schienen die Persönlichkeit und sogar das *Gesicht* des jeweils anderen angenommen zu haben.

Frank war die Diskretion in Person. Nie wußte man, was in ihm vorging. Er sprach nichts in unserer Gegenwart, außer um anzukündigen, daß man zu Tisch gehen könne oder die Kutsche vorgefahren war. Er besaß großen Takt, wie sich einmal zeigte, als ich mich mit siebzehn Jahren beim Familiengebet daneben benahm. Ich war an der Reihe damit, einen Bibeltext auszuwählen und laut vorzulesen, und so begann ich eine Stelle aus dem Hohen Lied Salomos zu lesen. Unglücklicherweise überwältigte mich die unschuldige Miene meiner Tante Florence und die ehrfürchtige Haltung des Papageis, der die Gewohnheit hatte, sich das Gesicht mit einem Fuß zu bedekken, wenn die Familie zum Gebet versammelt war, so daß ich einen Lachanfall bekam. Frank erhob sich mit steinerner Miene, führte seine Schäfchen aus dem Raum und kehrte, nachdem mein hysterisches Gelächter nicht mehr zu hören war, mit ihnen zurück, als sei nichts geschehen.

Leckly, die unglaublich alte Zofe meiner Großmutter, war schon seit sechzig Jahren bei ihr, als ich sie kennenlernte. Sie war das Vorbild zu Mrs. Troy in meinem langen Gedicht »The Sleeping Beauty« (Dornröschen), wobei allerdings Londesborough den Szenenhintergrund lieferte. Die Atmosphäre des Gedichts ist ganz so, wie ich sie als Kind und junges Mädchen von Londesborough her kannte. (Malinn war eins der Hausmädchen dort, wie auch »the gossiping naiad of the water«, und das andere Landmädchen, das mit dem buttergelben seidigen Haar.)

Then, underneath the dancing, glancing bough
Came Malinn, with her round cheeks dyed as pink
As the insipid empty-tasting fruits
Of summer giggling through the rounded leaves.

Outside the stillroom was a cherry tree,
And through the dancing shadows she could see
Cross ancient Poll Troy come to do her duty ...
She had a cold frost-bitten beauty
Like blue moonlight smooth and cold

As amber; with her trembling old
Hands she tied the boughs aloft
Through the air all creamy-soft;
Then on the sill of the woodland dairy,
Moving as quick and light as a fairy,
She put a bowl of the thickest cream
(As thick as chestnut flowers in a dream).
The gossiping naiad of the water,
In her sprigged gown like the housekeeper's daughter,
Giggles outside the stillroom; she
Plucks at the thick-bustled cherry tree.
And Poll is cross; she chases cherried
Country maids like thickest-berried
Cherry trees in their ruched gown
Till they run from the palace, down,
Like the sprigged muslin waterfalls
Of this clear country, to where calls
Pan, with his satyrs on the rocks
Feeding their weave-weary flocks.
The naiad's giggling irritates
Cross Poll Troy till at last she rates
Her through the thick-leaved cherry tree:
›My eyes are dim – I yet can see
You, lazy quean! Go work!‹ ›I can't.‹
›I say you shall!‹ ›I say I shan't!‹
›But when the airs are creamy soft
And candle-flames are quince-flowers, oft
Though my heart flutters like a bird,
All dream-dark, though as soft as curd
The moonlight seems still, from my bed
I rise and work, you sleepy-head!
Though I am dim and very old,
I wake the flames all jewel-cold,

The flames that seem, when they soar high,
Like waterfalls of jewels; you sigh,
While I, Miss, churn and make the curd‹,
Piped Poll Troy like a small cross bird,
Then shuts the stillroom window, goes, for she
Still hears the naiad giggling through the tree.

Dann, unter dem tanzenden, spähenden Zweig
Kam Malinn, mit ihren runden Wangen so rosig gefärbt
Wie die fad schmeckenden Früchte
Des Sommers kichernd durch die gerundeten Blätter.

Vor der Speisekammer stand ein Kirschbaum,
Und durch die tanzenden Schatten konnte sie sehen
Die erzürnte uralte Poll Troy, die gekommen war, ihre Pflicht
zu tun ...
Sie war von kalter verkniffener Schönheit
Wie blaues Mondlicht glatt und kalt
Wie Bernstein; mit ihren zitternden alten
Händen band sie die Zweige hoch
Durch die Luft ganz rahmig-weich;
Dann setzte sie auf das Sims der Milchkammer im Waldland
Mit Bewegungen so rasch und leicht wie eine Elfe,
Eine Schüssel mit festestem Rahm
(So fest wie Kastanienkerzen in einem Traum).
Die tratschende Wassernajade,
In ihrem mit Mustern bestickten Gewand wie die Tochter der
Wirtschafterin,
Kichert vor der Speisekammer; sie
Zupft an dem dicht bebauschten Kirschbaum.
Und Poll zürnt; sie jagt kirschrote
Landmädchen wie Kirschbäume mit überaus dicken Früchten
In ihren Rüschengewändern

Bis sie vom Palast hinablaufen,
Wie die mit Mustern bestickten Musselin-Wasserfälle
Dieses hellen Landes, wohin Pan ruft,
Mit seinen Satyrn auf den Felsen
Die ihre wellen-müden Herden nähren.
Das Kichern der Najade ärgert
Die zürnende Poll Troy, bis sie sie schließlich
Durch den dichtbelaubten Kirschbaum schilt:
›Meine Augen sind schwach – doch noch kann ich dich sehen,
Faule Dirne! Geh, tu etwas!‹ ›Ich kann nicht.‹
›Ich sage, du sollst!‹ ›Ich sage, ich will nicht!‹
›Doch wenn die Lüfte rahmig weich sind
Und Kerzenflammen Quittenblüten, scheint
Oft, obwohl mein Herz wie ein Vogel zittert,
Alles traum-düster, wenn auch quarkig-weich,
Das Mondlicht still, von meinem Bett
Erhebe ich mich und arbeite, du Schlafmütze!
Auch wenn ich schwach bin und sehr alt,
Wecke ich die Flammen, alle juwelenkalt,
Die Flammen, die, wenn sie emporschlagen,
Wie Juwelen-Wasserfälle aussehen; du seufzst,
Während ich, Fräulein, Butter und Quark mache‹,
Krähte Poll Troy wie ein zürnendes Vögelchen,
Schließt dann das Fenster der Speisekammer, geht, denn sie
Hört noch immer die Najade durch den Baum kichern.

*

Leckly schien, obwohl sie die Zofe meiner Großmutter Sitwell war – und nichts hätte unterschiedlicher sein können, als die Haushalte meiner beiden Großmütter – besser nach Londesborough Park zu passen als nach Hay-Brow und Gosden. Der in Londesborough getriebene Luxus im Stil des achtzehnten Jahrhunderts war bemerkenswert in seiner Üppigkeit. In Hay-

Brow und Gosden herrschte eher Behaglichkeit als Luxus. Denn meine Großmutter Londesborough war eine der großen Gastgeberinnen der Zeit, wohingegen meine Großmutter Sitwell und meine Tante Florence günstigstenfalls als Salonlöwinnen im Lambeth Palace, dem Amtssitz des Erzbischofs von Canterbury, gelten konnten. Da der damalige Amtsinhaber Erzbischof Tait Großonkel und Vormund meines Vaters war, verbrachten seine Mutter und Schwester einen Großteil ihrer Zeit in jener Festung vermodernden Friedens und todgeweihter Geschichte, und beide Damen rochen ein wenig nach lange benutzten Gebetbüchern und dem roten Bezugsstoff von Kniekissen. Im Lambeth Palace lernte meine Tante einen »musikalischen kleinen Mr. Maxwell« kennen, wie auch einen Mr. Soundso, der ihr beim Diner »eine ganz und gar *abscheuliche* Geschichte über das tausendjährige Reich Christi« erzählte. Aber keinen jener Herren, denke ich, hätte man auf Londesborough geschätzt.

Beide Großmütter litten unter Schwierigkeiten, die mit ihrem Haar zusammenhingen. Dem meiner Großmutter Sitwell drohte die größere Gefahr, denn es ließ sich unmöglich voraussehen, wo man es das nächste Mal auffinden würde. Nachdem sie ein Haus in London genommen hatte, fanden die beiden Spiralen, die eine dazu bestimmt, auf ihrem Kopf zu sitzen, und die andere dahinter, bisweilen Zuflucht in Lecklys rückwärtiger Tasche, was sie dann vergaß und in Oxford Street und Regent Street einkaufen ging, woraufhin sich die beiden ihr Anvertrauten bemühten, ihrem zeitweiligen Aufenthaltsort zu entfliehen. Das nun erweckte in den Menschen, die Zeugen dieses Versuchs wurden (durch die Stelle bedingt, an der die Fluchtwilligen auftauchten) die Annahme, Leckly sei dem Zoo entsprungen.

Ihrer krönenden Prachtstücke beraubt, mußte sich meine Großmutter ins Bett zurückziehen, bis sich Leckly erinnerte, wohin diese Zier geraten sein mochte – denn meine Großmutter fürchtete die alles sehenden Augen ihres Regiments von Vikaren. Ich will hier die Diener der Low Church *nicht* herabsetzen – es waren ernste Männer, die entsagungsvoll ihrer Herde unendliche Hilfe angedeihen ließen und betrüblich unterbezahlt wurden –, aber meine Großmutter hängte sich an unglücklich ausgewählte Exemplare, wie man sie in jeder Glaubensgemeinschaft findet. Sie waren auffallend glattzüngig und zugleich auffallend unkultiviert. Von ihnen ging sozusagen ein geistlicher Geruch wie von einem Wintergarten voller schimmelnder Kohlköpfe aus, und sie hatten größtenteils auch genau deren Farbe.

Ihr langes, glattes, schwarzes Haar, das ihnen hinten auf den Kragen hinabhing, schien dessen Färbung und Struktur angenommen zu haben. Nur wenige von ihnen rauchten – nicht einmal Zigaretten. Doch rauchte einer von ihnen, tat er das mit dem Gesichtsausdruck eines Menschen, der sich einem ungewöhnlich wilden und heimtückischen Löwen gegenübersieht.

Meine Großmutter hatte einen besonderen Liebling – einen nachgemachten Vikar, der sich nur unwesentlich von den wirklichen unterschied. Er suchte ihr Haus von der Zeit an heim, da ich etwa fünfzehn Jahre alt war.

Er wies eine deutliche Ähnlichkeit mit einer Fledermaus auf, obwohl er nicht mit dem Kopf nach unten hing, sondern sich schrecklich aufrecht hielt, körperlich wie geistig. Er war um die dreiundzwanzig und schien zu einem Leben als Made im Speck geboren zu sein.

Er trug einen Siegelring; zum Frühstück kam er in Lacklederschuhen und hatte ein Taschentuch im Ärmel. Für meine Mutter war jedes dieser drei Merkmale schlimmer als der Sündenfall.

Meine Großmutter ließ sich seinen Vornamen liebevoll im Mund zergehen und sprach ihn Haa'wwy aus!

Jahre später verfaßte Haa'wwy eine Autobiographie – warum, habe ich nicht feststellen können, denn niemand außer den richtigen Vikaren, meiner Großmutter, meiner wütenden Mutter und ihren Nachkommen, hatten je von ihm gehört – in der er dem Leser mitteilte, ein Bewunderer habe ihn als »äußerst stillen Herrn« bezeichnet.

Still mag er ja gewesen sein, aber er war *kein Herr.*

Die Schwierigkeiten, die meine Großmutter Londesborough mit ihren Haaren hatte, quälten sie weniger als Lady Sitwell die ihren, da jeder in Angst und Schrecken vor ihr lebte und niemand in ihrer Gegenwart auch nur leise zu kichern wagte.

Lady Londesboroughs Lakaien (deren Schar ebenso groß war wie das Regiment der Vikare meiner Großmutter Sitwell) war es untersagt, einander in Anwesenheit ihrer Herrin anzusehen oder miteinander zu reden, sofern es sich nicht um Dinge handelte, die mit ihren Pflichten zusammenhingen. Mit dem Butler Martin durften sie sprechen, ihn aber unter keinen Umständen ansehen, in allen anderen Fällen brachte ein Bruch ihres Schweigens sie in äußerste Gefahr.

Meine Großmutter Londesborough sprach nie einen ihrer Dienstboten an, mit Ausnahme des Butlers und ihrer alten Haushälterin, Mrs. Selby, die ein Gesicht wie eine große rote, mit dünnem silbrigen Haar bedeckte Erdbeere hatte. Sie war das Vorbild zu den Hauptgestalten in meinem Gedicht »Three Poor Witches« (Drei arme Hexen):

When she walks
Turned to a wreath
Is every hedge;
She walks beneath
Flowered trees like water
Splashing down;
Her rich and dark silk

Plumcake gown
Has folds so stiff
It stands alone
Within the fields
When she is gone.

Wenn sie geht
Wird zu einem Kranz
Jede Hecke;
Sie geht unter
Blütenbäumen wie Wasser
Das herunterschwappt;
Ihr schweres dunkles seidenes
pflaumenblaues Gewand
Hat Falten so steif
Daß es von selbst
In den Feldern steht
Wenn sie vorüber ist.

Eines Abends Anfang November ging meine Großmutter (sie hielt sich damals in Londesborough Lodge in Scarborough auf) mit ihrem Haar in der gewöhnlichen braunen Farbe schlafen. Als sie am nächsten Morgen um elf herunterkam, um ein gewaltiges Frühstück einzunehmen (Spiegeleier mit Speck, kaltes Moorhuhn, Schinken, kaltes Rebhuhn, hausgemachte Brötchen, Rahm und Butter gelb wie Trollblumen, Pfirsiche und Weintrauben aus dem Treibhaus), hatte der herbstliche Ton ihres Haares die Farbe eines überaus schneereichen Winters angenommen. Meine Tanten, die dies Phänomen nicht zur Kenntnis zu nehmen wagten, hielten den Blick unverwandt auf ihre Teller gesenkt. Mein Großvater konzentrierte sich auf sein kaltes Rebhuhn-Bruststück. Die Lakaien schienen noch mehr als sonst von einem Schweigezauber gebannt zu sein.

Die weiße Perücke meiner Großmutter – denn um sie handelte es sich – tauchte im denkbar passendsten Augenblick auf, denn es war der 5. November, ein Tag (daran darf ich meine nichtenglischen Leser erinnern), der dem Andenken an Guy Fawkes gewidmet ist. Jener hatte eine Verschwörung angezettelt, um die Londoner Parlamentsgebäude in die Luft zu sprengen. Kinder schoben in späteren Jahren einen Kinderwagen mit einer ramponiert wirkenden Strohpuppe durch die Straßen, die Guy Fawkes darstellen sollte, und baten Vorübergehende um einen »Penny für den armen Guy (= Burschen)«.

Nach dem Frühstück nahm meine Großmutter an jenem unter günstigen Vorzeichen stehenden Tag wie gewöhnlich Platz in einem Krankenfahrstuhl am Eingang des Parks von Londesborough.

Wie sie so vor einem Hintergrundfries aus stummen Töchtern und einem melancholisch dreinblickenden Lakaien dasaß, muß sie eine so eindrucksvolle Erscheinung abgegeben haben, daß ihr ein sehr kleiner Vikar in Begleitung von Gattin und großer Kinderschar, dem offenbar bei ihrem Anblick das Datum und dessen Bedeutung einfiel, einen Penny in den Schoß legte und dazu gönnerhaft den üblichen Spruch hersagte: »Remember, remember, the fifth of November«.

Dann betrat er, von Gattin und Kindern gefolgt, den Park, der Privatbesitz war. Seine Gabe fand *keine* freundliche Aufnahme. Zuerst war meine Großmutter sprachlos. Schließlich sagte sie über die Schulter zum Lakaien: »Holen Sie Martin!«

Als dieser Würdenträger erschien, berichtete ihm meine Großmutter den Schimpf, den man ihr angetan hatte, und gebot ihm, alle Lakaien und Gärtner zusammenzurufen und den Übeltäter samt seiner Familie vom Gelände der Londesborough Lodge zu verjagen.

Ob das gelang, ist nicht bekannt. Meine Großmutter sprach den Vorfall nie wieder an. Doch das den Lakaien auferlegte

Schweigen muß schwer durchzuhalten gewesen sein, als sie erst einmal außer Seh- und Hörweite war.

Sofern der Vikar *tatsächlich* gefaßt und vertrieben wurde, dürfte er ähnlich ausgesehen haben wie Dionysos, nachdem die Mänaden ihr Werk an ihm verrichtet hatten. Seine Verfolger hätten es gewiß nicht gewagt, zuzulassen, daß er heil entkam.

Die Lieblingstugend meiner Großmutter Sitwell war möglicherweise die als Mildtätigkeit bekannte. Ihre allerdings war von besonderer Art.

Sie hatte es nie *wirklich* fertiggebracht, Maria Magdalena zu *mögen,* die offen heraus gesagt etwas widerwärtig Katholisches an sich hatte. Dennoch fühlte sie sich aufgrund des Berichts im Neuen Testament verpflichtet, sie anzunehmen, wenn auch widerwillig. Vielleicht hatte es mit dieser gezwungenen Annahme seitens meiner Großmutter zu tun, daß sie sich entschloß, ähnlich beklagenswerte junge Frauenspersonen in eine Mildtätigkeit einzuhüllen, der sie nicht zu entfliehen vermochten.

Zu diesem Behufe unternahm sie in Scarborough an heißen Sommerabenden gemeinsam mit einem Diözesanbischof, der ungefähr so verkniffen aussah wie auf billigen Weihnachtskarten dargestellte Menschen, Ausfahrten in ihrem Landauer, den ihr alter Lakai Hill fuhr. Sie kreisten um die Stadt und griffen jede junge Frau auf, die ihnen unpassend gekleidet und in einem beklagenswerten *»Zustand übermütiger Lebensfreude«* zu sein schien, wie das John Knox genannt hat, der sittenstrenge Führer der kalvinistischen Reformation in Schottland.

Unterstützt von Hill ergriffen meine Großmutter und der Bischof diese Unglücklichen und verfrachteten sie in ein rotes Backsteingebäude, das als The Home bekannt war. Dort verdienten sie, unter der Aufsicht Schwester Ediths, der Heimleiterin, einer strotzenden Frau wie eine Tomatenreklame auf einem

Bahnhof, ihren Lebensunterhalt damit, daß sie allwöchentlich unsere Wäsche in Fetzen rissen.

Es gehörte zu den Regeln in The Home, daß jede der entführten jungen Frauenspersonen sogleich nach ihrer Ankunft unter Schwester Ediths Aufsicht gebadet wurde. Anschließend steckte man sie in Nachtgewänder aus Zwillich, die Zwangswesten glichen. Am nächsten Morgen mußten sie die in The Home übliche Uniform anlegen, abscheuliche marineblaue Jacken und Röcke, zu denen Stiefel gehörten, wie sie in früheren Jahren Polizisten getragen hatten. Dazu trugen sie marineblaue Filzhüte. Schwester Edith schien aus dieser Parodie einer Nonnentracht herauszubersten. Daß sie sie trug, begründete sie mit der Erklärung, sie sei Diakonissin (was auch immer das bedeuten mag).

Viermal im Jahr bekamen die Häftlinge den Auftrag, »sich zu vergnügen«. Dazu gehörte, daß sie in Gesänge ausbrachen, die Schwester Edith auf dem Harmonium begleitete. Die Veranstaltung begann mit einem feierlichen Vortrag von »The Lost Chord*«, worauf eine ähnlich entsetzliche Rezitation von John Greenleaf Whittiers »One Barefoot Boy« folgte.

> Blessings on thee, little man
> Barefoot boy with cheeks of tan,
> With thy turned-up pantaloons
> And thy merrie whistled tunes.
>
> Sei gesegnet, kleiner Mann
> Barfüßiger Knabe mit braungebrannten Wangen,
> Mit den hochgekrempelten Hosenbeinen
> Und deinen munter gepfiffenen Melodien.

(Er sei *unbedingt* gesegnet! Ich bin uneingeschränkt dafür!)

* Beliebtes viktorianisches Salonlied. Der Komponist Sir Arthur Sullivan schrieb es, während er am Bett seines sterbenden Bruders wachte, 1878. [Anm. d. Übers.]

Während sich meine Großmutter und meine Tante Florence aus vollem Herzen an dieser »Lebensfreude« beteiligten, war es dem Regiment von Vikaren, die in einer Horde am Ende des Raums gehalten wurden, streng untersagt, die Gefangenen anzusehen.

Wie oben beschrieben, wurde jedes neu hereingebrachte Opfer sogleich nach seiner Ankunft unter Schwester Ediths strengen Augen gebadet.

Doch eines Abends wurde ein schmales, besonders jugendlich wirkendes Opfer in The Home verfrachtet. Trotz Schwester Ediths Drohung, körperliche Gewalt anzuwenden, widersetzte sich ihr der Neuzugang, ohne einen Grund dafür anzugeben, was dazu führte, daß er ungebadet blieb. Nach einer Weile erwies es sich, daß jede einzelne Insassin von The Home guter Hoffnung war. Meine Großmutter sagte, ihre Handschuhe glättend, das liege am Durchgang der Venus, doch Schwester Edith ergriff in Anwesenheit meiner Großmutter das neu angekommene Geschöpf, und diesmal gelang es ihr, es zu entkleiden.

Dabei stellte sich heraus, daß der Durchgang der Venus nicht im entferntesten etwas mit der bevorstehenden Fruchtbarkeit der Gefangenen in The Home zu tun hatte; sie ging auf das Verhalten eines dreisten jungen Mannes zurück, der den Bischof nicht ausstehen konnte und sich, als Frau verkleidet, dieses Mittels bedient hatte, ihm Ungelegenheiten zu bereiten.

*

Ich weiß nicht mehr, aus welchem Grunde The Home aufgelöst wurde. Ich weiß nur, daß nach dem Tode meiner Großmutter meine Tante Florence von Schwester Edith »in Obhut genommen« wurde, die alles in ihrer Reichweite an sich brachte. Mein Vater schätzte sie sehr, weil sie Unheil anrichtete, wo sie ging und stand. Das wurde Osbert, der damals im Kasernenkomplex des Londoner Stadtteils Chelsea stationiert war, schließlich zu viel, und er schickte gemeinsam mit einem jungen Freund meiner Mutter, nachdem er sie von seinem Plan in Kenntnis gesetzt hatte, nachstehenden anonymen Brief:

»Meine Dame,
Es bricht mir das Herz, ja, und das Herz *aller* Pächter, zu sehen, wie Sie und Ihre drei lieben Kinder darben müssen, während Sir George Geld an die Scharlachrote Frau verschwendet.«

(Schwester Edith stand schon seit einer ganzen Weile in unmittelbarer Gefahr zu platzen und war röter denn je.)

Nachdem meine Mutter zwei Wochen hatte verstreichen lassen, in denen sie sich entschlossen weigerte, mit meinem Vater auch nur ein Wort zu wechseln, zeigte sie ihm schließlich den Brief. Er bekam einen Wutanfall, stürmte nach oben in Mr. Hollingworths Büro* und erklärte, er werde das Schreiben der örtlichen Polizei übergeben.

Mr. Hollingworth blieb gelassen und fragte lediglich, ob er es einmal sehen dürfe.

»Gewiß, Mr. Hollingworth.«

»Ich würde das an Ihrer Stelle nicht übermäßig ernst nehmen, Sir George. Es ist nur wieder einer von Hauptmann Osberts Streichen.«

Daraufhin schrieb mein Vater seinem auf Abwege geratenen Sohn einen wütenden Brief. »Jemanden der *fornicatio* zu zeihen, noch dazu ein Elternteil, ist ein mit lebenslänglichem Gefängnis zu ahndendes Verbrechen.«

Als Antwort darauf teilte ihm Osbert mit:

* Mr. Hollingworth ist unser Freund und Nachlaßverwalter. E. S.

»Mein liebster Vater, voll Entsetzen haben mein junger Freund und ich begriffen, welches Verbrechen wir da völlig unwissend auf uns geladen haben! *Gehört* hatten wir zwar von *fornicatio,* aber als wir den Regimentskaplan baten, uns den Sinn des Wortes zu erläutern, sagte er, es bedeute ›erwachsen sein‹.«

Mein Vater war von diesem Brief entzückt, sah er in ihm doch den Beweis dafür, daß Osbert nach wie vor im Besitz seiner kindlichen Unschuld war, obwohl er den Krieg 1914-18 miterlebt hatte.

Lange ist's her,
manch' Jahr seitdem vergangen

Edith
in den Zwanziger Jahren

Lange ist's her, manch' Jahr seitdem vergangen ... Ich erinnere mich eines Aufenthalts bei meiner Großmutter Sitwell in Bath, wo sie ein Haus gemietet hatte.

Die feine blattlose Kälte schien im Begriff, in Blumen aufzublühen, zu ersten jungen Schneeflocken. Alte Damen in Rollstühlen wurden von Wärtern, die sich aufführten, als seien sie Wirbelwinde, immer wieder durch die mondfarbenen halbmondförmigen Häuserreihen karriolt, während neben ihnen die Gesellschafterinnen, denen nichts anderes übrig blieb, als mitzulaufen, an den Rollstühlen zupften, als seien die alten Damen Papierdrachen und könnten jeden Augenblick über die Häuser fortfliegen, auf und davon.

Vor einem muffigen Buchladen standen zwei unverheiratete Damen in Spekulationen verloren. Die ältere von ihnen trug ein langes Kleid, das in tausend Blätter, Wasserfälle, Verzweigungen und kleinere Verdrießlichkeiten zerbarst. Sie hatte Haare aus kostbarstem Goldfaden, so leuchtend wie das Gold in einem Meßbuch aus dem vierzehnten Jahrhundert, das ihr, wenn es gelöst wurde, in einem Wasserfall bis beinahe auf die Füße fiel. Doch in jenem Augenblick war es unter einen Hut gestopft, der mit allen Ausfuhrgütern unserer Kolonien verziert zu sein schien – Straußenfedern, Früchten, Pelzen und der Himmel weiß was noch. Ihre Augen waren so blau wie die eines Heiligen und so mild wie ein Frühlingswind.

Die jüngere der unverheirateten Damen, damals etwa achtzehn Jahre alt, hatte von ferne die Eleganz und Vornehmheit eines sehr hochgewachsenen Vogels. Ihr Kleid war von der fiedrigen Art der Kleidung eines Vogels, und man wäre keinen Augenblick lang überrascht gewesen, wenn sie begonnen hätte, ihr Gefieder zu putzen. Sie stand da, in der feinen, blattlosen Kälte, ihre langen, dünnen Beine auf den nassen Gehsteig gesetzt, so, wie ein großer Vogel in einem Tümpel steht. Sie sah nicht aus wie ein Mensch, der viele Bekanntschaften hat –

vielleicht nicht mehr als einige blattlose, blütenbesetzte Zweige und Schwarzdornzweige, und die frühen und fernen Flocken des Schnees. Ihr einziger Nachbar war das Schweigen, und ihre Stimme ähnelte vom Klang her mehr einem Holzblasinstrument als der Stimme eines Menschen. Sie war unansehnlich und wußte es. »Ein Memoirenwerk aus dem achtzehnten Jahrhundert, Edith«, sagte die ältere Dame, »so etwas würde deine Großmutter wohl mögen – es gibt das Leben der Zeiten wider.« »Geben Sie mir bitte«, sagte sie schüchtern, als sie den Laden betrat, »Memoiren aus dem achtzehnten Jahrhundert«, und zog sich mit den Werken Casanovas zurück. Gewiß, Memoiren, aber das Leben der Zeiten mißfiel schließlich der ältesten Dame, der jenes Leben zugedacht war. »Und *ich* hätte gern«, sagte die jüngste Dame, »einige Swinburne-Gedichte ... Haben Sie ...?« »Nein, meine Dame«, sagte der Verkäufer, nervös und unangenehm berührt, »– dergleichen führen wir nicht. Doch sofern Ihnen die Werke Laurence Hopes zusagen, in denen die Liebe gleichfalls einen hohen Stellenwert hat ...« Die jüngste Dame war nicht der Ansicht, daß sie ihr zusagen würden, und Tante wie Nichte schwebten wieder hinaus.

»Es ist nicht zu kalt für eine kleine Ausfahrt«, sagte Miss Florence Sitwell hoffnungsvoll. Und sie bestiegen einen ungewöhnlich munter aussehenden, wenn auch geisterähnlichen Zweispänner und unternahmen eine kurze Ausfahrt ins Traumland.

Diese Orte gehörten zu den grünen Landschaften meiner ganz frühen Jugend, Landschaften mit den *»des plantations prodigieuses où des gentilshommes sauvages chassent leur chronique sous la lumière qu'on a créée.«* (»ungeheueren Anpflanzungen erfüllt, wo die wilden Edelleute ihren Chroniken nachjagen in der Beleuchtung, die man eigens geschaffen hat.«)

In diesen Landschaften wissen die Menschen, daß das Schicksal vorherbestimmt ist und Federn hat wie ein Huhn.

Dort habe ich schweinerüßlige Dunkelheit gesehen, die in den elenden Schuppen grunzte und in den Wurzeln wühlte. Sogar die Wolken sind wie verrückte knarrende Hütten, mit Leere angefüllt, und die Blätter haben eine Fleischigkeit ähnlich wie Tiere. Und hier, unter den haarigen und bestialischen Winterhimmeln, sind die Landjunker im Althergebrachten und ihrer Ackerkrume verwurzelt; und sie wissen, daß sich hinter dem haarigen und bestialischen Aussehen des Himmels (jenem schroffen und ziegengleich-wollüstigen Zelt) etwas verbirgt; haben aber vergessen, was es ist. So ziehen sie umher, zielen mit ihren Flinten auf spottende gefiederte Geschöpfe, die Wunder und Geheimnis der Bewegung gelernt haben, unter Wolken, die so niedrig hängen, daß sie nichts zu sein scheinen als hölzerne Geräteschuppen* für die nicht sehnsuchtsvollen Unstern-Sterne (sie werden den Preis bei der Blumenparade am Ort gewinnen). Die Wasser des seichten Teichs gluckern wie ein Wiesel, mörderisch; die kleinen unflüggen Federn des Schaums haben das Fliegen verlernt, und die Landjunker ziehen umher, auf der Jagd nach etwas, auf der Jagd.

Jetzt war es Zeit, zum Haus an der mondfarbenen halbmondförmigen Häuserreihe zurückzukehren.

* Offenbar bezieht sich dieser Absatz auf ein Buch aus den zwanziger Jahren *Cold Comfort Farm,* in dem »einschlägige« Szenen in einem Geräteschuppen beschrieben werden. [Anm. d. Übers.]

ZWEITES BUCH

Das Geräusch von Schritten

Cecil Beatons Photoexperiment
mit den Sitwells

Jetzt verfolgt mich in regnerischen Nächten das Geräusch von Schritten.

Nur der Regen? Oder sind es unaufhörliche Tränen, während sich die sechs Millionen Geister der Jugend aus dem Grab der Welt erheben – der Stadt, die da Sarajewo heißt.

Über den Krieg 1914-1918 will ich nur wenig schreiben. Man sollte seine Geschichte den Männern überlassen, die geblieben sind, nachdem sie all die körperlichen Schrecknisse ertragen haben, die dieser allumfassende Wahnsinn über sie gebracht hat. In der Nacht vom 3. auf den 4. August 1914 wurde das gesamte Menschengeschlecht eine einzige Familie, mit derselben Familiengeschichte des Leidens und der Furcht, mit den schrecklichen Abschieden von Söhnen, Brüdern, Gatten. (Immer wird mich der quälende Aufschrei im Brief eines jungen Soldaten von der Front verfolgen, den Osbert in Ausübung seiner Aufgabe als Zensor gelesen hat: »Vergeßt mich nicht... Vergeßt mich nicht... Vergeßt mich nicht...!«)

Osbert verließ Renishaw mitten in der Nacht vor dem Kriegsausbruch, um wieder zu seinem Regiment, den Grenadier Guards, zu stoßen. Da er nach schwerer Krankheit einen Genesungsurlaub daheim verbracht hatte, mußte er eine einmonatige Ausbildung durchlaufen, bevor er an die Front geschickt werden konnte. Dieser Krankheit muß ich auf immer dankbar sein, denn bis auf zwei sind all seine gleichaltrigen Bekannten in jenem ersten Kriegsmonat gefallen.

Ich habe das Zerbrechen von zwei Kulturen miterlebt, habe gesehen, wie zwei Büchsen der Pandora geöffnet wurden: die eine enthielt das Entsetzen, die andere die Leere.

»Das fünfte Element ist der Schlamm«, hat Napoleon gesagt.

In den beiden, in jenen Büchsen der Pandora, ausgebrüteten neuen Welten waren Schlamm und Fliegen an die Stelle des Geistes getreten. (Pascal rief in seinen *Gedanken* aus: »Die

Macht der Fliegen! Sie gewinnen Schlachten, hindern uns zu handeln, fressen unsern Körper!«)

Laut Merle Armitage, der ihn in seinem Vorwort zu Louis Danz' *Dynamic Dissonances* (Farrar, Strauss and Young) zitiert, soll Dante gesagt haben: »Hätte doch Lazarus ein Buch geschrieben!« Armitage fügt hinzu: »Eugene O'Neill brütet und träumt, und dann geht er her und schreibt ›Lazarus lachte‹.«

Vielleicht war der Krieg 1914-1918 das von Lazarus geschriebene Buch. Allerdings hat niemand gelacht.

In Louis Ferdinand Célines wunderbarem Buch *Reise ans Ende der Nacht* sagt ein Irrenarzt, den der Irrsinn um ihn herum angesteckt hat, den entsetzlichen Satz: »Es gibt nur einen Penis und eine Mathematik, sonst nichts!«

Auf was hat der Krieg von 1914, und das, was auf ihn folgte, die Welt mit all ihren Einwohnern reduziert?

Ein anderes der großartigsten Bücher unserer Zeit – Sacheverells *Splendours and Miseries* – enthält nachstehende Passage, die eine irre alte Frau in ihrem kleinen Zimmer in der Heilanstalt beschreibt. »Sie sah mit an, wie in dem Zimmer eine dämonische Peepshow in Lebensgröße ablief ... Natürlich waren ihre Visionen entartet und hatten durch diese Entartungen gewonnen, deshalb blieb sie stets als einzige von ihnen unberührt. Ganz gleich, was geschah, sie war in Sicherheit. Das war eine Art, wie sich ihr Wahn auf sie auswirkte und so zu etwas wie einer angenehmen Empfindung wurde. Sie lächelte nie, war aber gewiß mit allem und sich selbst zufrieden. ... Sie ist eine arme alte Irre. ... Ihr Leiden ist kein religiöser Wahn. Es ist nicht besonders vernünftig. Es ist das Zerfließen oder die Auflösung aller Bilder und der Zerfall der Welt, in der alles der Zerstörung anheimfällt. Sie ist die erwählte Zeugin, ihr wird kein Leid geschehen. Es ist die gelassene Boshaftigkeit derer, die zusehen und sich nicht einzumischen wagen. ... Sie sitzt insofern auf dem Richterstuhl, als alles mit ihrer Billigung geschieht, und ihr beständiges Einverständnis ist, wüßte sie es nur, Beweis dafür, daß alle Visionen von innen kommen.«

(So wie, wüßten wir es nur, die entsetzlichen Visionen, die wir jetzt sehen, unserem inneren Wahnsinn entstammen.) Dies Porträt einer alten Irren könnte der Inbegriff unserer gegenwärtigen Zivilisation sein.

Im selben Buch spricht der Autor von der bevorstehenden Ankunft des Antichrist, für den die Welt bereit ist. »Möglicherweise ist er schon geboren, in einer Mietwohnung oder einem Sommerhäuschen, wo der Asphalt im Nichts endet und die neuen Häuser noch nicht gebaut sind. In einem Wohnmobil oder einem Wohnwagen. Unter einem über Stäbe gespannten Stück Sackleinen; oder in einem Elendsviertel, dessen Unterkünfte aus leeren Benzinkanistern bestehen ...

Der Bettlerkönig wird aus den Elendsvierteln hervormarschieren oder aus den Bergwerksschächten emporgestiegen kommen. Er und seine Männer haben alles zu gewinnen und nichts zu verlieren. Das aber bedeutet, daß sie letztlich alles verlieren und nichts gewinnen werden ...«

»Gibt es in dieser unserer Welt keine Farben?«

»Es gibt keine, keine, keine. Nur die Liebe oder die Tapferkeit des einfachen Mannes.«

*

Einige Monate nach Kriegsausbruch kam die ekelhafte Tragödie, in die meine Mutter verwickelt war, und über die ich nicht in Einzelheiten schreiben kann, weil es für meine Brüder wie für meine Leser zu qualvoll wäre, zu voller Blüte. Diese Tragödie, die eine zwergenhafte Imitation des Universums aus Schlamm und Fliegen zu sein schien, betraf meine Brüder und mich mehr als meine Eltern (vor allem Osbert, das gänzlich unschuldige Opfer der Furcht meiner Mutter, die unbedingt wünschte, ihre Haut zu retten). Wie ich schon gesagt habe, wußte sie, was Angst ist, sonst wußten sie und mein Vater nichts, empfanden nichts als den Wunsch, den Folgen dessen zu entkommen, was sie aus bloßer Dummheit angestellt hatten. Ihrer beider Leben war vollständig atrophiert. Alles, was *sie* wollte, war, zu ihrem albernen, kleinen täglichen Leben zurückzukehren, das aus Bridge bestand und daraus, daß sie den Golfspielern auf dem Golfplatz zusah. Alles, was er wollte, war, die Lebensgewohnheiten der Bewohner Nottinghams im vierzehnten Jahrhundert zu studieren und beträchtlich mehr Geld für den Bau von Häusern an Orten auszugeben, an denen man nicht leben konnte, weshalb er, wie er zu Osbert sagte, künftig als »der große Sir George« bekannt sein würde.

Als die erste gerichtliche Auseinandersetzung begann (es gab bis zum endgültigen Debakel drei), lebte ich in London. Zu jener Zeit wurde eine der entsetzlichsten Schlachten des ganzen Krieges geschlagen. Osbert lag mit seinem Regiment in den Schützengräben. Sacheverell war zu jung, um sich an diesem Gemetzel zu beteiligen und besuchte in Eton die Schule.

Der widerliche Mensch, dem es gelungen war, meine unglückselige Mutter in die Sache zu verwickeln – voll Schrecken sah sie, wie hoch ihre Schulden waren –, versuchte meinen Vater zu erpressen. Als ihm das nicht gelang, brachte er meine Mutter dazu (die inzwischen so verängstigt und bestürzt war, daß sie alles getan hätte, was man ihr sagte, nur um die Angst loszuwerden, die sie einengte), vor Gericht der Aussage nicht zu widersprechen, daß die ganze ekelerregende Angelegenheit auf ihren Wunsch zurückgehe, Osberts Schulden zu tilgen, die sich auf weniger als zehn Pfund beliefen, und die er selbst beglichen hatte.

Als Osbert nach einer der schrecklichsten Schlachten auf Heimaturlaub zurückkehrte, merkte er, was man ihm angetan hatte. Das warmherzige ritterliche Geschöpf empfand *Mitleid* mit ihr.

Der alte Sir George Lewis, Anwalt unserer Familie, sagte ihm, er habe die Möglichkeit, in den Zeugenstand zu treten und die ungeheuerliche Verleumdung zu bestreiten – in welchem Fall sie wegen Verleumdung bestraft würde –, er könne aber auch die falsche Anschuldigung hinnehmen, um seine Mutter vor dem zu bewahren, was zweifellos aus jener unwahren Behauptung folgen würde.

»Dann gibt es nur eins«, sagte Osbert. Er trat nicht in den Zeugenstand und ertrug die Verleumdung.

Wie meine Mutter gern sagte: »Es gibt *doch* so etwas wie Pflichtgefühl.«

Diese schöne Geschichte von einer Mutter, die um ihres Sohnes willen gequält wurde, weckte viel Mitgefühl. So sagte in Eton der Internatsbetreuer zu Sacheverell: »Nur gut, daß Krieg ist und dein Bruder für König und Vaterland kämpfen kann – sonst würde niemand je wieder mit ihm sprechen.«

Edith
Portrait von Roger Fry

Es kann keinen Zweifel daran geben, daß meine Eltern, auch wenn man ihnen Mitgefühl entgegenbringen muß, für ihre Nachkommen kein ungetrübter Segen waren.

Doch etwa zu Beginn des Krieges von 1914-1918 entrann ich ihnen für kurze Zeit wie jemand, dem man Urlaub aus dem Gefängnis gibt. Mein Vater wagte nicht, zuzulassen, daß ich zu Hause blieb, denn er befürchtete, die Schurken, denen es gelungen war, meine Mutter in ihre Netze zu verstricken, könnten mich dazu verlocken, die Wahrheit zu sagen – das hätte ihnen ein Mittel in die Hand gegeben, ihn zu erpressen.

Daher nahm ich, von meiner damaligen Gouvernante Helen Rootham als Anstandsdame begleitet, eine kleine Wohnung in der im Londoner Stadtteil Bayswater gelegenen Moscow Road und lebte dort, so gut ich konnte.

Von dieser Wohnung, die im Obergeschoß eines großen Hauses lag, hatte man einen einzigartigen Blick auf die Bäume im Park von Kensington.

Sie verfügte über zwei Wohnzimmer, und Osbert schenkte uns, so beschränkt seine Mittel waren, bei seinen Urlauben von der Front wunderschöne Wandbehänge, um sie wohnlicher zu machen. Die für Helens Raum waren grün-silbern, meine rotgolden.

Ich lebte dort sehr zurückgezogen. Zwar war ich arm, brauchte aber trotz meiner Unterernährung nie zu hungern, denn Helen war eine gute Wirtschafterin.

Zuerst arbeitete ich bei der Pensionskasse in Chelsea für einen Wochenlohn von fünfundzwanzig Shilling, zuzüglich zwei Shilling Kriegszulage. (Das tat ich teils aus Patriotismus, teils, weil ich Geld verdienen mußte, um leben zu können.)

Da ich mich jeden Morgen um neun im Büro ins Anwesenheitsbuch einzutragen hatte, fand das Frühstück, das aus Haferbrei, selbstgebackenen weichen Brötchen mit Marmelade und *café au lait* bestand, naturgemäß früh statt. Um in der Kantine dem Fettdunst, wie auch dem Geplapper der bewundernswerten, schwer arbeitenden Menschen zu entgehen, suchte ich in der Mittagspause ein großes Geschäft am Sloane Square auf und gönnte mir dort als Mahlzeit eine Tasse Kaffee mit Milch und zwei Brötchen mit Butter. Zum Abendessen gab es, wieder in Pembridge Mansions, eine köstliche Suppe aus Fleischknochen und weißen Bohnen.

Als mein Vater erfuhr, daß ich bei der Pensionskasse einen vollen Achtstundentag arbeitete, war er zutiefst beunruhigt, denn er fürchtete, meine leichte Rückgratverkrümmung könne mir zu schaffen machen und man müsse einen Arzt hinzuziehen, für dessen Honorar dann *er* aufzukommen hätte. Daher mußte ich meine Anstellung sogleich aufgeben, und er verlangte, ich solle als Spitzel in das Geschäft eines Fotografen in der Bond Street eintreten, an dem er irgendwie finanziell beteiligt war. Mein Verdienst wäre ebenso hoch gewesen wie bei der Pensionskasse, ich hätte aber gegenüber meinem bisherigen Leben den Vorteil gehabt, daß ich statt um neun Uhr erst um zehn erscheinen mußte. Ich sollte an den Türen horchen, Privatkorrespondenz lesen und ›Machenschaften‹, die mir im Laden womöglich auffielen, meinem Vater unverzüglich melden.

Zu seiner großen Entrüstung weigerte ich mich, diesen mir zugedachten Spionageauftrag zu übernehmen. Als Osbert Jahre später auf Renishaw mit meinem Vater allein zu Abend aß, wobei Robins sie bediente, sagte mein Vater zu Osbert: »Hätte Edith damals getan, was ich ihr gesagt hatte, würde sie jetzt jährlich tausend Pfund verdienen.«

Das war zu viel für Robins.

»Schon. Aber würde sie sie auch bekommen?«

»Verlassen Sie den Raum, Robins.«

Als ich in London eintraf, war ich Hausarbeit nicht gewohnt, doch wurde diese Unfähigkeit allmählich behoben. Ich bin die kranichgroße Jane aus meinem Gedicht »Aubade« – allerdings hatte ich mir darin die Rolle einer armen Magd zugedacht, die vielleicht dem jungen Mädchen vom Lande auf einem wunderbaren Bild Modiglianis ähnelt, das Osbert einmal besaß.

Die junge Magd sah über Küchengarten-Ewigkeiten hinweg; das tat ich nicht, aber mein waren das Gehör-Leben, das Seh-Leben und das Frühdämmerungs-Leben – mein war das hahnenkamm-zottige Haar.

*

Jane, Jane,
Tall as a crane,
The morning light creaks down again;

Comb your cockscomb-ragged hair,
Jane, Jane, come down the stair.

Each dull blunt wooden stalactite
Of rain creaks, hardened by the light,

Sounding like an overtone
From some lonely world unknown.

But the creaking empty light
Wil never harden into sight,

Will never penetrate your brain
With overtones like the blunt rain.

The light would show (if it could harden)
Eternities of kitchen garden,

Cockscomb flowers that none will pluck,
And wooden flowers that 'gin to cluck.

In the kitchen you must light
Flames as staring, red and white,

As carrots or as turnips, shining
Where the cold dawn light lies whining.

Cockscomb hair on the cold wind
Hangs limp, turns the milk's weak mind . . .

Jane, Jane,
Tall as a crane,
The morning light creaks down again!

Jane, Jane, / Hochgewachsen wie ein Kranich, / Das Morgenlicht knarrt wieder herab; / Kämme dein hahnenkammzottiges Haar, / Jane, Jane, komm die Treppe herab/ Jeder dumpfe stumpfe hölzerne Stalaktit / des Regens knarrt, vom Licht verhärtet / und klingt wie ein Oberton / aus einer unbekannten einsamen Welt. / Doch das knarrende leere Licht / wird sich nie zu etwas Gesehenem verhärten, / nie in dein Gehirn vordringen / mit Obertönen wie der stumpfe Regen. / Das Licht würde zeigen (wenn es sich verhärten könnte) Küchengarten-Ewigkeiten, / Hahnenkamm-Blumen, die keiner pflükken wird, / und hölzerne Blumen, die zu glucken beginnen. / In der Küche mußt du entzünden / Flammen die rot und weiß glänzen / Wie Möhren oder Rüben scheinen / Wo winselnd das kalte Dämmerlicht liegt. / Hahnenkamm-Haar auf dem kalten Wind / Hängt schlaff, läßt den schwachen Geist der Milch sauer werden . . . / Jane, Jane, / Hoch gewachsen wie ein Kranich, / Das Morgenlicht knarrt wieder herab.

Die Intellektuellen waren zu jener Zeit in mehrere Lager geteilt, und keinem von diesen gehörte ich meinem Wesen nach an. Auf der einen Seite war die flaschenschwingende Denkschule, der ich wegen meines Geschlechts, meiner Erziehung, meiner

Vorlieben und mangels Muskeln nicht angehören konnte. Auf der anderen Seite gab es den Bloomsbury-Kreis, Hort eines weithin hallenden Schweigens. Diesen Teil der Gesellschaft hat mir Gertrude Stein beschrieben als »Christlicher Verein junger Männer – wobei das Christliche selbstverständlich ausgespart bleibt.«

Einige der stilleren Intellektuellen, die sich unter das regenschirmähnliche trügerische Gewicht ihrer Stirnen hockten, verbrachten ihr Fliegenpilz-Leben in deren Schutz. Das Auftreten anderer gab der Vermutung Nahrung, sie bemühten sich, Föten zu sein. Doch auf welche Wiedergeburt und welches Weiterleben sie sich freuten, weiß ich nicht. Ein intellektueller Leuchtturm, wie ihn ein Bewunderer nannte, war ungeheuer groß, und wäre er nicht so träge gewesen, hätte man vermutet, er sei in einen Kampf auf Leben und Tod mit einem Laternenpfahl verwickelt. Sie schienen unauflöslich miteinander verbunden zu sein. Vom oberen Ende des Gebäudes kamen von Zeit zu Zeit einige düstere Funken, warfen aber auf nichts besonders viel Licht.

In dieser Welt überlegenen Intellekts gab es verschiedene Typen. Da war beispielsweise der Typus Amphibie – mit offenem Mund und gläsernen Augen, die auf nichts Besonderes starrten, mit einem durchgängigen Ausdruck von Glitschig- und zugleich Schuppigkeit.

Doch es gab auch den Typus Dorftrottel, sabbernd und mit prahlerischer Zurschaustellung geistiger Unterbelichtung – sowie den absichtlich tolpatschigen und sich daneben benehmenden Typus guter Sportsmann und Cricketspieler.

Die Damen jener Welt fand ich nicht anziehend. Die Gesichter der meisten waren wie rehfarbene Filzhüte, auf die sich versehentlich jemand gesetzt hatte. Sie verbrachten ihre Zeit damit, daß sie genauestens aufzählten, was die unaufregenden Waschweiber früherer Jahrhunderte getan hatten – die Geschichte war über sie hinweggegangen (das entsetzliche Sägewerk, in dem Sägemehl zu Sägemehl kommt), und bemerkenswert waren sie lediglich wegen ihrer unerschöpflichen Begeisterung, sich mit jedem als Ochse verkleideten Frosch in jedem Graben hinzulegen.

Die Randbezirke dieser Gesellschaft bevölkerte eine ausschließlich gesellschaftlichen Zielen zugewandte Gruppierung – sie hatte nichts mit der Gesellschaft zu tun, in der ich aufgewachsen war –; ihre Angehörigen verschafften sich mit Hilfe von Geld als Rammbock und mit Aufgeschlossenheit als Waffe gewaltsam Zutritt zu einer ihnen bis dahin unbekannt gebliebenen Welt. All diese Wesen lebten im Schatten gewisser mächtiger und sie schützender Personen, herausragende und entgegenkommende Seher, geschniegelt und schmollend. Sie füllten ihre Mäntel und erfüllten ihre eigenen geistigen Bedürfnisse so vollständig und restlos wie eine Kartoffel ihre Haut ausfüllt –, und Führer der Gesellschaft, einige mit Stimmen wie das Blöken des goldenen (oder ehernen) Kalbes, andere wie *Tunicata*, um die naturwissenschaftliche Bedeutung für die Angehörigen dieser einfachen Lebensform zu benutzen, die sich mit Vorliebe im Schlamm aufhält. Sie besitzen Magen und Mund, doch weder Nerven noch Herz. Zu ihnen gesellten sich einige ältere männliche Mitglieder des Hochadels und einige glattrasierte Amerikaner oder pseudo-amerikanische Geschäftsfrauen mit hohen Gehältern und von immenser Tüchtigkeit; sie trugen riesige und teure Taschen mit Goldbeschlägen, aus denen sie etwas hervorzogen, das wie Fahrpläne aussah, und ihre Stimmen, Bewegungen und Gewohnheiten erweckten ganz allgemein den Eindruck, daß sie tragbare Wohnungen besaßen, die sich auf den Bahnsteigen des Victoria-Bahnhofs befanden.

*

Roger Fry, Maler und Kunstkritiker von Rang, kannte ich gut, denn ich hatte ihm für mehrere Porträts gesessen. Auf einem davon trug ich ein lilienblattgrünes Abendkleid, und als ich darin im hellen Licht eines Mittsommermittags am Fitzroy Square zusammen mit Mr. Fry, dessen buschiges langes graues Haar unter einem riesigen schwarzen Sombrero hervorwehte, von seinem Atelier die Straße zu seinem Haus überquerte, wo wir zu Mittag essen wollten, rief das bei den Kindern der Nachbarschaft großen Jubel hervor.

Da man uns wohl für verirrte Nachtschwärmer hielt, wurden wir bisweilen (wohl nicht ganz unverständlich) gefragt, ob unsere Mütter wüßten, daß wir ausgegangen waren. Bei anderen Gelegenheiten spielten die Kinder auf den fünften November an, da ihrer Ansicht nach unser Aufzug besser zu dem Tag gepaßt hätte.

Fry war ein entzückender Begleiter, gebildet und höflich; er besaß die große Begabung, Freundschaften zu schließen und am Leben zu erhalten. Warmherzig, großzügig und gütig, ergriff er immer wieder Partei für diese und jene verlorene Sache, warf sich zum Beschützer irgendeines unglücklichen Menschen auf und ritt mit eingelegter Lanze gegen irgendwelche Windmühlen an. Ansonsten war er verträumt und nicht genau festgelegt, unfähig, irgendein Leid außer seelischem zu erkennen.

Ich erinnere mich an einen Vorfall, zu dem es kam, als ich nach einer Sitzung mit ihm in seinem Haus zu Mittag aß. Seine Pantoffeln waren nirgends auffindbar, und so setzte ein munteres Pantoffel-Suchspiel ein. Mitten in diesen fröhlichen Zeitvertreib tönte lauter Lärm, und eine rauhe Stimme sagte: »Kohlen, Sir!« »Tun Sie sie, guter Mann«, sagte Fry, während er sich um und um drehte, wie ein Kätzchen, das seinem eigenen Schwanz nachjagt, wobei er seine Brille verlor, mit von Ermüdung schwacher Stimme – »Nun, tun Sie sie aufs Bett.«

In dem Augenblick fand ich die Pantoffeln im Milchkrug, und der Spaß hatte ein Ende.

*

Kurz nach der Zeit, über die ich schreibe, befanden wir uns häufig in Ada Leversons Gesellschaft. Der arme Oscar Wilde, dem sie eine Herzensgüte entgegengebracht hatte, deren man für alle Zeiten gedenken sollte, hatte sie aus Dankbarkeit ›Die Sphinx‹ genannt. Den Grund dafür kenne ich nicht, denn es gab an ihr nichts Geheimnisvolles.

Äußerlich ähnelte sie einer sehr weisen alten Eule, die sich in einem einzigartig dichten und einzigartig leuchtenden Forsythienbusch verfangen hat. Außerdem hatte sie viel Ähnlichkeit mit der alten Sarah Bernhardt.

Von ihr durfte man stets das rechte Wort zur rechten Zeit erwarten. Einmal flüsterte sie mir, den Blick auf eine junge Dame geheftet, die offenkundig an einsetzender Nymphomanie litt, so laut zu, daß es jeder hören mußte: »Ach, meine Liebe, mir waren vaterlandslose Mätressen eigentlich immer lieber als solche mit Hur-. . .ra-Patriotismus.« Mit Bezug auf dieselbe Dame, deren Arme sich von den Schultern abwärts in einem unglückseligen Zustand der Nacktheit befanden (zu jener Zeit ging eine Dame tagsüber mit vollständig bedeckten Armen), fragte sie mit dem gleichen ungenierten Flüstern und einem Ausdruck, in dem sich Verwirrung und Entsetzen mischten: »Ach, meine Liebe, ob das wohl Beine oder Arme sind?«

Man durfte sich getrost darauf verlassen, daß sie mit jeder Situation fertig wurde. Als man sie bat, eine schwergeprüfte Mutter bei der Verfolgung eines auf Abwege geratenen (und äußerst reichen) einundzwanzigjährigen Sohnes zu begleiten, der mit einer nicht mehr ganz taufrischen verheirateten Dame, die ihm zwanzig Jahre voraus hatte, in die Karpaten geflohen war, erwies sich ihre Hilfe bei der Erledigung der Angelegenheit als unschätzbar. Die beiden Damen trafen in dem Hotel ein, wo der verlorene Sohn logierte, er trat auf sie zu, um sie zu begrüßen und rief, fast unter Tränen, aus: »Was habe ich nur getan? Was habe ich nur GETAN? Wir haben einen Spaziergang in den Bergen gemacht, und mit einem Mal ist ein riesiger schwarzer Bär hinter einem Felsen hervorgestürmt, und ich – ich bin davongelaufen und habe sie im Stich gelassen.«

»Armes Tier«, sagte Ada Leverson und zog ihre Pelze leicht erschauernd enger um sich: »Vermutlich hat es sie umarmt, und jetzt erpreßt sie es.«

Die Romanze war vorbei.

*

Zu jener Zeit lernte ich Nina Hamnett kennen, einen der großherzigsten Menschen, den man sich denken kann. Ein schlechter Autor hat sie der Jagd auf große Namen geziehen, denn seiner Ansicht nach erstreckte sich ihre Großmut auf jeden, der jemand war. Das fand ich nicht. Niemandem, der so sehr gedarbt hat wie sie, darf man aus falschen Motiven heraus eine solche Haltung unterstellen. Die Kosten sind zu hoch. Wenn sie Geld besaß, lud sie Freunde ein, es mit ihr zu teilen, besaß sie keins, hatte sie nichts zu essen, es sei denn, Freunde ließen ihr eine vergleichbare Großzügigkeit angedeihen.

An Mut gebrach es ihr nicht. Später, 1934, zerrte Aleister Crowley, ein Vertreter der schwarzen Magie, sie, wie natürlich auch ihren Verleger, das Haus Constable, wegen Verleumdung von Gericht. Er verlor den Prozeß, in dessen Verlauf er nachstehende entsetzliche Aussage machte:

»Die Kräfte des Guten waren die, die mich beständig unterdrückt hatten. Ich sah, wie sie täglich das Glück meiner Mitmenschen zerstörten« ... er fügte hinzu, daß seine magischen Experimente in einer Wohnung in der Chancery Lane begonnen hatten. »Ich besaß zwei Tempel, einer weiß ... einer schwarz ... nichts als ein Schrank, mit einem Altar darin, den eine auf den Händen stehende Negerstatue trug. Der Genius, der den Ort beherrschte, war ein menschliches Skelett ..., das ich von Zeit zu Zeit mit Blut, kleinen Vögeln und dergleichen fütterte. Ich wollte es zum Leben erwecken, aber nie kam ich weiter, als daß die Knochen mit einer Art zähem Schleim bedeckt waren ...« »Vermutlich«, sagte Crowley, »war das der Ruß Londons.«

Obwohl Mr. Crowley tat, was in seinen Kräften stand, um mit meinem Bruder und mir bekannt zu werden, wünschte ich ihn damals nicht kennenzulernen. Doch als ich später las, daß eine armselige Katze, die als Opfertier im Verlauf eines der von ihm praktizierten obszönen Riten gedient hatte, noch eine ganze Weile leiden mußte, weil sie nicht richtig getötet worden war, wünschte ich mir in meinem Zorn, ich hätte die Gelegenheit genutzt. Mit großem Vergnügen hätte ich ihm gesagt: »Mr. Crowley, Sie werden spornstreichs zur Hölle fahren und dort nur immer wieder sich selbst begegnen – außerdem noch Lady -----, die hoffentlich das Wort an Sie richten wird.«

*

Virginia Woolf war von einer mondhellen, durchsichtigen Schönheit. Sie hatte feingeschnittene Züge, große, nachdenkliche Augen, und nichts darin ließ jenes tragische Ende ahnen, das jeden bekümmerte, der ihr je begegnet war. Ihre Gegenwart war zauberhaft. Sie liebte gerade die Erscheinungen der Welt und des Augenblicks, die zart wie Schmetterlinge waren, und wenn sie diesen herrlichen Geschöpfen auch nachjagte, tat sie das doch, ohne den bunten Staub auf deren Flügeln zu beschädigen. Immer, wenn jemand etwas Bedeutungsvolles sagte, schlang sie die feinen Hände ineinander und lachte vor Freude. Bei allem, was sie sagte, kam sie stets gleich zur Sache. Beispielsweise fragte sie mich, als wir einander bei einer von Osbert und Sacheverell gegebenen Abendeinladung kennenlernten: »Warum leben Sie ausgerechnet in Bayswater?« »Weil ich nicht viel Geld habe.« »Wieviel steht Ihnen denn pro Jahr zur Verfügung?« Ich sagte es ihr. »Nun, ich glaube, da können wir für Sie etwas Besseres finden«, erklärte sie nachdenklich.

Jedoch wurde daraus nichts, und so blieb ich, wo ich war.

Wahrscheinlich war das auch ganz gut so. Ich glaube nicht, daß ich in den geschlossenen Freundeskreis von Bloomsbury gepaßt hätte. Als junge Frau war ich nicht unfreundlich, wohl aber zurückhaltend, schwieg aber nicht immer, sondern sagte oft in solchen Augenblicken etwas, in denen niemand damit rechnete – Schweigen aber war hoch geschätzt, auch wenn das bisweilen den Menschen Unbehagen bereitete, die nicht zum inneren Zirkel von Bloomsbury gehörten.

Ich nehme an, daß ich nach konventionellen Maßstäben immer ziemlich sonderbar aussah – (und nichts war von unkonventionellerer Konventionalität als der Bloomsbury-Kreis). Wenn ich jetzt auf mich selbst zurückblicke, sehe ich, daß ich von unordentlicher Eleganz war, etwa wie ein hochgewachsener dünner Vogel – und ein Geschöpf, das nur wenig Freunde zu haben schien, vielleicht einige Schneeflocken, wie ich gesagt habe, und ein kleiner Blütenzweig eines früh blühenden Mandelbaums.

Die Mitglieder der Bloomsbury-Gruppe waren warmherzig, und bisweilen wurde ich in ihrem Kreis geduldet.

Lytton Strachey war eines der bewunderten Bloomsbury-Idole jener Zeit. Ich kannte ihn nur flüchtig und mag seine Werke nicht. Auch lassen mich seine Briefe an Virginia Woolf, die jetzt veröffentlicht vorliegen, von Kopf bis Fuß erröten, mit den Ausrufen »oh deary Mary me!« und der Aufzählung ihnen bekannter und in ferner Beziehung zu ihnen stehender Gräfinnen.

Rein äußerlich erweckte er mir den Eindruck, als sei er aus der Gesellschaft der freundlichen Dämonen im russischen Ballett ›Kindererzählungen‹ entlaufen, die nur im Profil existierten und lange Bärte aus Bast trugen – (ich glaube übrigens, daß er alle Gestalten, über die er schrieb, mit Ausnahme Königin Victorias, ausschließlich im Profil sah, nie deren vollständiges Gesicht). Er schien aus ganz dünner Pappe ausgeschnitten zu sein, im Gespräch verschwendete er keine Wörter. Constant Lambert, ein junger Mensch und ein rechter Gemütsathlet, mit dem wir bekannt waren, sagte, als er ihm bei einer Gesellschaft begegnete: »Erinnern Sie sich nicht, Mr. Strachey? Wir haben uns vor vier Jahren kennengelernt.«

»Genau der richtige Zeitabstand, finden Sie nicht auch?« gab Mr. Strachey freundlich zur Antwort und ging weiter.

Eine der herausragenden Selbstschutzmaßnahmen jener Zeit war es, daß man sich gegenseitig zu vergessen bemühte oder, wie Groucho Marx das gesagt hat, eine offizielle Vorstellung in der Gesellschaft zurückkaufte. So hieß es über den Bildhauer Sir Jacob Epstein – ich weiß nicht, mit welchem Recht – er habe zu dem Maler Mark Gertler, als er ihn im Café Royal sah, gesagt: »Gertler, erinnern Sie sich an die Zeit, als wir einander nicht kannten?« Gertler erklärte, er könne sich dunkel entsinnen. »Lassen Sie uns zu jener Zeit zurückkehren, Gertler«, sagte der große Mann.

Im Unterschied zu Percy Windham Lewis war Epstein kein kriegerischer Mann. Doch zwei Tage, nachdem sich die beiden Herren wegen Epsteins erster Frau im Café Royal in die Haare geraten waren, kam es in der Drehtür einer Gemäldegalerie zu einem ›Zwischenfall‹. Als die beiden Gegner, von denen der eine hinaus- und der andere hineinstrebte, einander in benachbarten Abteilen sahen, blieben sie stehen und starrten einander finster an, so daß die Tür blockiert war und eine ganze Schlange von Menschen weder in die Galerie hinein, noch aus ihr heraus konnten.

»Wenn ihr beiden Krieger euch bewegtet«, sagte der freundliche alte Mr. Walter Sickert, der zu den Anwärtern auf den Eintritt gehörte, »kämen vielleicht ein paar von uns auch mal dran.«

»Manche werden als Krieger geboren, anderen wird das Kriegertum zugeworfen«, quetschte Wyndham Lewis eine Parodie der bewußten Stelle aus »Was ihr wollt« durch zusammengebissene Zähne. Doch hörten beide auf, einander feindselige Blicke zuzuwerfen und gingen ihrer Wege.

Epsteins Gesicht ähnelte von ferne dem William Blakes. Ihre Augen hatten den gleichen visionären Blick und die gleiche Form, auch wenn sich die Visionen, die sie wahrnahmen, deutlich voneinander unterschieden.

*

Walter Sickert hatte einen bisweilen verstörenden Sinn für Späße, wie Wyndham Lewis merkte, als er am selben Abend wie Sickert bei Osbert und Sachie aß. Sickert dachte sich eine Gestalt aus, die angeblich aus einem von Lewis' Romanen stammte und fragte diesen ausführlich danach aus. Lewis hoffte, es Sickert dadurch heimzahlen zu können, daß er das Spiel mitspielte, und so folgte ein langes Gespräch über eine Gestalt, die überhaupt nicht existierte. Keiner von beiden ließ locker.

Allerdings gehörten zu Sickerts Wesensmerkmalen auch Güte und Großzügigkeit. Die mit ihm eng befreundete Elsie Swinton nahm mich mit zu ihm, als ich siebzehn Jahre und so schüchtern war, daß meine Hände förmlich an den Seiten meines Körpers festklebten. Elsie sagte: »Diese junge Frau bewundert Ihre Bilder.«

»Dann ist sie entweder verrückt oder äußerst klug«, gab Sickert zur Antwort. »Was von beiden sind Sie?«

»Verrückt«, sagte ich.

Er war so begeistert, daß er mir eine Zeichnung schenkte. Sie gehört zu meinen hoch geschätzten Besitztümern und hängt auch jetzt in meiner Londoner Wohnung.

Sickert lebte vorwiegend auf dem Lande und hielt sich in London gewöhnlich in einem Männern vorbehaltenen Hotel in Covent Garden auf. Als man ihn fragte, warum er ausgerechnet dort logiere, erwiderte er: »Ich höre es gern, wenn am frühen Morgen die Pagen singen wie die Vögel.« Eines Tages fragte er, ob er, den Vorschriften zuwider, seine Frau über Nacht mitbringen könne. Der Eigentümer überlegte lange und sagte dann schließlich: »In Ordnung, Mr. Sickert, aber es *muß* Ihre Frau, und es *muß* ein Feiertag sein!«

Mein junger Freund Denton Welch gehörte zu denen, die seinen verblüffenden Sinn für Späße entdeckten, wie er in dem Artikel der Zeitschrift *Horizon* zeigte, mit dem er sich bei mir einführte.

Mein Bruder Osbert las es als erster aus unserer Familie. Er kam eines Nachmittags in mein Zimmer und lachte so sehr, daß er mehrere Minuten lang kein Wort herausbrachte. Schließlich hielt er mir die Nummer von *Horizon* hin, in der auf einigen Seiten geschildert wurde, wie ein sehr junger Mann, den wir damals noch nicht kannten, Walter Sickert, den wir sehr gut kannten, einen Besuch abstattete. In einer Reihe ungewöhnlich brillanter Porträts – des großen Malers, seiner Frau, eines zu Besuch weilenden Exzentrikers und des offenbar charmanten, sehr beunruhigten, jugendlich befangenen jungen Mannes selbst – beschrieb Denton, wie ihn der große Mann erschreckt und verfolgt hatte, als er mit riesigen, ihm bis zu den Knien reichenden Stiefeln (wie Tiefseetaucher sie trugen) darauf bestanden hatte, ihm beim Tee etwas vorzutanzen – ich vermute, um zu sehen, wie Denton darauf reagierte. Als Denton ging, forderte ihn Sickert auf: »Kommen Sie einmal wieder - wenn Sie etwas weniger Zeit haben.«

Edith
Portrait von C. R. W. Nevinson

Zu den ersten unserer Freunde in London gehörten Aldous und Maria Huxley. Aldous lernten wir kennen, als wir ihn um einen Beitrag für unsere jährlich erscheinende Anthologie *Wheels* baten. An einem traumhaft goldenen Junitag lud er mich zum Mittagessen in die *Isola Bella*, ein Restaurant in Soho, ein. Große Sterne aus Tau und Sonnenstäubchen tanzten in der Luft, sie war wie Weißwein und von Tönen erfüllt, die wie das Echo von Erinnerungen klangen. Kaum trat ich aus diesem Licht in die Kühle des Restaurants, schienen eine plötzliche angenehme Dunkelheit und das Schweigen meines Gastgebers den Tag zu dämpfen. Aldous Huxley war ungeheuer groß, hatte volle Lippen und eine recht wohlklingende, volltönende, aber nicht laute Stimme. Sein Haar war von der gleichen braunen lebendigen Farbe wie Gartenerde. In jungen Jahren schien sich sein Schweigen, auch wenn er dabei stets freundlich war, kilometerweit zu erstrecken, und sobald es einsetzte, das Leben auszulöschen wie eine Schneuzschere die Kerzenflamme. Andererseits war er, sofern man ihn nicht unterbrach, einer der großartigsten Erzähler, die ich je kennengelernt habe, und seine Monologe zu allen denkbaren Themen waren erstaunlich blumig ausgeschmückte Variationen, hinreißend brillant und gelegentlich auch betont gewollt absurd.

Unter dem Zauber seiner Rede gewannen Tier- und Pflanzenwelten menschliche Züge, die gewöhnlich von ziemlich skandalöser Natur waren. Mir ist einer dieser Monologe erinnerlich, in dem es um die Moralvorstellungen eines Tintenfisch-Stamms ging, dem, Huxley zufolge, Ovids Liebeskunst bekannt war. Aldous verbreitete sich über die Vorzüge des Tintenfisches bei allen amourösen Abenteuern ... so viele Arme, mit denen er umschlingen kann! Seine Begeisterung nahm zu, während er den Faden weiterspann. Wir befanden uns auf einem Bahnsteig der U-Bahn-Station Sloane Square. Es war Sonntagvormittag, die Bahnsteige waren voller Menschen, die auf ihre U-Bahn warteten, und sie alle hörten wie gebannt seinem Monolog zu.

Ein anderes Mal ging es um die Liebe unter Melonen. Keine sei vor den Nachstellungen der anderen Melonen sicher, und da es auch keinerlei Inzesttabus gebe, müßten Gärtner Melonen deshalb sicher unter Glas verwahrt halten.

Solche Unterhaltungen aber entsprangen seinen gelösteren Stimmungen. Bei anderen Gelegenheiten unterhielt er sich mit meinen Brüdern über Maler, Bildhauer und Komponisten, auf die uns die ältere Generation herabzusehen empfahl – Maler, die beim Publikum, einem natürlichen Wechsel des Geschmacks folgend, jetzt wieder in Gunst stehen, Komponisten wie Rossini, Bildhauer wie Bernini.

Zu jener Zeit wohnte ich ganz in der Nähe von Aldous und seiner lieben und bezaubernden ersten Frau Maria, die schöne blaue Augen wie eine Siamkatze und ein überaus freundliches und gewinnendes Wesen hatte. Waren meine Brüder nicht da, besuchten wir fast immer gemeinsam Gesellschaften.

Manche davon waren lustig, andere nicht. Unerwartete Möglichkeiten boten die von Lady X., Gattin eines Finanzzaren. Zwar lebte Lady X. von ihm getrennt, da sie aber den seiner Position angemessenen Schein wahren sollte, überbrachte ihr von Zeit zu Zeit einer seiner zahlreichen diskreten Sekretäre (Privat-, Firmen-, Finanz- oder Gesellschaftssekretäre) eine Mitteilung, in der Lord X. ihr seine Mißbilligung aussprach. Lady X. gab nicht genug Geld aus. Es müsse sofort mehr ausgegeben werden. Er sei das seiner Stellung schuldig.

Panikerfüllt kaufte Lady X. fünfzig goldene Zigarettenetuis und überschüttete mit ihnen die unbemittelteren unter den jungen Männern ihrer Bekanntschaft.

Ein anderes Mal hieß es: »Die Künste müssen gefördert

werden.« Das stürzte sie in noch größere Panik. Wie sollte sie die Künste fördern, wenn sie nicht einmal wußte, welche, oder die Namen von Menschen kannte, die sie ausübten? Dann kam ihr der rettende Einfall.

Eine alte Dame aus Belgien hatte ihr gesagt, einer ihrer Neffen sei Dichter. Genau das Richtige! Der Dichter wurde ins Land gebracht. Er war ein schrecklicher, sehr junger Mann in einem tulpenlilafarbenen Anzug, mit großen, wäßrigen Augen, die vor Ausdruck förmlich überquollen. Seine Verse waren noch greulicher als er selbst, entsprachen aber getreulich dem Geschmack der damaligen Lyrikmode. Sie verlangte in den frühen zwanziger Jahren, daß Verse abwechselnd grün, schwarz, violett und rot gedruckt wurden. Manche Gedichte las man, ein Wort pro Vers, von oben nach unten (wie im Chinesischen), andere waren schräg von rechts oben nach links unten gedruckt, oder umgekehrt von links unten nach rechts oben; und nur ganz selten hatten sie, wie meine, einfach das herkömmliche Aussehen.

Lady X. erkannte, daß der junge Mann genau das war, was sie wollte, und so ließ sie seine Gedichte mit ungeheuren Kosten in einer limitierten Auflage von dreitausend Stück auf handgeschöpftem Papier drucken. Ein sechster Sinn aber mußte Lord X. (denn er hatte die Gedichte nicht gesehen) die Ahnung eingegeben haben, sie seien so entsetzlich, daß sie keinesfalls das Licht des Tages erblicken durften. Also setzte er einen seiner Sekretäre (vermutlich einen Privatsekretär) an dem Tag, da die Besprechungsexemplare ausgeliefert werden sollten, beim ersten Morgenstrahl zum Verlag in Marsch, damit dieser die gesamte Auflage aufkaufte, was er auch tat. Gleichzeitig ließ er durchblicken, dem Verleger drohe ein schlimmes Schicksal, wenn er den Wünschen des Wirtschaftszaren nicht willfahre.

Lady X. begriff nicht, was vorgefallen war. Warum gab es

keine Rezensionen? Und wieso war die gesamte Auflage aufgekauft worden, fast noch, bevor der Verlag seine Türen geöffnet hatte? Sie gab umgehend eine zweite Auflage in Auftrag. Ihr widerfuhr dasselbe Los. Rätsel über Rätsel! Der dritten Auflage erging es nicht anders!

Wie die Geschichte weiterging, weiß ich nicht. Aber ich nehme an, daß Lord X. zu dem Ergebnis gekommen sein mußte, Lady X. tue besser daran, sich ihren Einladungen zu widmen statt den Künsten.

Jedenfalls gab sie (sie war eine äußerst liebenswürdige und gastfreundliche Dame) eine Vielzahl von Gesellschaften, die aber für die jüngeren unter ihren Gästen nicht ohne Schrecken waren, denn die älteren Herrschaften schienen ständig in einer Art Guerillakrieg miteinander zu liegen. Es gab sogar Augenblicke, da ein Gast von Rang eintraf, einen vermeintlichen Feind sichtete und aus dem Haus verschwand, bevor die Gastgeberin von seiner Ankunft erfahren hatte.

Ich erinnere mich, wie Aldous einmal »Ach je!« sagte, als er sich matt in einen Sessel sinken ließ, kaum daß wir wieder einmal eine Einladung von Lady X. bekommen hatten, »was können wir jetzt noch sagen? Ich muß mal überlegen. Wie wäre es mit: Mr. und Mrs. Aldous Huxley und Miss Edith Sitwell danken Lady X. für ihre letzten zweiunddreißig Einladungen, denen sie zu ihrem großen Bedauern nicht Folge leisten können, da alle drei an ansteckender Fallsucht leiden?«

Eine Gesellschaft, an die ich sehr gern zurückdenke (obwohl, falls ich mich richtig erinnere, Aldous und Maria Huxley nicht dabei waren), wurde von einem inzwischen verstorbenen Kunstkritiker gegeben.

Er wollte damit einem ältlichen Herrn helfen, der sich in der mißlichen Lage befand, Publicity-Manager eines einstigen Malermodells zu sein, das sich spät im Leben zu einer Laufbahn als Tänzerin entschlossen hatte. (Aus welchem Grund, ist nicht bekannt.)

In einem Anfall von Pflichtgefühl hatte Mr. Z., eben dieser Publicity-Manager, über eine Sonntagszeitung verbreiten lassen, Maharadschahs pflegten in Restaurants jener Dame Rubine in den Schoß zu schütten, und die Gastgeberinnen der entsprechenden Kreise überboten sich so sehr in ihren Bemühungen, die Dienste jener Dame für ihre Gesellschaften in Anspruch nehmen zu dürfen, daß sie dabei förmlich über ihre eigenen Füße stolperten. Doch wie mir mein Bruder Sacheverell betrübt sagte, war der einzige Gastgeber, der tatsächlich ins Stolpern geriet, jener Kunstkritiker.

Am Nachmittag vor der Gesellschaft begrüßten uns auf der Treppe des Hauses unseres Gastgebers die Tänzerin, Mr. Z. und elf junge Männer mit blondem Haar und langen Wimpern, die man aus der Tanztruppe eines musikalischen Lustspiels angeheuert und angewiesen hatte, die Tänzerin zu umschwirren wie Motten das Licht und sich mit allen Anzeichen einer an Verrücktheit grenzenden Anbetung und Verzückung über sie zu beugen. Da Mr. Z. füchtete, sie könnten ihre Anweisung vergessen (nicht ganz ohne Grund), beauftragte er den Schlagzeuger der Kapelle, ein Auge auf sie zu haben und, sobald sie in ihrer Ekstase auch nur einen Augenblick lang nachließen, einen wilden Trommelwirbel zu schlagen.

Alles ging so weit ganz gut, bis die Tänzerin an der Reihe war. Sie wirkte bei ihrem Auftritt wie eine vierrädrige Kutsche, die schwer beladen zum Tor der Posthalterei hinausschwankt.

Ein in meiner Nähe sitzender älterer Herr fragte laut: »Warum nur macht sie das?«

Leider schlug auch dies Projekt Mr. Z.'s fehl, wie so zahlreiche andere seiner Pläne. Aber damals galt es als eine Art nationale Verpflichtung, daß man sich bemühte, ihn bei der Verwirklichung seines Vorhabens zu unterstützen. Die Art, wie unsere Bekanntschaft endete, kann man nur als betrüblich bezeichnen.

Unglücklicherweise fiel Mr. Z. unvermittelt einer Eingebung zum Opfer und verfaßte, in Blankversen, wie er meinem Bruder Osbert versicherte, ein Drama, in dem er das Leiden jener unter einem ungünstigen Stern stehenden Liebenden Paolo und Francesca behandelte.

Er bestand darauf, daß Osbert es las. (Wir hatten damals noch nicht unsere heutige Virtuosität im Umgang mit den Absendern von Manuskripten entwickelt.)

Meine Angehörigen vertraten die Ansicht, da Dante dies Liebesleid bereits in angemessener Weise aufgezeichnet habe, könne man die Sache auf sich beruhen lassen. Aber nein, Mr. Z. war unerbittlich.

Seufzend legte mein Bruder das Manuskript auf den Tisch und unternahm einen Spaziergang. Als er zurückkam, war der Schatz - vom Umfang des Wäschebergs eines Bahnhofshotels von einer Woche - verschwunden.

Erst viele Monate später entdeckte man bei einer der nicht häufigen Gelegenheiten, da die Katze und ihre Jungen den Korb gleichzeitig verlassen hatten, daß das Werk dazu hatte herhalten müssen, diesen auszupolstern. Unglücklicherweise trug es bei seiner Auffindung nicht nur erkennbare Spuren des unvermeidlichen *va-et-vient* und der allgemeinen Abnutzungserscheinungen, die die häufigen Niederkünfte und Säugeakte der Katze mit sich brachten, es erweckte überdies den Anschein, als hätten Tiger es zerfetzt.

Mein Bruder wollte das Manuskript neu tippen lassen, aber nicht eine Zeile ließ sich entziffern, und ohne Dante wäre das unter einem ungünstigen Stern stehende Geschick der Liebenden auf alle Zeiten im Schoß derselben verborgen geblieben.

Dann kam die Schwierigkeit: wie sollte man Mr. Z. schildern, welches Los sein Meisterwerk ereilt hatte *und den Grund dafür* erklären? Nur mit Schaudern mag man an eine solche Situation denken!

Zu unserem Glück nahm sich Allmutter Natur der Sache an und umhüllte uns in Bezug auf diese Angelegenheit mit einer segensreichen Vergeßlichkeit. Wir wissen nur noch, daß seither unser Leben und das Mr. Z.s auf unterschiedlichen Bahnen verlief.

*

Aldous und Maria zogen für eine Weile nach Italien und richteten sich später in Hollywood ein. Es bedeutete für mich eine wahre Freude, sie wiederzusehen, als auch ich eine gewisse Zeit dort verbrachte. Aldous war unverändert.

Ich erinnere mich an eine lange Autofahrt zum Haus eines in der Nähe lebenden Astronomen, bei der Aldous die Zeit mit Klagen über die unglücklichen Verirrungen großer Dichter der Vergangenheit füllte.

»Wirklich, Edith, daß jemand wie Coleridge, ein *angeblich* geistig gesunder Mann, imstande war zu schreiben:

Why need I say, Louisa dear,
How glad I am to see you here,
A loveley convalescent:
Risen from the bed of pain and fear
And feverish heat incessant.

Believe me, while in bed you lay,
Your danger taught us all to pray,
You made us grow devouter!
Each eye looked up and seemed to say
How can we do without her!

Und dann auch Wordsworth:

> There's *something* in a flying horse,
> There's *something* in a big balloon.
> But across the clouds I'll never float
> Until I have a little boat
> Shaped like the crescent moon.*

Nein, also *wirklich*!«

* Eine Übersetzung würde nicht wiedergeben, was Huxley pikierte, eher schon wird das klar, wenn man an ähnliche Leistungen Schillers denkt (z. B. aus »Der Gang nach dem Eisenhammer«) »Ein frommer Knecht war Fridolin / Und in der Furcht des Herrn / Ergeben der Gebieterin, / Der Gräfin von Savern ...« [Anm. d. Übers.]

Auswärts essen

Edith
Photo von Cecil Beaton

Zu meinem großen Vergnügen jener Zeit gehörte es, abends auswärts zu essen, und ganz besonders genoß ich Besuche im Haus von Sir Edmund und Lady Gosse, auch wenn das Vergnügen nicht ohne Furcht war, denn es ließ sich nie genau voraussagen, was Sir Edmund seinen Besuchern in der Konversation antun würde. Seine Geschicklichkeit in dieser untergegangenen Kunst war grenzenlos. Sie reichte auf der Skala der Begabungen von der eines in der Harmonielehre bewanderten vorzüglichen Musikers bis zu der eines geschliffenen und weltmännischen Kriegers. Nie wurden Hinterhalte mit solcher Sicherheit und Verschlagenheit gelegt, nie die Absichten eines fliehenden Opfers siegreicher vorhergesehen und im Keim erstickt.

Sir Edmund und Lady Gosse wohnten mit ihren beiden entzückenden goldhaarigen Töchtern (eine von ihnen ist die Malerin Miss Sylvia Gosse) in einer der Häuserreihen von Regent's Park. Den Tapeten, wie dem ganzen Haus haftete eine Gründerzeit-Braunheit an. Der Salon war erfüllt vom munteren Klang von Teelöffeln, der sogar dann noch darin nachzuhallen schien, wenn die Teestunde vorüber oder noch nicht gekommen war; und das Haus war vollgestopft mit Schätzen aller Art; doch war keiner davon bedeutender als Sir Edmunds Konversation, noch irgendeine Schatzsuche auf der Welt von größeren Gefahren umwittert.

Beherrscht wurde das Haus zum Teil von dem Dienstmädchen Parker, die ein weithin bekanntes Original war, noch mehr aber von Buchanan, einem großen schwarz-weißen Kater. Buchanan, von unbekannter Herkunft, hatte eines Tages das Haus betreten und ganz offenbar die Leitung übernommen. Zu den Mahlzeiten kam er erst herunter, nachdem die ganze Familie im Eßzimmer versammelt war, und wenn es so weit war, bestand er darauf, daß Sir Edmund hinaufging und zum Abendessen läutete. Dann schritt Buchanan würdevoll die Treppe hinab und nahm seine Mahlzeit mit den anderen Familienmitgliedern ein. Zur Teestunde weigerte er sich entschieden und ohne Anzeichen von Nachgiebigkeit, seine Sahne zu schlecken, wenn ihm nicht Lady Gosse kniend die Untertasse hielt. War Buchanan, was gelegentlich vorkam, aus dem einen oder anderen Grunde ungehalten, verließ er den Raum, woraufhin sich achtungsvolle Stille ausbreitete. Ich erinnere mich, wie er einmal, als ich dort zu Abend aß, nach der Mahlzeit auf seine nachdrückliche Weise den Raum verließ und Sir Edmund und Lady Gosse in furchtsamem Flüsterton alle denkbaren Ursachen durchgingen, die ihm Anlaß zur Gekränktheit hatten geben können. Buchanan besaß sein eigenes spezielles Briefpapier mit Umschlägen, nicht zu groß, und wenn Sir Edmund auf Reisen ging, diktierte Buchanan täglich Briefe für ihn (Lady Gosse teilte mir flüsternd mit, sie müsse zu ihrem Bedauern sagen, daß Buchanan ein arges Klatschmaul sei), und Sir Edmund beantwortete sie.

Doch die nachstehende Geschichte beginnt bereits vor der Herrschaft Buchanans. Osbert, Sacheverell und ich hatten die Gewohnheit, das Haus so oft zu besuchen, wie wir es wagten, um die Wonnen von Sir Edmunds Reminiszenzen und den großen Zauber zu genießen, der von Lady Gosse und ihren Töchtern ausging. Endlose Wonne bereiteten uns Sir Edmunds Erinnerungen an die prä-raffaelitischen Dichter. Da gab es beispielsweise die Geschichte über William Morris, der Dante Gabriel Rossetti besuchte, nachdem er ihm sein Gedicht über Siegmund gegeben hatte. Rossetti dankte ihm: »Aber, mein Lieber«, fuhr er nach den einleitenden Worten fort, »ich kann mich nicht besonders für jemanden begeistern, dessen Vater ein Drache war.«

»Ich finde das nicht schlimmer«, versetzte William Morris mit Schärfe, »als jemand zu sein, dessen Bruder ein Narr ist.«

Danach wurde die Sache, was Sir Edmund betraf, undurchsichtig, denn er war damals sehr jung und durch die letzte Bemerkung und das, was in ihr mitschwang, zu sehr verängstigt gewesen, als daß er die Dinge hätte bewußt aufnehmen können. Auch seine Geschichten über die Streitigkeiten in dem Haus in Chelsea, das sich Swinburne mit Rossetti teilte, gefielen uns sehr. Bei diesen Auseinandersetzungen pflegte sich Swinburne zu Boden zu werfen und liegend zu kreischen, während Rossetti, die Arme über den Kopf erhoben, stocksteif stehenblieb und aufrecht kreischte. Wie es schien, war der Rhythmus der beiden Kreischenden tadelsfrei ineinander verwoben, und die Lautstärke entsprach der eines vorüberfahrenden D-Zugs.

Da das aber die Freuden und nicht die Schrecken von Sir Edmunds Konversation waren, müssen wir jetzt zur dunkleren Seite dieser Angelegenheit kommen.

Als ich einmal dort einen Besuch machte, fand ich einen Mann vor, über den mir Lady Gosse anvertraute, er sei der bedeutendste lebende schwedische Dichter, »und«, fuhr sie flüsternd fort, »seine Gedichte sind noch nie ins Englische übertragen worden; er versteht es aber perfekt.« An dieser Stelle packte mich Sir Edmund und sagte mir lauter Stimme: »Kommen Sie her, Edie, und sagen Sie ihm . . ., wie sehr Sie seine Gedichte schätzen.« Der Schwede strahlte. Nach fünf Minuten moralischen Herzklopfens meinerseits griff Sir Edmund erneut nach mir: »Stehen Sie nicht so unbeholfen und langweilig herum, Edie. Sie machen mich damit ganz ärgerlich und böse.« Das war einer seiner Lieblingssätze.

Beispielsweise war Sir Edmund ärgerlich und böse, als ich, aus Angst, nach einer Abwesenheit von nahezu einem Jahr wieder in dem Haus aufzutauchen, Siegfried Sassoon verlockte, mit mir zu kommen, in der Hoffnung, er könne die Rachegottheit abwehren, die mich gewiß erwarten würde. »Und falls mich Sir Edmund«, sagte ich zu ihm, »in eine abgelegene Ecke schleppt, wäre ich Ihnen sehr dankbar, wenn Sie mitkämen, denn er reißt mich sonst in Stücke.« Als ich ankam, strahlte Sir Edmund und sagte: »Kommen Sie, Edie, wir wollen uns in diese stille Ecke zurückziehen und uns miteinander unterhalten.«

Siegfried folgte mit sehr entschlossenem Ausdruck dem Hinrichtungszug, worauf sich Sir Edmund zu ihm umwandte und mit angespannter Stimme fragte: »Was treiben *Sie* eigentlich hier, Siegfried? Wir wollen nichts von Ihnen, bestimmt nicht! Wir reden nicht über Pferde. Sie machen mich ganz ärgerlich und böse!«

Doch eins meiner beunruhigendsten Erlebnisse in jenem ansonsten wirklich zauberhaften Haus war eine Abendgesellschaft, bei der sich der irische Dichter George Moore die Ehre gab.

Er war wohl nicht in besonders glücklicher Stimmung dort angelangt; und diesen seinen Zustand verschlimmerte die Art eines anderen Gastes, Konversation zu machen. Anfänglich blieb Mr. Moore in eine undurchdringliche Düsterkeit getaucht, nach einer Weile aber wandte er sich zu mir und sagte mit vor Empörung bebender Stimme: »Ja, ja, ja, vierzig Millionen tausendmal ja. Wie *kann* ich mit jemandem reden, der immer nur ja, ja, ja sagt?«

Auf diese Frage konnte es keine Antwort geben, und so schwieg ich weiter. Später ließ sich Mr. Moore dazu herbei, etwas über ein überaus interessantes Buch mit dem Titel ›Die Bibel‹ von sich zu geben, das in allen Einzelheiten die Geschichte eines als Juden bezeichneten Volkes enthalte, überdies teilte er mir mit, er habe ein Fahrzeug namens Omnibus entdeckt, das einen an jedes gewünschte Ziel brachte, sofern man das Glück hatte, dessen Aufmerksamkeit auf sich zu lenken. Als wir das Haus verließen, sah er ein solches Fahrzeug, und wir liefen darauf zu, wobei wir laut »Omnibus, Omnibus!« riefen.

Doch leider hatte Mr. Moore bei dieser Gelegenheit kein Glück und lenkte die Aufmerksamkeit des Omnibusses nicht auf sich, so daß dieser ohne ihn seiner Wege fuhr.

Der fehlende Kragen

Edith
Portrait von Wyndham Lewis

Ich glaube, es war 1921, daß ich zum ersten Mal mit dem unfreiwilligen Einsiedler Mr. Percy Wyndham Lewis zusammentraf.

Es wäre albern zu bestreiten, daß es sich bei Mr. Lewis um einen äußerst beachtlichen Autor handelte. Wäre er nicht so ganz und gar zynisch gewesen, daß ihm alle Farben, gut wie böse, wie eine vorkamen, müßte man ihn sogar einen bedeutenden Autor nennen. Doch Menschen, die entweder Mr. Lewis oder Jonathan Swift nicht gelesen haben, pflegen für gewöhnlich deren Gaben miteinander zu verwechseln. Sie unterscheiden sich grundlegend. Swift war unfähig zu lügen, und sein Haß war das Gegenteil von Liebe. Swift fürchtete nichts und niemanden.

Lewis log mit Begeisterung und sah in der Lüge nicht nur einen Schutzwall, hinter dem er sich verbergen konnte, sondern sein Idol. Was er als ›Catos Wahrheit‹ oder ›zweckdienliche Lüge‹ bezeichnete, darf man getrost seinen Gott nennen.

»Wer sich nicht der Lüge bedient, ist wie jemand, der mit Steinschloßgewehren oder bloßen Fäusten Krieg gegen ein mit Bomben und Giftgas ausgerüstetes Volk führt.«

*

Manche Männer scheinen ohne Verwandte, aber dafür mit einem Kragen, auf die Welt gekommen zu sein, und einer von ihnen war Lewis. Er blieb in diesem getreuen Freund eingekerkert, und ich glaube, daß er sogar in seinem Paß eingetragen war. Sicher mußte man nur die (von der Zeit geschaffenen) Ringe darauf zusammenzuzählen, wie bei einer Palme oder den Hörnern einer Antilope, um in etwa sein Alter schätzen zu können.

Mr. Lewis stattete uns einen Besuch auf Renishaw ab, doch leider verlief dieser nicht ausschließlich glücklich, denn am Morgen nach seiner Ankunft verlegte er seinen Kragen und konnte nicht zum Frühstück herunterkommen, bevor er ihn gefunden hatte. Doch schließlich spürte ihn Robins, alter Soldat und Osberts wunderbarer Diener (inzwischen Butler auf Renishaw) auf, und er flatterte zurück um Lewis' Hals, etwa so, wie eine ermattete und ziemlich mitgenommene Amsel zu ihrem Nest zurückkehren mag.

Diese zeitweilige Trennung ihrer beider Wege in Osberts Haus brachte Mr. Lewis nach drei Jahren des Nachgrübelns über den Gegenstand zu dem Ergebnis, daß Osbert, Sacheverell und ich böse Symbole für den Verfall der Zivilisation seien, und so prangerte er uns in einem Buch mit dem Titel *Die Affen Gottes* an, wobei hier Gott mit Mr. Lewis gleichzusetzen ist, obwohl die einzige Ähnlichkeit zwischen jenem Herrn und seinem Schöpfer darin besteht, daß beide über das Chaos nachgegrübelt haben.

Vor der Kragen-Kalamität saß ich Lewis zu einem Porträt, das jetzt in der Londoner Tate-Galerie hängt, und zu verschiedenen Zeichnungen. Doch schließlich wurde sein Verhalten so bedrohlich, daß ich ihm nicht mehr saß, und so blieb mein Porträt ohne Hände.

Sein Atelier auf einer Ödlandfläche in der Nähe der Hauptgeschäftsstraße des Londoner Stadtteils Kensington umgakkerten verzweifelt und prophetisch bleiche Hühner, und das Aussehen von Mr. Lewis' Haar erweckte in manchen Beobachtern die Überzeugung, ihre Federn hätten in dessen Schatten Zuflucht vor der allgemeinen Verwirrung gesucht. Eine abweichende Lehrmeinung hingegen führte die fremden Substanzen, mit denen es bestreut schien, auf eine andere Ursache zurück und hielt sie für einen Anflug vom Schnee der Zeit. Zweifellos erweckte die Art seiner Aufmachung und seine Erscheinung ganz allgemein Aufmerksamkeit und gab zu allerlei Vermutungen Anlaß.

Seine stets dunkle Gesichtsfarbe war bisweilen tiefer als

sonst, eine Pigmentfärbung, die nicht auf eine Laune der Natur oder auf Zufälle zurückging, sondern auf seine Gewohnheiten und Vorlieben. Seine Kleidung schien ebensosehr Zuflucht zu sein wie Bedeckung der Blöße, und wenn er vollständig ausgerüstet war, um sich der Welt und dem Wetter zu stellen, ähnelte sein Aussehen dem, das wir auf Fotos gewisser tapferer Männer im Augenblick ihrer Rettung sehen dürfen, nachdem sie ein halbes Jahr, von Walspeck umgeben in der polaren Eiswüste verbracht haben.

Seine nach außen gekehrte Persönlichkeit, sein Schild gegen die Welt, änderte sich von einem Tag zum anderen – man könnte beinahe sagen, von einer Stunde zur nächsten. Wenn er breit lächelte, meinte man, das Bild einer Laterna Magica vor sich zu sehen ... klick, weg, und ein neues Bild, das zum vorigen in keiner Beziehung stand, aber gleichermaßen unwirklich war, hatte dessen Platz eingenommen. Er war nicht mehr der einfältige Künstler, sondern ein eher finsterer, piratengleicher, furchterregender Südländer. Denn dieser bemerkenswerte Mann trat gewöhnlich in verschiedenen Rollen auf, teils, um sich unkenntlich zu machen (denn Vorsicht war Bestandteil seiner beruflichen Grundausrüstung), teils, um gegen seine Einsamkeit anzugehen. Auf diese Weise bewohnten so viele verschiedene Wesen sein Atelier (alle in seinem eigenen Leib eingeschlossen, womit ihnen jede Gelegenheit genommen war, zu widersprechen, zu wenig Aufmerksamkeit zu zollen oder ihm nicht hinreichend zu huldigen), daß er kaum auf die Gesellschaft anderer angewiesen war. Er mußte in verschiedenen Rollen auftreten, um sich selbst – und möglichst auch andere – zu beeindrucken.

Da war beispielsweise die Rolle des Spaniers (von ihr habe ich bereits gesprochen). Wenn er sie verkörperte, nahm er eine muntere, wenn auch finstere Wesensart an, wirkte äußerst männlich und ritterlich und auf weibliche Beobachter zutiefst beeindruckend. Zu dieser Rolle gehörte, daß er mit einem Sombrero auf dem Kopf auftrat, seinem Mund von Zeit zu Zeit ein *caramba* entfahren ließ und mit eckigen Bewegungen seiner dicken, fleischfarbenen Hände Luftschlösser (oder Gefängnisse für die Opfer seiner Zuneigung) errichtete (Ausländer gestikulieren bekanntlich).

Wenn dann, was nicht ausbleiben konnte, die Luftschlösser und Gefängnisse nicht Wirklichkeit wurden, gab er sie mit einer Handbewegung auf. Verließ er in dieser Rolle das Haus, fuhr er außerdem mit dem Spazierstock klirrend über Zaunstäbe, wobei er seine Zähne - wie er hoffte - blitzen ließ. Doch jedesmal, wenn es so weit war, zog sich die Sonne hinter Wolken zurück, so daß man die Erscheinung nicht beobachten konnte, oder seine Schuhe gingen auf, und er mußte sich bücken und die Bänder neu knoten, und so waren die Menschen oben auf dem vorüberfahrenden Omnibus, die das Blitzen der Zähne hatten sehen und bewundern sollen, um diesen Anblick gebracht. Sein Leben war voller kleiner Widrigkeiten dieser Art.

Dann wieder trat er als Seemann auf, stieß aus zusammengebissenen Zähnen mit rauher-aber-herzlicher Stimme kurze, abgehackte Sätze hervor, etwa so, wie der Kapitän eines Walfängers bei aufziehendem Sturm den Männern seiner Besatzung Befehle erteilt - einer wie der andere ungeschliffene Diamanten, aber mit einem Herzen von Gold, und voll Bewunderung für ihren Schiffsführer.

Es war aufschlußreich, sein Verhalten zu beobachten, wenn er zu einer Gesellschaft ging. Er trat mit geschäftsmäßiger Zerstreutheit auf seine Gastgeberin zu, ohne im geringsten auf seine Füße zu achten - keineswegs unhöflich, sondern so, wie man nicht weiter auf alte treue Freunde achtet, bei denen man sich darauf verläßt, daß sie ihr Bestes geben -, stieß seinen rechten Arm gegen sie vor, als schiebe er eine Karre, und ruckte seine Hand mit etwa der Bewegung in die ihre, mit der sich jemand eines unerwünschten Pakets entledigen mag, dessen Verpackung sich jeden Augenblick öffnen kann.

Sein Leben wurde von wirklichen oder eingebildeten Gefahren überschattet. So war er beispielsweise das Opfer der festen Überzeugung, der Maler Roger Fry und der Kunst- und Literaturkritiker Clive Bell hätten sich auf dem Dach seines Ateliers wohnlich eingenistet, um jede seiner Bewegungen zu überwachen. Dann waren da die Ratten (oder auch nicht). Er hatte es sich eines Tages in den Kopf gesetzt, daß sie ihn inmitten des Durcheinanders belauerten.

»Stören Ratten Sie?« fragte er mich eines Tages. Ich bejahte. »Nun, hier sind welche. Aber ich versuch sie wegzuhalten.« Mit diesen Worten wischte er seinen Pinsel ab und malte weiter.

Ich vermute, daß eine gewisse Übersteigerung seiner Sehweise Ratten aus den Mäusen hat werden lassen, die sich in seinem Atelier tummelten. Im Laufe der Zeit wurden sie – berichteten Menschen, die ihm nach mir saßen –, da ihrem Tun niemand Einhalt gebot, immer dreister. Sie hätten sich an die Möbelstücke gelehnt, frech um sich gesehen, und seien, als ein berühmter Dichter Lewis Modell saß, so weit gegangen, ihm auf die Knie zu klettern und sein Gesicht mit einem allem Anschein nach mißbilligenden Ausdruck zu betrachten. So blieb Mr. Lewis schließlich nichts anderes übrig, als sich einen großen Gong zu kaufen, den er vor dem Mauseloch schlug, wenn das Betragen der Tiere unerträglich wurde. Daraufhin zogen sie sich zurück.

Nicht nur Mr. Lewis' Leben, sondern auch das der Menschen, die ihm zu Porträts saßen, war voller Gefahren, denn alle Gegenstände im Atelier flogen (von einer unsichtbaren Kraft, oder vielleicht auch von der Hoffnung getrieben, entfliehen zu können) so dicht an ihnen vorbei, daß man nie genau wußte, worauf man gerade trat.

Von Zeit zu Zeit trat Mr. Lewis wild nach den verschiedenen, im Streit miteinander liegenden Gegenständen, die den Fußboden den Blicken entzogen und die ihre ganze Zeit (wenn sie nicht gerade entfliehen wollten) damit zu verbringen schienen, um seine Aufmerksamkeit zu buhlen, so daß er häufig wie eine abgekämpfte Mutter wirkte, die nach einem besonders lärmenden Feiertag mit ihren müden und quengelnden Kindern heimkommt.

Mr. Lewis brachte ein Buch mit etwas verwirrenden Gedichten heraus – *One Way Song* (Einbahnlied).

Es bereitet keine geringe Mühe, dessen Zentralthemen zu entwirren – ich finde es ebenso schwierig, wie die in nachstehender Strophe berichteten Ereignisse zu durchschauen:

Er schrieb, du warst bei ihr zu Haus
Und gabst von mir Bericht
Und sprachst: »Mit dem kommt jeder aus,
Nur schwimmen kann er nicht.«

LEWIS CARROLL

*

Das gilt auch für die übrigen Strophen jenes wohlbekannten Gedichts. Eins allerdings wird in Mr. Lewis' Dichtung ganz deutlich: *irgend jemand* mußte sich ziemlich übel aufgeführt haben, *war nicht nett gewesen.*

Mr. Lewis besaß nämlich bei aller Schroffheit, trotz aller Jungenstreiche und seiner *The Enemy* (Der Feind) genannten Pfadfinder-Bewegung für ältere Knaben, und obwohl er, nun ja, ein ziemlicher »Schlawiner« war, eine starke sentimentale Unterströmung. So wie er in jener langen Klagelitanei *Die Affen Gottes* inmitten allen Leidens an der Verderbtheit jener, die Einladungen zu Mittags-, Tee- oder Abendgesellschaften annahmen (oder ausschlugen), in Atelierwohnungen lebten oder so taten, als seien sie jung, noch Zeit fand, sich danach zu sehnen, man möge den Helden, Mr. Pierrepoint, nicht nur fürchten, sondern auch lieben, so sehnte er sich im *Einbahnlied* danach, daß ihn seine Freunde liebten; er wollte verstanden werden. (War denn *niemand* bereit, freundlich zu ihm zu sein?)

Diese sich als Schroffheit tarnende Sentimentalität nahm solche Formen an, daß wir bei beiden Büchern unwillkürlich an ein junges Mädchen aus dem frühen 19. Jahrhundert denken müssen, das die Blütenblätter einer Marguerite abzählt (er liebt mich, er liebt mich nicht), und sich wünscht, während sie an die letzten Worte, den letzten Blick ihres schmucken Leutnants denkt, ach, sehnlicher, als es je ein Mensch ahnen kann, er möge sich von seinem ungebärdigen Treiben lossagen und den wahren Wert zu würdigen lernen!

Noch häufiger müssen wir an eine liebe alte Dame denken, die Anschuldigungen gegen diesen und jenen Menschen schleudert, eine Szene macht und ›grollt‹, weil der Gemeindepfarrer ihre Arbeit für die Kirche nicht mehr zu schätzen weiß, seit er sich mit diesen *abscheulichen* Biestern abgibt, die ein Drittel so alt sind wie sie und dreißigmal anziehender. (»Ach je, Miss Pipchin, Sie dürfen sich nicht so aufregen! Setzen Sie sich, ruhen Sie sich ein bißchen aus und trinken Sie eine gute Tasse starken Tee, dann werden Sie sich gleich wieder besser fühlen!«) Aber Mr. Lewis wollte sich *nicht ausruhen!* Er wies die Tasse starken Tee zurück und grollte, von Bösen Mächten wie Mr. Montgomery Belgion und ähnlichen angestachelt.

Seinen eigenen Angaben nach, wurden seine Tobsuchtsanfälle in *Die Affen Gottes* teils mit Lobsprüchen, teils mit Schmähungen, aufgenommen. Ein Angehöriger der britischen Luftstreitkräfte bedrohte, wie Lewis uns versicherte (Flugschrift *Enemy* Nr. 1 mit dem Titel *Satire and Fiction*), sein Leben.

In *One-Way-Song* haben wir einen freundlicher gestimmten

Mr. Lewis. Wer, so schien er zu fragen, konnte zugänglicher sein, war mehr dazu geschaffen, geliebt zu werden?

I'm not too careful with a drop of Scotch,
I'm not particular about a blotch,
I'm not alert to spy out a blackhead,
I'm not the man that minds a dirty bed.
I'm not the man to ban a friend because
He breasts the brine in lousy bathing-drawers,
I'm not the man to baulk at a low smell
I'm not the man to insist on asphodel.
This sounds like a He-fellow, don't you think?
It sounds like that. I belch, I bawl, I drink.

Ich trink ganz gern mal 'nen Schluck Whisky
Ich hab nichts gegen Flecke,
Ich such nicht immer gleich nach Pickeln,
Ich bin nicht der Mann, dem ein schmutziges Bett was
ausmacht.
Ich bin nicht der Mann, der einen Freund verstößt, weil
Er sich mit einer unmöglichen Badehose ins Meer stürzt,
Ich bin nicht der Mann, der vor einem üblen Geruch
zurückweicht
Ich bin nicht der Mann, der auf schönen Schnickschnack
besteht.
Das klingt wie ein Ganzer Kerl, finden Sie nicht?
So klingt's. Ich rülps, ich brüll, ich sauf.

*

Doch wußte, sofern man seiner Lesart folgt, trotz solch zarter Lockung, trotz all dieser für ihn einnehmenden jugendlichen Vorzüge, niemand Mr. Lewis wahrhaft zu schätzen, obwohl er sogar so weit ging, sich für etwaige kleine Anflüge von Schroffheit zu entschuldigen, die ihm unterlaufen sein mochten. »I'm sorry if I've been too brutal, girls.« (Tut mir leid, Mädels, falls ich zu schroff war.)

*

Wir bemühten uns, ihn zu beruhigen. »Bitte kein weiteres Wort, Mr. Lewis. Wir flehen Sie an! Sie sollten sie nicht verwöhnen, wirklich nicht. Außerdem mögen die hübschen jungen Dinger Ihre Höhlenmenschen-Sachen! Es kommt nicht oft vor, daß sie mit einem richtigen Kerl zu tun haben ... und wenn schon, denn schon ...!«

In einem großen Teil von *One-Way-Song* geht es um die Zeit, vor der Mr. Lewis große Angst hatte.

»Ich bleib siebenunddreißig, bis ich was anderes sag«, teilte er uns einmal mit. »Verstanden?« Das ging mir so sehr auf die Nerven, daß mir jedesmal, wenn mich ein Arzt aufforderte, »neunundneunzig« zu sagen, »siebenunddreißig« herausfuhr.

In diesem Gedicht jedoch finden wir die Zeit als metaphysische Vorstellung, nicht als noch einen Feind, und wir sehen, daß sich Mr. Lewis in einer Hinsicht unerbittlich durchsetzt: »We must be frantically frontal« (Wir müssen wahnsinnig frontal sein), ließ er uns wissen und machte uns klar, was geschehen würde, falls wir es nicht waren. Er litt unter verschiedenen kleineren Beschwerden und hätte es gern gehabt, wenn wir sie verstanden und Mitgefühl für ihm aufgebracht hätten, von den Schwierigkeiten mit hinten und vorn abgesehen. Das nahm bisweilen solche Ausmaße an, daß er kaum zu wissen schien, was er selbst eigentlich wollte.

Try and walk backwards: you will quickly see
How you were meant only *one-way* to be!
Attempt to gaze out of your bricked-up back:

You will soon discover what we *One-ways* lack!
Endeavour to re-occupy the Past:
Your stubborn front will force you to stand fast!
No traffic-caption of *Sens interdit*
Is necessary for this clearly One-Way Street.
Address yourself to sitting down front-first –
Your joints will stop you, or your hips will burst!

Versuch nur, rückwärts zu gehen: du wirst rasch merken
Daß du ausschließlich als Einbahn-Geschöpf gedacht bist!
Versuch aus deiner vermauerten Hinterseite zu schauen:
Bald wirst du entdecken, was uns *Einbahn-Geschöpfen* fehlt!
Bemüh dich, die Vergangenheit neu zu erobern:
Deine störrische Vorderseite
Wird dich zwingen, fest stehen zu bleiben!
Kein Verkehrszeichen ›Einfahrverbot‹
Ist für diese offenbare Einbahnstraße erforderlich.
Gebiete dir, dich auf die Vorderseite zu setzen –
Deine Gelenke werden dich daran hindern, oder deine Hüften bersten!

(Ach, will denn *niemand verstehen?*)

Wieder versuchten wir ihn zu beruhigen – sagten ihm, er befinde sich unter *Freunden,* die ihm beistehen würden. Die von ihm beschriebene Lage, das war uns klar, mußte wahrhaft peinigend gewesen sein. Doch zu solchen kleinen Zwischenfällen könne es immer einmal kommen, und wir baten ihn, die Dinge nicht unnötig schwarz zu sehen.

*

Mr. Lewis' Bilder vermitteln den Eindruck, sagte mir ein wahrhaft bedeutender Maler, als habe eine in einem Baumwollhandschuh steckende gepanzerte Faust sie gemalt.

Seine Romane sind mit ungeheuren Verzerrungen seines eigenen Wesens gespickt, die seine Existenz so sehr bedrohten, daß es an Swift gemahnt, der in seiner zum Tode führenden Krankheit seinem eigenen Spiegelbild drohte.

Armer Mann! Sein einziger wirklicher Fehler war ein unüberwindliches Mißtrauen gegenüber jedem, der seine großen Gaben bewunderte, er hielt solche Bewunderung für einen Vorwand von Menschen, die sich in sein Vertrauen schleichen und ihn dann seinen wirklichen oder eingebildeten Feinden ausliefern wollten. Ich glaube, er sehnte sich danach, gemocht zu werden, und man hätte ihn auch gemocht, nur verstand er es einfach nicht, Zuneigung entgegenzunehmen. Meine beiden Brüder waren ihm treue Freunde, und ich habe gegen ziemlich verbreiteten Widerstand zu ihm gehalten. Diese Treue lohnte er uns und den anderen, die ihm unerschütterlich die Stange gehalten hatten, in *Die Affen Gottes.* Nebenbei gesagt, ließ er in diesem Werk nicht nur durchblicken, ich sei eine Frau mit fragwürdigen Moralvorstellungen. Diesen Angriff gegen mich verwies ihm W. B. Yeats in einem Brief, in dem er überdies erklärte, ich hätte etwas in die Literatur zurückgebracht, »was seit einer Generation fehlte und in der Literatur aller Zeitalter selten ist, nämlich eine durch Tiefe des Gefühls und Weisheit geadelte Leidenschaftlichkeit«.

Ein Rothaariger

Edith
Photo von Cecil Beaton

Könnte ich mich doch erinnern, in welchem Jahr uns mein Vater, als ich mit Osbert zu einem Besuch der Eltern in Montegufoni eintraf, mit der Nachricht begrüßte: »Ein äußerst ungewöhnlicher Mann ist zum Mittagessen hergekommen – ein Rothaariger. Ich glaube, er schreibt; er hat gesagt, daß er Lawrence heißt. Er hat schon von euch gehört. Er hat seine Frau mitgebracht. Sie ist nach dem Essen auf allen Betten herumgehopst – um zu sehen, ob die Matratzen weich sind.« (Mein Vater besaß eine exquisite Sammlung bemalter und vergoldeter Betten aus dem siebzehnten Jahrhundert.) »Als sich die beiden in unser Gästebuch eingetragen haben, hat sie hinter ihren Namen ›Geborene‹ und etwas gesetzt, was ich nicht lesen kann. Wie ungewöhnlich! *Natürlich* ist sie geboren worden – das sind wir doch alle!«

(Das Gästebuch war für meinen Vater eine Quelle ständiger Verwirrung, da darin von Zeit zu Zeit seltsame Eintragungen auftauchten. Nachdem beispielsweise einmal ein Angehöriger des Hochadels mit zwei Titeln [»Soundso und Soundso«] zu Mittag bei uns gegessen hatte, fand mein Vater unmittelbar unter dessen Eintrag

»Swan and Edgar
Waring and Gillow«

– die Namen zweier bekannter Londoner Geschäfte.)

Einige Tage, nachdem wir erfahren hatten, daß Mr. und Mrs. Lawrence unseren Eltern einen Besuch auf Montegufoni abgestattet hatten, luden sie uns zum Tee ein.

Wir fuhren durch die Landschaft der Toskana zu ihrem hohen, rosa getünchten Haus, das aussah, als stehe es auf den Beinen eines Huhns. Es war voller Gemälde, die Lawrence gemalt hatte: Sie zeigten eine ziemlich stämmige Doppelgängerin von Mrs. Lawrence, bei deren Anblick man den Eindruck hatte, daß sie recht kräftig mit etwas zusammengestoßen sei.

Ansonsten war das Haus von gesetzter kontinentaleuropäischer Behaglichkeit. Mr. Lawrence sah aus wie ein gipserner Gartenzwerg, der in einem Vorgarten auf einem Fliegenpilz sitzt. Gleichzeitig hatte er eine gewisse Ähnlichkeit mit einem Selbstporträt van Goghs. Er wirkte verfilzt und feucht und sah aus, als sei er gerade erst von einer unbequem verbrachten Nacht in einer sehr finsteren Höhle zurückgekehrt, wo er sich vielleicht in der Finsternis vor etwas versteckt hatte, auf das er seinerseits zugleich Jagd machte.

Die Farbe seines Haars, einst leuchtend rot, war jetzt von Krankheit abgestumpft, als habe Staub oder Asche diese Flamme erstickt. Manchmal hing es ihm über die blitzenden und forschenden Augen hinab, so daß er nichts sehen konnte. Sein Blick war traurig von Krankheit; bisweilen legte er eine eifrige Raschheit an den Tag, als fürchte er, etwas könne unvollendet bleiben. Bei anderen Gelegenheiten blieb er im Gespräch zurück, als versuche er kraftvoll die Zeit zum Stillstand zu bewegen.

Obwohl höflich und liebenswürdig, war er entschlossen, uns den Eindruck zu vermitteln, daß er einfacher Leute Kind sei, die schwer hatten arbeiten müssen (abgesehen von seiner Ehe mit Mrs. Lawrence war das die große romantische Idee, die sein Leben bestimmte), und es schien, als wolle er mit Hinweisen auf den krassen Gegensatz zwischen seiner und unserer Kindheit erreichen, daß wir uns peinlich berührt fühlten. Doch wir konnten nichts dazu. Unsere Kindheit war die Hölle gewesen, und wir waren nicht bereit, uns Unbehagen verursachen zu lassen.

Mr. Lawrence sprach ziemlich viel mit uns über unsere Eltern und schrieb ihnen Merkmale zu, deren sie ganz und gar ermangelten. So erklärte er, sie seien schrecklich ineinander verliebt, während sie in Wirklichkeit nur dann aufhörten, miteinander zu streiten und sich gegenseitig Steine in den

Weg zu legen, wenn sie sich zusammenschlossen, um ihre Abkömmlinge zu peinigen.

Der arme Mr. Lawrence hatte einen ziemlich schlimmen Komplex. Er haßte Männer, die blendend aussahen, wie auch solche, die »Herren« waren.

Etwa zu der Zeit, da wir ihn besuchten, oder etwas später, schrieb er *Lady Chatterley,* in meinen Augen ein überaus schmutziges und wertloses Buch ohne literarische Bedeutung und des Mannes unwürdig, der »The Snake« (Die Schlange) und »Mountain Lion« (Der Silberlöwe) hatte schreiben können – zwei wunderschöne und äußerst anrührende Gedichte. Der Abscheu, den er in *Lady Chatterley* für Sir Clifford Chatterley an den Tag legte, war praktisch eine Manie. Sir Clifford war verbrecherischerweise Baronet und hatte, gleich den meisten Männern, im Ersten Weltkrieg wie ein Tiger gekämpft, statt in der Sicherheit der Heimat zu bleiben, es mit den Frauen anderer zu treiben und mit schriller Stimme über die Schwierigkeiten zu klagen, unter denen er gelitten hatte.

Sir Clifford haftete außerdem der Makel an, ein berühmter Schriftsteller zu sein. Ruhm sollte Menschen vorbehalten bleiben, die sich aufführen wie die Bewohner des Affenfelsens im Zoo.

Das Buch enthält gewisse bemerkenswerte Geschmacksverirrungen, wie beispielsweise die, als Mellors, der ehebrecherische Waldhüter, über seinen Herrn, der im Krieg an entscheidender Stelle verwundet worden war, sagte: »Er sagte mir mehr oder weniger, ich wäre ein unehrenhafter Kerl, der mit aufgeknöpftem Hosenladen herumläuft« (nichts hätte der Wahrheit mehr entsprechen können) »und ich ihm, daß er ja nichts aufzuknöpfen hätte. Ein Mann wie Sie, Sir Clifford, ist nicht in der Lage, mich dafür zu verhöhnen, daß ich 'nen Sack zwischen den Beinen hab.«

Niemand scheint Mellors durchgeprügelt zu haben, was er

verdient gehabt hätte, und allem Anschein nach hat sich der stupidere Teil des britischen Lesepublikums diese unaussprechlich schweinische, grausame und übelriechende Sprechweise als schönes Beispiel für die großartige unverblümte Ausdrucksweise der Arbeiter auftischen lassen.

Kein anständiger Arbeiter, kein anständiger Mann aus welcher Gesellschaftsschicht auch immer, hätte eine solche Äußerung getan. Sie ist des Affenfelsens würdig. Meine Achtung vor meinem eigenen Geruchssinn und dem meiner Leser hindert mich daran, Mr. Lawrences begeisterte Beschreibungen von Mellors' sexueller Ausrüstung zu zitieren. Einmal allerdings gab es eine Enttäuschung, denn Mellors' sexuelle Ausrüstung blieb hinter den Erwartungen zurück. Doch gab es einen Ausgleich dafür, denn die widerliche kleine Nymphomanin, mit der er sich eingelassen hatte, brachte es fertig, das kostbare Stück mit Vergißmeinnicht zu bekränzen!

Ich glaube nicht, daß die schmutzigen Wörter in diesem Buch einen so verderblichen Einfluß haben wie die Beschreibungen des Geschlechtsakts, die meiner Ansicht nach bei jungen Leuten jeden Wunsch nach Liebe abtöten müssen.

In der Literaturausgabe der *Times (Times Literary Supplement)* heißt es am 29. Juni 1962 in der Rezension der Übersetzung von Jean Rostands *Bestiaire d'Amour:* »Er behandelt heftige Liebkosungen von Nacktschnecken, verführerisches Verhalten von Schalentieren, einige Sekunden des Sichvergessens bei Seidenraupen, die üppige Rundung des Oberschenkels von Krötenweibchen und so weiter. Mr. Rostands Wortwahl scheint durchgehend bewußt sinnlich zu sein.«

Das hätte man auch über *Lady Chatterley* schreiben können.

So weit mein Standpunkt.

Mr. Rupert Furneaux hat jedoch in dem hervorragenden siebten Band seiner »Famous Criminal Cases« (Berühmte Kriminalfälle) gesagt: »Vielleicht möchte der Leser an die in

*Field and Stream** erschienene berühmte Rezension der amerikanischen Ausgabe erinnert werden:

Obwohl vor vielen Jahren verfaßt, hat der Verlag Grove Press *Lady Chatterley* jetzt neu aufgelegt, und dieser anschauliche Bericht vom alltäglichen Leben eines englischen Waldhüters ist für Leser, die das Leben im Freien schätzen, voll aufschlußreicher Einblicke, enthält er doch zahlreiche Passagen über Fasanenaufzucht, Festnahme von Wilderern, Tips zur Schädlingsbekämpfung und eine Vielzahl anderer Aufgaben und Pflichten eines Waldhüters. Da der Leser unglücklicherweise genötigt ist, sich durch zahlreiche Seiten mit nicht zugehöriger Materie durchzuarbeiten, bis er auf die erhellenden Einblicke in die Art der Führung eines Jagdreviers in den Midlands stößt und sie zu würdigen vermag, kann dies Buch nach Ansicht des Rezensenten keinesfalls die Stelle von J. R. Millers *Practical Gamekeeping* [etwa: Praktische Hege] einnehmen.

Wie schon gesagt, ich halte das Buch als Kunstwerk für wertlos. Ich kann mit Bezug darauf lediglich ein aus fünf Buchstaben bestehendes Wort** verwenden, das – bis Mr. Lawrence es zu einem seiner Lieblingswörter erkor – von unseren Cricket, Golf und Tennis liebenden Landsleuten ausschließlich im Zusammenhang mit solcherlei Zeitvertreib verwendet werden durfte, nicht aber im Zusammenhang mit der Art, die Mr. Lawrence interessiert hat.

*

* Entspricht in etwa unserem *Wild und Hund.* [Anm. d. Übers.]

** »Wörter aus vier Buchstaben« (four-letter words) ist der englische Begriff für unanständige oder obszöne Wörter, und von denen setzt sich E. S. hier spöttisch mit dem »five-letter word« (balls-Eier) ab. [Anm. d. Übers.]

Doch kehren wir zu jener Teegesellschaft zurück. Ein Teil der Konversation bestand darin, daß mir Mrs. Lawrence die eigentlichen Bewohner Bloomsburys - in manchen Fällen richtig - erklärte und berichtete, wie sie Lawrence vor den Fallstricken hatte bewahren müssen, die jene für ihn ausgelegt hatten.

Das Paar kann nie einen Augenblick der Langeweile erlebt haben, denn jeder, der die beiden kennenlernte, hieß es, verliebte sich entweder in ihn oder in sie. Alle Menschen galten als potentielle Verführer, und man mußte mit äußerster Raffinesse vorgehen, um ihre Anschläge zunichte zu machen, denn sie achteten weder Alter noch Geschlecht.

Alles konnte jederzeit und an jeder Stelle geschehen, und auch wenn es *nie* geschah, verdarb das keinem die Freude.

Wir sahen Mr. und Mrs. Lawrence nicht wieder, denn obwohl wir gar nicht genug Zeit gehabt hatten, uns in sie zu verlieben, galten wir, da wir es nicht getan hatten, automatisch als abartig, und unsere Beziehung wurde angespannt, um es sehr zurückhaltend auszudrücken.

Als Ergebnis der Schwierigkeiten sagte ich bei einem Vortrag in Liverpool, Lawrence sei der Kopf der Jaeger-Schule der Literatur, da er heiß, weich und wirr sei.

Die Herren Jaeger erhoben nachsichtig Einwände. »Wir *sind* weich«, ließen sie mich in einem Brief wissen, »und wir sind auch wirr. Aber aufgrund unseres Systems langsamer Leitfähigkeit sind wir *niemals heiß.*«

Ich erwiderte und bat sie, ein solches System der langsamen Leitfähigkeit für Lawrence zu erfinden, und fügte hinzu, ich bedauerte den Vergleich, denn die Zeit kann die Bedeutung von Werken dieser Herren nicht vermindern, was bei denen von Mr. Lawrence meiner Ansicht nach nicht der Fall ist.

Die Stunden,
die ich mit dir verbrachte, Geliebter

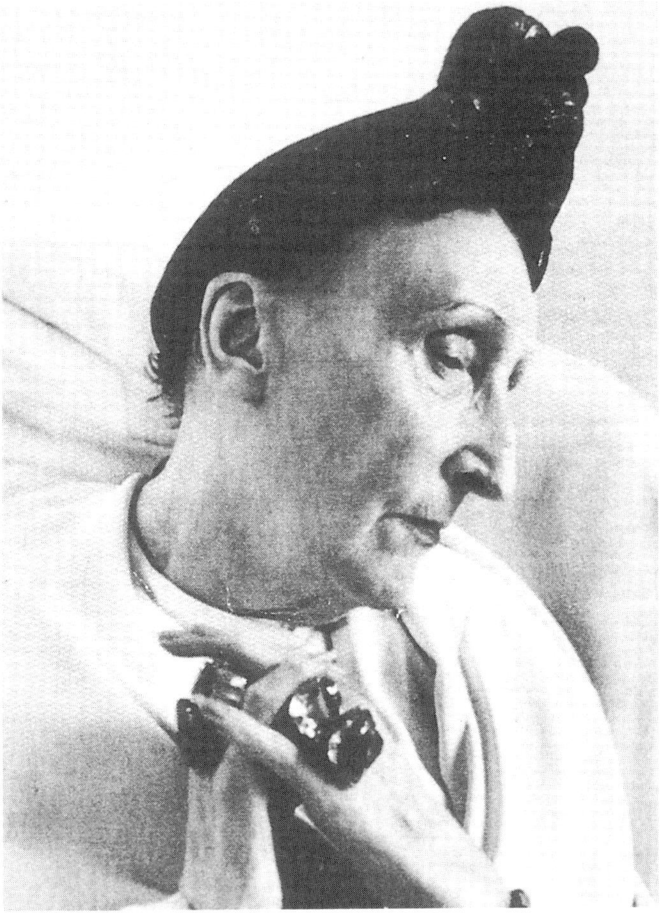

Edith
Photo von Cecil Beaton

Es gab beträchtlichen Aufruhr, als sowohl die einstige Königin von Ruritanien* wie auch die Comtesse de B. - die einst schöne einstige Freundin eines einstigen Monarchen in guter gesellschaftlicher Stellung (um Sir George Lewis' Beschreibung eines gewissen Herzogs zu zitieren) - am selben Tag wie wir bei meinen Eltern zum Mittagessen kommen wollten. »Wir können sie auf keinen Fall zusammen am Tisch haben«, sagte meine Mutter. »Warum nicht?« »*Warum nicht?* Weil man nie wissen kann.«

Schließlich einigten wir uns darauf, daß die einstige Königin zum von ihr vorgeschlagenen Termin empfangen werden sollte, Madame de B. hingegen einen Tag früher. An dem Tag, der für den Besuch Madame de B.s vorgesehen war, erscholl kurz vor ein Uhr im Schloßhof ein ehernes Brüllen wie das Blöken des Goldenen Kalbes, und herein preschte eine kühne Freibeuterin mit kräftigen Beinen. Sie war in Begleitung ihres Gatten. Es kam während des Mittagsmahls zu keinem berichtenswerten Zwischenfall, doch nach der Mahlzeit nahm mich Madame de B. beiseite und sah mich prüfend an. Ich fürchte, daß diese Inaugenscheinnahme nicht zufriedenstellend ausfiel. »Es ist selten«, sagte sie, »daß eine Frau ihr eigenes Leben führt. Offen gesagt wird das *nicht verstanden.*« Eine kurze Pause. »Stellen Sie wirklich diese *Dichtung* über die Menschenliebe?« »Nicht als Beruf, Madame de B.«

Nachdem die »schöne Helmschmiedin« aufgebrochen war, gaben wir uns einer ziemlich verdrießlichen und mürrischen Ruhe hin, in Vorbereitung auf die neuen Schwierigkeiten, die uns für den kommenden Tag bevorstanden.

»Ihre Majestäten«, hatte die diensttuende Hofdame meiner Mutter geschrieben, »werden sich freuen, wenn Sie keine große

* Ein Phantasieland, Schauplatz operettenhafter Räuberromantik, hier wohl als Deckname verwendet. [Anm. d. Übers.]

Gesellschaft zu ihrer Begrüßung einladen.« Also hatten wir eine stille Mittagsgesellschaft, allein mit einstiger Königin und einstigem König, der diensttuenden Hofdame und einem Kammerherrn. Die Königin war eine freundliche, verblühte Dame, mit schwarzen Wollstrümpfen und herrlichen Perlen.

»Ihre Tochter trägt ihre Haare nicht kurz?« sagte sie zu meiner Mutter.

»Nein, Ma'am.«

»So ist es brav, recht so. So sollte es sein. Es ist die erste Frage, die ich jeder Mutter stelle. ›Gestatten Sie Ihrer Tochter, das Haar kurz zu tragen?‹ Daraus erschließe ich mir alles andere, ja, alles.«

Kurze Pause. »Ihre Söhne sind nicht anwesend.«

»Nein, Ma'am.«

»Aber sie polieren ihre Nägel doch nicht etwa?«

»Nein.«

»*Das* ist guu-u-uut! So sollte es sein. Über einen jungen Mann will ich immer wissen: ›Poliert er sich die Nägel?‹, und wenn ich ›Nein‹ höre, sage ich ›Das ist gut.‹ Daran erkenne ich, daß alles zum besten steht.«

Auf den Flügeln einer solchen Konversation und einer angeregten Unterhaltung über empfangene und abgesandte Weihnachtskarten früherer und künftiger Jahre sowie des laufenden Jahres verging die Mahlzeit rasch.

»Mir gefällt Ihr englischer Brauch«, sagte Ihre Majestät.

»Ach ja?«

»Aber man darf es nicht übertreiben. Man muß stets etwas auswählen, das eine Beziehung zur Jahreszeit, zum Schenkenden und zum Empfänger hat. Im vorigen Jahr bekam beispielsweise meine liebe Schwiegertochter eine Karte, auf der eine Drossel abgebildet war, die auf einem Fliederzweig sang, und darunter stand: »If Winter Comes« (Wenn der Winter kommt), nach dem Titel jenes wundervollen englischen Romans, den wir alle so gern gelesen haben. Aber ich halte das nicht für richtig.«

»Zweifellos sehr künstlerisch«, sagte ich zu ihr.

»Aber, mein liebes Kind, paßt es zur Jahreszeit?«

Nach den Weihnachtskarten sprachen wir über die Briefmarkensammlung des Bruders der Königin, und danach über Krocket-Ergebnisse.

Dann sagte der König zu mir: »Ich habe gehört, daß sich Hunde zu Tode grämen können, wenn ihr Herr sie verläßt. Mein Hund mag mich, jedenfalls sieht es so aus. Meinen Sie, er würde sich zu Tode grämen, wenn ich fortginge?«

Ich sagte, das sei sehr wahrscheinlich.

Nach einer kurzen Weile fragte er: »Sie malen, nicht wahr?«

»Nein.«

»Aber Sie sollten malen lernen und dann einen Hund porträtieren, nachdem dessen Herr fortgegangen ist.«

Endlich bewegte sich der Tag träge in einen langen lackierten Nachmittag! . . .

Damals wie heute suchten Unterbrechungen mein Leben heim, die weit ermüdender waren als die beschriebene, da sie weniger Spaß machten. Ich könnte eine Prüfung ablegen über das Hühnerauge, unter dem meine Tante Naomi 1902 litt . . . in London wurde ich nicht nur häufig unterbrochen - diese Unterbrechungen schienen auch ebenso endlos zu sein, wie sie unnötig waren.

Diese häufig beklagten Vorfälle begannen mir die Zeit zu stehlen, als ich in Pembridge Mansions lebte.

Etwa so:

AUSZUG AUS EINEM WOCHENBLATT

Miss Sitwell, die priesterlicher aussieht denn je, wie Johannes der Täufer in einem Salon von Chelsea ...

*

Szene: Miss Sitwells Wohnzimmer in Pembridge Mansions. Priesterliche Frau liegt, einen Füllhalter in der Hand, auf dem Sofa.

The Gardener was old as tongues of nightingales
That in the wide leaves tell a thousand Grecian tales.

Der Gärtner war so alt wie Nachtigallenzungen
Die unter breiten Blättern
Tausend Geschichten aus dem alten Griechenland erzählen.

*

Eintritt MRS. YOUNG, *meine Zugehfrau, eine reizende, warmherzige Irin – Kriegerwitwe:* »Jemand wünscht Sie am Telefon zu sprechen, Miss.«

PRIESTERLICHE FRAU: »Sagen Sie, ich bin tot, Mrs. Young. Sagen Sie, der Betreffende soll eine Nachricht hinterlassen.«

MRS. YOUNG *(kommt wieder)*: »'S ist Mr. Muggleby Lion. Er läßt sich nicht abwimmeln, Miss. Er sagt, 's ist wichtig. Er sagt, er kann keine Nachricht hinterlassen. Er will später noch mal anrufen.«

Priesterliche Frau sinkt zurück. Eine Stunde Frieden.

PRIESTERLICHE FRAU *murmelt vor sich hin:* »... tausend Geschichten aus dem alten Griechenland ...«

MRS. YOUNG *tritt ein:* »Lady Bandbox ist am Apparat, Miss. Sie sagt, sie muß mit Ihnen sprechen.«

PRIESTERLICHE FRAU: »Ach, sagen Sie ihr, sie soll zum – gehen. Haben Sie ihr das gesagt, Mrs. Young?«

MRS. YOUNG: »Ja, Miss ... Natürlich hab ich nicht genau gesagt, *wohin* sie gehen soll, aber ich hab es ihrer Vorstellungskraft überlassen.«

PRIESTERLICHE FRAU: »Sagen Sie ihr, ich sitze gerade in der Wanne, oder ich bin tot, und die Beerdigung ist morgen.«

MRS. YOUNG: »Gewiß, Miss.« *(Sie kehrt zurück)* »Lady Bandbox sagt, sie *muß* mit Ihnen selbst sprechen, Miss.«

PRIESTERLICHE FRAU *stürzt ans Telefon und schüttelt es heftig.* »Ja! Was *gibt* es? WAS GIBT es?«

STIMME AM ANDEREN ENDE: »Sie *müssen* zu den Vorträgen des Gurus kommen, Liebste. Sie sind *zu* fantastisch! Lauter Dinge über die Vierte Dimension und Zahlen. Wenn man 4 zu X hinzuaddiert und neun abzieht, bekommt man das F, die Wurzelzahl der Welt. Und dann die *Übungen,* die wir machen! Wir stehen auf einem Bein und stecken den Kopf unter die Arme, und wenn uns das Blut in den Kopf strömt, sind wir im Zustand des vollständigen Bewußtseins, und der Kosmos ist gleich nebenan, und wir stürmen hin und prallen in die Vierte Dimension ab ... Es ist alles völlig klar. Und dann geht es mit den Zahlen weiter ... Es ist zu schön, wir werden die Zahlen nicht mehr durcheinanderbringen, sagt er, wir brauchen uns nur die Drei und die Fünf zu merken, das wird in unserem Leben einen grundlegenden Unterschied ausmachen – vor allem Dreien.«

PRIESTERLICHE FRAU *(verdächtig gelassen)*: »Ja, ich weiß. Wie die drei Kugeln vor einer Pfandleihe.«

LADY BANDBOX *(entzückt)*: »Genau, Liebste ... das heißt ...«

PRIESTERLICHE FRAU *(reißt sich los)*: »Wein, Weib und Gesang, oft jedenfalls!« (*Kehrt zum Sofa zurück, denkt*: »Ich versuch nichts zu *schreiben.* Ich überarbeite nur, was ich schon habe.«)

(Eine halbe Stunde Ruhe)

MRS. YOUNG *tritt ein*: »Mr. Muggleby Lion ist am Apparat, Miss.«

PRIESTERLICHE FRAU *(außer sich)*: »Nicht schon *wieder*, Mrs. Young!«

MRS. YOUNG *(mitfühlend)*: »Ich fürchte doch, Miss. Es ist wirklich zu schrecklich.«

PRIESTERLICHE FRAU: »Der Teufel soll ihn holen, Mrs. Young. *(Pause)* Haben Sie ihm das gesagt?«

MRS. YOUNG: »Ja, Miss. Ich hab's 'n bißchen umschrieben. Aber ich hab ihm klar gesagt ›Sie müssen Miss Sitwells Launen nicht ertragen, Sir. Aber ich‹.«

PRIESTERLICHE FRAU: »Tut mir leid, Mrs. Young.«

MRS. YOUNG *(freundlich)*: »Sie sollten besser ans Telefon gehen, Miss. Er läßt sich nicht abwimmeln. Falls aber doch, ruft er wieder an.«

PRIESTERLICHE FRAU *(stürzt wild ans Telefon und schüttelt es wie ein Terrier eine Ratte schüttelt)*: »Was *gibt* es, Mr. Muggleby Lion?«

DÜMMLICHE STIMME: »Ich muß Sie sehen!«

PRIESTERLICHE FRAU: »Warum?«

DÜMMLICHE STIMME: »Nun, es gibt eine ziemlich wichtige Sache. Man könnte sogar sagen, eine *sehr* wichtige.«

PRIESTERLICHE FRAU: »Ich bin gerade mitten in der Arbeit an einem Gedicht, Mr. Muggleby Lion.«

DÜMMLICHE STIMME: »Ich störe Sie *wirklich* ungern, aber es ist sehr wichtig. Daher werde ich heute nachmittag vorbeikommen und warten, bis Sie mich anhören.« *(Legt auf)*

MRS. YOUNG: »Das Mittagessen, Miss.« *(Eine halbe Stunde später)* »Die Post.«

PRIESTERLICHE FRAU *(öffnet wahllos einen der Briefe)*: »Der kommt von einem Amerikaner.« *(Liest das Ende des Briefs ...)*: »Und ich sage Ihnen aufrichtig, es ist weihrauchdurchwehte Leidenschaft, von vorn bis hinten, denn Sie hatten vertrauten Umgang mit den Musen!«

MRS. YOUNG *(in tiefster Seele entsetzt, mit von Wut gerötetem Gesicht!)*: »Nie im Leben! Leidenschaft und vertrauter Umgang mit mehreren! Meine junge Herrin! Was der sich *herausnimmt!* Er soll sich bloß nicht hier blicken lassen!« *(Pause)*: »Ach je, die Klingel.« *(Sie geht öffnen, kehrt zurück: sagt trübsinnig)*: »Mr. Muggleby Lion, Miss.«

MR. MUGGLEBY LION: »Ich störe Sie nur ungern, aber ich habe soeben ein *Kleines Sonett* beendet, das ich Ihnen *unbedingt* vorlesen muß.«

PRIESTERLICHE FRAU *(kalt)*: »Es kann kein *kleines* Sonett sein, Mr. Muggleby Lion, Sonette sind alle von gleichem Umfang.«

Dann ist da noch die Post ...

Nur selten vergeht ein Tag, ohne daß irgendein aufstrebender Dichter mit dem Wunsch kommt, ich möge über ihn oder sein Lebenswerk ein Urteil abgeben oder daß mich irgendeine plauschsüchtige Hausfrau mit Ereignissen von abgrundtiefer Banalität ergötzt. Dann sind da noch die Briefe von Geistesgestörten. Sie bilden mein besonderes Entzücken. Es ist vorgekommen, daß ich den einen oder anderen beantwortet habe. Ich wähle aufs Geratewohl einige Kostproben aus:

Brief eines Zwanzigjährigen, der in der Luftfahrt zum Bodenpersonal gehört: »Ich weiß so gut wie nichts über Ihre eigene dichterische Laufbahn, weiß nur, daß Sie Dichterin sind«, schrieb er. »Alle Dichter brauchen ihren Kritiker. Ob der Rat angenommen wird oder nicht, ist eine Sache, die ausschließlich den Dichter selbst angeht.«

Er und seine Freunde, hieß es dann, »kämpfen gegen die Jungfräulichkeit der Moral« – was auch immer das bedeuten mag. Das war aber noch nicht alles. »Ich habe im Lauf der vergangenen sechs oder sieben Jahre das Unausdrückbare auszudrücken versucht, mich bemüht, die Kluft zwischen der Sterblichkeit zu überbrücken, um *Gott zu werden!* [Hervorhebung von mir.] Es ist ein schwieriges und gefährliches Leben, und indem ich es führte, habe ich möglicherweise mich und die Welt um Beziehungen gebracht. Das betrübt mich, und ich bin häufig versucht, der Dichtung Ade zu sagen; doch ist mein Leben bereits geweiht, es gibt kein Zurück.«

Auf meine bescheidene Weise hat mich natürlich das Obenstehende beeindruckt, und ich wußte nicht, was ich darauf antworten sollte.

Einige Abende später bekam ich einen Brief von einer in Croydon lebenden Dame – mir gleichfalls unbekannt, und gleichfalls ein Genie. Ich habe vergessen, was sie wollte, außer daß sie mir gebot, meine Arbeit niederzulegen und das Banner ihres Genies vor der Menge zu schwenken. »Mit Strawinski, Tortelier und Prokofiew kommt die Bewegung allmählich in Gang«, schrieb sie. »Aber diese Leute sind nicht universell genug, daher darf man sie nicht mit Dingen behelligen, die außerhalb ihrer Sphäre liegen. Ich bin das genaue Gegenteil und habe soviel Energie, daß es ich trotz 2000 Skizzen, 3 Dutzend Gemälden, gut 20 000 Wörtern in Artikeln und 10 000 für meinen vierten Roman, meinem großen Bild, Briefen und mehreren Dutzend Gedichten, Hunderten von Entwürfen usw., *alles in acht Monaten* [Hervorhebung von mir] *nach wie vor nach weiterer Arbeit dürste.*« [Anmerkung: Ich übertreibe nicht. E. S.]

Da ich den Aufruf, tätig zu werden, nicht binnen einer Woche beantwortete, schrieb mir die Dame einen heftigen Brief, in dem sie mich beschuldigte, a) auf ihre Genialität und b) auf ihren Ruhm eifersüchtig zu sein.

Dann war da noch eine Mrs. X., die mir aus Aberdeen schrieb – (in *The Listener* waren gerade zwei meiner Gedichte erschienen):

Liebe Dame Edith Sitwell,
Ihr kürzlich im *Listener* erschienenes Gedicht hat mich an Dorothy Perkins denken lassen, eine Nichte meines in Glas-

gow lebenden Schwagers Pfarrer Alf Perkins, mit dem ich bei einem Besuch dort sprach. (Ich war ihre Tante Jessie aus Schottland, damals Mrs. Hobson.) Ich erinnere mich, daß sie gerade von einem Besuch bei Ihnen zurückgekehrt war. Zweck meines Schreibens ist es, festzustellen, ob Sie noch in Verbindung mit ihr stehen. Falls ja, geben Sie mir bitte ihre Anschrift und schreiben Sie ihr bitte, sie solle sich bei mir melden.

Sie hat mich einmal am Bahnhof von Lincoln abgeholt, und ich habe eine Weile Gastfreundschaft in ihrem Heim in Lincolnshire genossen.

Sofern Sie nicht in Verbindung mit ihr stehen, stellen Sie bitte fest, wo sie sich aufhält.

Mit besten Grüßen

Zu jener Zeit war ich fast verrückt vor Zorn darüber, daß ich mit meiner Arbeit nicht vorankam, denn ich hatte viel zu tun und war wild entschlossen, mich nicht aufhalten zu lassen. Ich antwortete:

Liebe Mrs. X.,
Ich habe bekanntlich nie etwas zu tun, und so vertreibt mir die Aufgabe, die Anschrift eines Menschen zu ermitteln, von dem ich noch nie gehört habe, die Zeit auf die angenehmste Weise.

Allerdings . . . Bei welchem meiner beiden Gedichte im *Listener* mußten Sie an Dorothy Perkins denken? Im einen ging es um ein dralles Bauernmädchen, im anderen um eine alte Dame, die einst dem ältesten Gewerbe auf der Welt nachgegangen war.

Ich habe nie etwas von Miss Dorothy Perkins gehört, geschweige denn sie kennengelernt, und so kann sie mich kaum besucht haben. Ich habe auch nie von einem Pfarrer Alf Perkins aus Glasgow gehört. Es ist mir offen gestanden gleichgültig, ob Sie Miss Perkins' Tante Jessie aus Schottland waren oder nicht, und auch, ob Sie damals Mrs. Hobson waren oder nicht.

Ebenso ist es mir gleichgültig, ob Miss Perkins Sie am Bahnhof von Lincoln abgeholt hat oder nicht, und, sofern sie es getan hat, Sie in ihrem Heim in Swallow aufgenommen hat. Warum bitten Sie nicht Pfarrer Alf Perkins in Glasgow um die Anschrift seiner Nichte, statt mich zu belästigen? Gewiß ist er eher imstande, sie Ihnen zu geben, als ein Ihnen allen völlig unbekannter Mensch.

Mit besten Grüßen

P.S. Nachdem ich das Obenstehende geschrieben hatte, habe ich erfahren, daß man zuletzt aus Mitylene von Miss Perkins gehört hat, wo sie für einen Mr. Bolt gearbeitet haben soll.

Vom Genie aus Croydon bekam ich diese letzte Mitteilung:

Sehr geehrte Dame,
Ich wäre Ihnen aufrichtig verbunden, wenn Sie mir meinen Text über die Schöpfung sowie meine beiden Briefe zurückschicken könnten, die ich Ihnen vor einigen Tagen zugesandt habe. Während Jordan, Mr. Holt Molesly und Picasso die Öffentlichkeit nach Strich und Faden schröpfen, muß ich buchstäblich auf Händen und Füßen darum betteln, daß ich den Menschen helfen darf, ihre heitere Gelassenheit zurückzugewinnen. Ich hatte angenommen, Sie seien groß genug, um zu helfen, aber offenkundig ist Ihre Energie im Schwinden begriffen.

Ich erwarte Ihre Antwort.

P.S. Fürchten Sie, von einem Genie in den Schatten gestellt zu werden, wenn Ihre weltliche Kunst auf dem Gebiet der Kunst stockt, und nicht im Leben?
P.P.S. Sofern ich bitter bin – wieso nicht? Ich tue an einem Tag mehr als andere *in 1 Jahr, und niemand sieht es.* Oder ist Größe, die aus der Inspiration kommt, zu erhaben, als daß Sie sie erreichen könnten?

Das Publikum soll lachen

Edith
Photo von Cecil Beaton

F*açade*, die Gedichte, die damals mit Spott und Hohn übergossen wurden, und an denen niemand außer mir im geringsten Schuld hat, verfaßte ich 1922. Der Komponist William Walton und ich haben dabei enger zusammengearbeitet, als es bei der Vertonung von Gedichten üblich ist, da er damals gemeinsam mit meinen beiden Brüdern ein Haus bewohnte. Von ihnen stammte der Einfall zu dieser Zusammenarbeit, und in ihrem Hause fand im Januar 1922 die erste Aufführung im privaten Rahmen ohne jedes Aufsehen statt.

Die erste öffentliche Aufführung im Juni 1923 im Konzertsaal Aeolian Hall allerdings war dann alles andere als friedlich. Wohl noch nie war ein neues Werk mit einem größeren und eindrucksvolleren Hagel von Schmähungen bedacht worden. Zwar sind an deren Stelle inzwischen ebenso große und eindrucksvolle Lobeshymnen getreten, doch damals suchte man vergeblich nach Lob. Im Gegenteil, ein Teil der Zuhörerschaft nahm eine so drohende Haltung ein, daß man mir riet, hinter dem Vorhang verborgen auf der Bühne zu bleiben, bis die Leute es müde würden, auf mich zu warten, und nach Hause gingen.

Manch ein von der Aufführung aufgebrachter und beunruhigter Zeitungskritiker stürmte aus dem Saal, fing einen vorübergehenden Briefträger ab und fragte ihn, was er von der Sache halte, eilte dann zum Saal zurück, lauerte einem Feuerwehrmann auf und bat diesen um seine Meinung. Jene neuzeitlichen Platzhalter des Delphischen Orakels gaben prompt und ohne Umschweife Auskunft. Ihrer Ansicht nach war ich verrückt.

Da sich diese Ansicht selbstverständlich mit der der Kritiker deckte, diente sie dazu, deren Meinung zu verstärken und zu bekräftigen. Ich hoffe, man unterstellt mir keine Anwürfe gegen den Bildungsstand von Kritikern, Briefträgern oder Feuerwehrleuten. So etwas läge mir fern. Ich sage lediglich, daß sie, wie auch andere Hüter der ästhetischen Überlieferung und der Reinheit der englischen Sprache, ihre Meinung voreilig geäußert und ihren Urteilsspruch übereilt gefällt haben.

Zu der Zeit, da ich mit dem Schreiben begann, war, bedingt durch die bei einem Teil der unmittelbar vor unserer Zeit entstandenen Dichtung zu beobachtende Schlaffheit der Rhythmen, die Unbelebtheit der verwendeten Wörter und die vorgegebenen immer gleichen toten Muster, ein Wandel in der Richtung, der Bildsprache und der rhythmischen Gliederung von Gedichten erforderlich geworden.

Der Rhythmus ist einer der wichtigsten Vermittler zwischen Traum und Wirklichkeit. Man kann sagen, er habe in der Welt der Klänge dieselbe Bedeutung wie das Licht in der des Sehens. Er gestaltet und gibt neuen Sinn. Schopenhauer hat Rhythmus als Melodie bezeichnet, der man die Tonhöhe genommen hat.

Die in *Façade* enthaltenen Gedichte sind in vielen Fällen virtuose technische Übungen von höchstem Schwierigkeitsgrad, genauso wie gewisse Etüden bei Liszt Übungen in transzendentaler musikalischer Technik sind:

> Thetis wrote a treatise noting wheat is silver
> like the sea; the lovely cheat is sweet as
> foam; Erotis notices that she . . .*

Da ich imstande gewesen war, so etwas wie *Façade* zu verfassen, nahm man an, der Zustand der Welt und das Elend meiner Mitmenschen kümmerten mich nicht – man hielt mich für eine exzentrische und herzlose Närrin und für unfähig, etwas anderes als Werke in der Art von *Façade* zu schreiben.

* Da es um Klänge geht, ist eine Übersetzung hier eigentlich sinnlos. Wörtlich lautet der Text: »Thetis schrieb in einer Abhandlung: Weizen ist / silbern wie das Meer; der herrliche Schwindler ist süß wie / Schaum; Erotis merkt, daß sie . . .« [Anm. d. Übers.]

Diese Meinung wurde weithin, immer wieder und in heftigen Worten geäußert. Doch auch hier wieder waren diejenigen, die sie vertraten, mit ihrem Urteil voreilig. Ich habe seither andere Gedichte geschrieben.

Und jetzt endlich ist diesen Menschen aufgegangen, daß *Façade* ein größtenteils heiteres Werk ist, auch wenn bisweilen verhüllte Trauer darin liegt. Das Publikum soll lachen. Aufgegangen ist ihnen auch, daß dem Werk jegliche Gehässigkeit wie auch die dumme und ordinäre Gemeinheit dessen abgeht, was man als »die Menschen auf den Arm nehmen« bezeichnet, und daß die alte Unterstellung absurd ist, wir hätten Reklame für uns selbst machen wollen, indem wir uns eines Megaphons bedienten. Das taten wir auf Anraten meines Bruders Sacheverell, der die Vorstellung inszeniert hatte, weil sonst die Stimme des Sprechers über der Musik nicht zu hören gewesen wäre.

*

Und jetzt zu den Gedichten. Wie bereits gesagt, handelt es sich bei vielen von ihnen um Übungen in transzendentaler Technik. Beispiele dafür sind »Fox-Trot«, »I Do Like to be beside the seaside«, »Sir Beelzebub«, »Something lies beyond the Scene«, »The Waltz« und »The Hornpipe«. Viele von ihnen sind ausgelassen in dem Sinne, wie es Strawinskijs *Chansons Plaisantes* sind – doch vom ästhetischen Standpunkt aus sind sie nichtsdestoweniger ernsthaft.

Ein Grund für das Mißverständnis, zu dem es im Zusammenhang mit diesen Gedichten gekommen ist, liegt darin, daß es sich bei ihnen um abstrakte Muster handelt, wie auch bisweilen Bilder abstrakte Muster sind.

Cocteau schrieb über ein Werk dieser Art: »Für die Mehrheit kann ein Werk nicht schön sein ohne einen Handlungskern, bei dem es um Mystizismus oder Liebe geht . . . Kürze, Heiterkeit und Trauer ohne eine Liebesgeschichte sind suspekt.«

Die technischen Experimente in diesen Gedichten bestehen größtenteils darin, daß die Wirkung des Rhythmus und die Häufigkeit der Abfolge von Reimen überprüft werden; Assonanzen und Dissonanzen werden nicht ans Versende gesetzt, sondern an den Anfang, und sie werden in verschiedenen und äußerst kunstvollen Mustern die ganze Strophe hindurch verwendet; außerdem wird die Tempowirkung gleichwertiger Silben untersucht. Damit meine ich, daß ein dreisilbiges Wort innerhalb eines Verses den Eindruck eines rascheren Tempos hervorruft als drei gleichwertige einsilbige Wörter. Die Verwendung zweier Reimwörter jeweils unmittelbar hintereinander am Ende zweier aufeinanderfolgender Verse wirkt wie Luftsprünge.

»Sally, Mary, Mattie, what's the matter, why cry?«
The huntsman and the reynard-coloured sun and I sigh;

»Sally, Mary, Mattie, was ist, warum weint ihr?«
Der Jäger und die reinekefarbene Sonne und ich seufzen;

Mit Hilfe anderer Experimente sollte die Wirkung verdickender und verdünnender, verhärtender und aufweichender Konsonanten auf den Rhythmus entdeckt werden, wie in gewissen Versen aus dem Gedicht »Waltz«

The stars in their apiaries,
Sylphs in their aviaries,

Die Sterne im Bienenrund,
Sylphen im Wiesengrund,

Auf sie folgen Verse, die teils mit einer Dissonanz, teils mit einem Reim enden:

Seeing them, spangle these, and the sylphs fond
From their aviaries fanned
With each long fluid hand
The manteaux espagnols
Mimic the waterfalls
Over the long and the light summer land.

Sehen das Flittern
Und Sylphen beglückt,
Vom Wiesengrund abgewandt
Von dieser schlanken Hand
Der manteau espagnol
Fällt wie der Wasserfall
Lang übers lichte umsommerte Land.

Bei diesem Gedicht entsteht der Walzertakt dadurch, daß in den ersten Versen am *Anfang* wie am *Ende* zweisilbige Reime verwendet werden.

Daisy and Lily,
Lazy and silly.

Bessie und Lilly,
Lässig und willig.

auf die zwei lange Verse mit Assonanzen folgen:

Walk by the shore of the wan grassy sea,
Talking once more 'neath a swan-bosomed tree.

Wandeln am Ufer, das Meer bleich wie Gras,
Verhandeln beim Baum mit dem Schwanenhals was.

Wegen dieser beiden Verse gab es großen Ärger mit den Kritikern, genauso wie bei der »reinekefarbenen Sonne« und dem »fasanenfedrigen Getreide« in »Fox Trot«. Hat denn noch keiner von ihnen eine rotgoldene Herbstsonne gesehen, ist keiner je an einem Getreidefeld entlang spazieren gegangen? Ein »grasgrünbleiches Meer«? Weist nicht die See häufig die Farbe sommerlichen Grases auf? Ein »schwanenbusiger Baum«. Hat noch keiner von ihnen je einen schneebedeckten Baum gesehen?

Von einigen der Gedichte scheint eine wilde Heiterkeit auszugehen, andere sind voll verhüllter Schwermut, einer von Munterkeit überlagerten Trauer.

Ihre offenkundige Heiterkeit ließ die Gedichte suspekt erscheinen. Sie waren nutzlos, Schmetterlinge, waren Schmarotzer. Trotz allem kann ich nicht umhin, an die Antwort zu denken, die der große Naturkundler des siebzehnten Jahrhunderts, John Ray, auf die Frage gegeben hat: »Welchen Nutzen haben Schmetterlinge?« »Sie sind dazu da, die Welt zu verschönern und das Auge des Menschen zu entzücken.« Und er fügte mit Bezug auf diese von Gottes Hand geschaffenen Schmetterlinge hinzu: »Wer kann ihre vollkommene Schönheit betrachten, ohne die Spuren göttlicher Kunstfertigkeit an ihnen zu erkennen und zu bewundern?« Immerhin tragen möglicherweise diese von Menschenhand verfertigten Gedichte die Spur menschlicher Kunstfertigkeit auf ihren Flügeln.

Edith
als Lady Macbeth

Während jener Zeit – wie auch vorher und später – bin ich zahlreichen Menschen begegnet, die inzwischen als ›Exzentriker‹ gelten.

Die Untersuchung der Frage, was Exzentrikertum ausmacht, fasziniert mich. Diese Erscheinung hat zahlreiche Facetten und berührt auch das Genieproblem sowie die Frage, worin Aristokratie des Geistes und des Verhaltens besteht.

Es handelt sich dabei *nicht*, wie uns sinnenstumpfe Menschen glauben machen wollen, um eine Form der Verrücktheit, wohl aber oft um eine Form unschuldigen Stolzes. Das Genie gilt wie der Aristokrat häufig als Exzentriker, weil einer wie der andere weder Furcht vor der Meinung und den wechselnden Modelaunen der Masse hat, noch sich davon beeinflussen läßt.

J. S. Sargent, ein äußerst bezaubernder und freundlicher Mann, hätte ohne weiteres in Anspruch nehmen können, Chronist der gewöhnlichen Welt der Exzentriker zu sein, in der alles verborgen bleiben muß und doch alles dem Blick offen dazuliegen scheint.

»Ich kann den Mann vor Ähnlichkeit mit sich selbst nicht sehen«, zitiert Virginia Woolf Roger Frys angeblichen Ausspruch mit Bezug auf eine der Äußerungen Sargents, mit deren Wahrscheinlichkeit er die Wahrheit verbarg. »Erstens hat der Collie, den der Herzog streichelt, eine sehr weiße Haarsträhne; zweitens sind die Stiefel des Herzogs auf Hochglanz gewienert; drittens ist sein Kragen sehr groß und steif, weil äußerst kräftig gestärkt; viertens war der Herzog sonnengebräunt, als er für sein Bild Modell stand. Nunmehr können wir zum Herzog selbst kommen.« Doch war Mr. Fry durch das »Zischen und Knistern von Mr. Sargent's Pinselstrichen schon so abgestumpft«, daß er »nichts sehen konnte«.

»Zischen und Knistern.« Darin ist seine stark ausgeprägte Gewöhnlichkeit ausgedrückt.

Aber es gab prachtvolle Ausnahmen. Eine war Roger Fry

selbst, der sich nicht das Geringste aus der öffentlichen Meinung machte, sondern stets in großartiger Weise er selbst war. Ich habe an anderer Stelle berichtet, wie dieser bedeutende Kritiker und ernsthafte Maler (in den Jahren nach 1910), den Pinsel in der Hand, mit hundertfünfzig Stundenkilometern auf den Knien an einer auf dem Fußboden ausgebreiteten Tapetenrolle entlangsauste und lediglich innehielt, um zu bewundern, welche Muster der Pinsel, eine verschüttete Tasse Kaffee oder sein Hund dadurch hinterlassen hatten, daß er sich in die nasse Farbe setzte. »Doch, eine *recht* interessante Wirkung«, pflegte er dazu zu sagen.

Ein blendendes Beispiel für *wirkliche* Exzentrik bot Lord Berners (für seine Freunde Gerald). Er stand in späteren Epochen in voller Blüte, aber seine Anfänge reichten in die Zeit König Edwards VII.

Seine Exzentrik ging ebenso wie die Squire Watertons auf seinen ausgeprägten Sinn für Spaßhaftes zurück. Er besaß eine unglaubliche Fähigkeit zur treffenden Antwort, was seine Widersacher aus Gründen der Selbstverteidigung auf Exzentrik zurückführten.

Einer seiner Bekannten hatte die unverschämte Gewohnheit, zu ihm zu sagen: »Ich hab mich für Sie in die Bresche geworfen.« Das wiederholte er einmal zu oft, und Lord Berners erwiderte: »Und ich mich für Sie. Jemand hat behauptet, Sie seien es nicht wert, mit Schweinen zu leben, und ich habe gesagt, Sie sind es doch.«

Eine eingebildete Frau aus seiner Bekanntschaft beschwerte sich, daß der Oberkellner eines Lokals sie und ihren Mann nicht sofort an einen Tisch geführt hatte, und sagte: »Wir mußten ihm sagen, wer wir waren.« Gerald fragte interessiert: »Und wer waren Sie?«

Als einmal mein Bruder Sacheverell, meine Schwägerin und ich bei den Berners zu Mittag aßen, betrat Geralds stattlicher, mürrischer, gewaltiger Butler Marshall das Eßzimmer mit einem riesigen Plakat. »Der Herr draußen fragt, ob Sie die Güte hätten, das zu unterschreiben, my Lord.«

Gerald betrachtete es aufmerksam und zuckte nervös. »Es würde nichts nützen, Marshall«, rief er dann aus. »Er kennt mich bestimmt nicht - hat wahrscheinlich noch nie von mir gehört.«

Es erwies sich, daß auf dem Plakat stand »Eine Bitte an Gott, daß wir Frieden in unserer Zeit haben mögen.«

Auch H. G. Wells fällt in die Kategorie der Exzentriker, und zwar nicht wegen besonders schrullenhafter Gewohnheiten oder Vorlieben, sondern eher wegen seiner ausgeprägten und ausdrucksvollen Durchschnittlichkeit. Man darf ihn mit Recht als Galionsfigur und Sprecher, als strahlenden Inbegriff von Strubes *Little Man* ansehen - wir finden bei ihm die gleichen Sorgen und Nöte, die gleiche Freiheitsliebe; sein Sinn für Gerechtigkeit, auch sein Aufbegehren gegen Autorität sind dieselben; nur daß Wells - im Unterschied zu Strube - über ein sehr großes und sorgsam geordnetes Gehirn verfügte sowie über eine äußerst nützliche, wenn nicht gar äußerst aufregende Fähigkeit, seine Gedanken in schriftlicher Form mitzuteilen. (Wörter, das sei an dieser Stelle gesagt, scheinen Mr. Wells hauptsächlich als Mittel gereizt zu haben, *Gedanken* weiterzugeben, keinesfalls aber als Mittel, Schönheit hervorzurufen oder Wohlklang zu erzeugen. Ein Autor sollte meiner Ansicht nach nicht von vornherein die Möglichkeit ausschließen, daß eins dieser wünschenswerten Ergebnisse des gekonnten Umgangs mit der Sprache entsteht.) Aber weiter.

Mr. Wells war durch und durch englisch; meiner Überzeugung nach hätte ihn kein anderes Land hervorzubringen vermocht, nicht einmal Deutschland, obwohl er eine teutonische Ernsthaftigkeit an den Tag legte, die bei ihm mit Spaßigkeit abwechselte. Ebenso, wie es trotz der Bemühungen deutscher

Architekten eines Engländers bedarf, um unsere Gartenstädte mit ihren zahlreichen Grünflächen und der dort üblichen Art von Intellekt hervorzubringen, bedurfte es der englischen Landschaft und Geisteshaltung, Mr. Wells hervorzubringen. In der Tat ist man in manchen Augenblicken geneigt zu glauben – sofern es stimmt, daß gewisse Städte der Antike zum Klang von Musik erbaut wurden, daß die Gartenstädte des gegenwärtigen Zeitalters aus dem Klang von Mr. Wells' Stimme entstehen. Zwischen ihnen und ihm besteht eine eigentümliche Verwandtschaft.

Auch den hochsinnigen John Galsworthy kann man wegen seiner sonderbaren Gewohnheit, sich am Hochadel zu weiden, sowie seiner geradezu manischen inneren Abhängigkeit von Bindungen innerhalb seiner eng umgrenzten Gesellschaftsgruppe als Exzentriker einstufen, und zwar als einen, der absonderlicher ist als gewöhnliche Exzentriker.

Begegnet bin ich ihm nur einmal. Dr. Meyerplatt, ein liebenswürdiger und fleißiger deutscher Jude, der Werke Oscar Wildes, John Galsworthys und anderer bedeutender englischer Autoren übersetzt hat, hielt sich damals gerade besuchshalber in England auf und sah es als Ehrensache an, Mr. und Mrs. Galsworthy mit meinen Brüdern und mir zusammenzubringen. Mrs. Galsworthy lud uns, ich könnte mir denken, eher gegen den Willen ihres Mannes, zum Abendessen ein. Sehr gegen meinen Willen nahm ich an, denn mir war bekannt, daß Mr. Galsworthy mich in recht freundlicher und nachsichtiger Weise als Autorin herabgesetzt hatte, die über »Tirilalla«-Vögelchen schrieb (was auch immer diese Zweifüßler sein mochten). Meine Brüder waren verhindert, doch zwang der fleißige Herr Doktor Mr. Galsworthy, eine zweite Einladung ergehen zu lassen, der Osbert Folge leisten konnte. Ich weiß nicht mehr, warum Sacheverell dazu keine Möglichkeit hatte, vielleicht hielt er sich außerhalb Londons auf.

Unsere Gastgeber waren entgegenkommend und freundlich. Es kam während meines Besuchs zu keinem Zwischenfall, nur sah Mr. Galsworthy meist durch mich hindurch, als sei ich aus Glas, und heftete bisweilen den Blick nachdrücklich auf meine sehr große Stirn – offenkundig beklagte er dies Phänomen als Werbung für geistige Fähigkeiten bei Frauen.

Ich bin voll rückhaltloser Bewunderung für Mr. Galsworthys Roman *Der reiche Mann*, was mich von der Mehrzahl der Angehörigen meiner Generation von Autoren unterscheiden dürfte. Ich halte ihn unbedingt für eine der besten Darstellungen des Leidens der Jugend, die je geschrieben wurde (und in dieser Beziehung ähnelt er dem weit bedeutenderen Buch *Anna Karenina*).

Kein fühlender Mensch wäre imstande, nicht von Mr. Galsworthys wahrhaft edlem Geist angerührt zu werden, seinem beständigen Eintreten für die Schwachen und Leidenden und seinem Erbarmen mit den Armen, und ich meine, wir dürfen nie aufhören, ihm dankbar dafür zu sein, daß er zumindest teilweise für die Abschaffung der Einzelhaft in unseren Gefängnissen gesorgt hat.

Daher ist das Nachstehende mehr ein Porträt der Regierungszeit König Georgs V. als das eines Mannes, der sich stets für das Recht einsetzte, *wie er es sah*. (Ich habe nie verstehen können, wieso er nicht gemerkt hat, wie grausam und widerlich in *Der reiche Mann* der Erzschurke Bosinney – immerhin seine Erfindung – die junge June behandelt.) Er schien geradezu der Inbegriff des sanften und zugleich strengen Aufstandes in der Regierungszeit König Georgs V. zu sein, zu dem es gehörte, daß man gegen pausbäckige Putten sowie Adelskrönchen auf Bett- und Tischwäsche aufbegehrte, die es der Himmelskrone gleichtun wollten – lauter Attribute aus der Zeit König Edwards VII.

In gewisser Hinsicht sah Mr. Galsworthy wie das Standbild

eines erfahrenen hochgeachteten Staatsmannes aus. Ich weiß nicht, ob er je einen Frack trug (denn er sah sich wohl als Landjunker an), doch schien diese Art von Kleidung seine geistige Heimat zu sein. Wäre er je imstande gewesen, es sich im Morgenmantel gemütlich zu machen, hätte er eine gewisse Ähnlichkeit mit der Puppe gehabt, die der vorsichtige Sherlock Holmes den üblen Anschlägen Dr. Moriartys und anderer als Ziel bot. Sicherlich hätte eine unsichtbare Kraft alle Viertelstunde seine Stellung verändert, um eine gewisse Lebensähnlichkeit vorzutäuschen.

Sein Gesicht war wie das eines altmodischen Anwalts. In seinen Zügen lag die besondere Gelassenheit, die sich meiner Ansicht nach selten auf anderen Gesichtern als denen der Angehörigen jenes hoch angesehenen Standes findet. (Ich darf sagen, daß *unsere* Anwälte, die zugleich unsere persönlichen Freunde sind, einer unschuldigen Form dessen huldigen, was John Knox mißbilligend »Lebensfreude« nannte.) Im Unterschied zu altmodischen Familienanwälten trug Mr. Galsworthy allerdings keine Koteletten, sondern war glatt, ja geradezu bis in die Tiefe der Haut hinein, rasiert. Man hatte den Eindruck, daß keiner seiner Mandanten, wenn er vor Gericht etwas vortrug, fürchten mußte, bedeutende nachteilige Tatsachen könnten anders als im günstigsten Licht dargestellt werden. (Das würde vor allem in Fällen gelten, in denen es um die Ehre einer hilflosen Frau ginge. »Ich denke, wir alle sind Harrow-Absolventen«* sagte der Friedensrichter bei einer solchen Gelegenheit in *Das Herrenhaus*. Über die Ehre hilfloser Frauen später mehr.) Mr. Galsworthy hatte merkwürdige Zwangsvorstellungen mit Bezug auf Patrizier, wie er diese gesellschaftliche Erscheinung nannte. Er schien in äußerst harmloser Weise ein

* Harrow gehört zu den ältesten und bedeutendsten Internatsschulen Englands, traditionelle Stätten, an denen »gentlemen« herangebildet werden. [Anm. d. Übers.]

Adelsfetischist zu sein. Ihre stärkste Ausprägung fand diese Neigung in *Der weiße Affe* sowie *Der silberne Löffel.*

Die ordinäre kleine Fleur, Soames Forsytes Tochter, war mit dem ältesten Sohn eines 9. Baronet verheiratet, dessen Kinder die eigentümliche Gewohnheit hatten, ihn als »Bart«* anzureden. Von Fleurs Söhnchen wurde unermüdlich als dem 11. Baronet gesprochen. Doch kannten Baronets wie künftige Baronets ihren Platz in der Gesellschaft.

Marjorie Ferrers, Enkelin eines Marquess**, konnte nicht aus Fleurs Haus gewiesen werden, als sie sich vor aller Ohren bei einer Gesellschaft im Gespräch mit einem anderen Gast über ihre Gastgeberin lustig machte; und ihren Großvater, Lord Shropshire, redete der 9. Baronet als »Marquess« an.

Auch schien Mr. Galsworthy auf Monokel fixiert zu sein, für ihn wohl ein äußerliches Erkennungszeichen des Adels. Aus diesem Grunde nahm er in Augenblicken der Belastung und der gesellschaftlichen Unsicherheit selbst Zuflucht zu einem Monokel. Allerdings sah er auf einem Auge schlecht. Sein ihm ergebener Freund und Biograph, Mr. R. H. Mottram, teilt uns in seinem Buch *Some we Loved* (Einige, die wir geliebt haben) eine aufschlußreiche Anekdote mit. Als junger Mann von zwanzig Jahren aß er mit Mr. Galsworthy in einem Hotel in Norwich zu Abend. »Ich weiß nicht mehr«, schrieb er, »welche Einzelheit ihn dazu veranlaßte, sein Monokel einzusetzen und den Kellner nachdrücklich zu mahnen. Ich weiß aber, daß es ihm sofortige Aufmerksamkeit sicherte.«

Solchen Zwecken diente das Monokel. Hier ist eine weitere Geschichte, die wir derselben Quelle verdanken. »Die kleinste Geringschätzung Adas (Mrs. Galsworthy), jeder Versuch, zu freundlich zu seinem Hund zu sein, die überhöhte Forderung

* In Briefanschriften die übliche Abkürzung für »Baronet«. [Anm. d. Übers.]

** Marquess oder Marquis, Titel des Hochadels zwischen Earl (Graf) und Duke (Herzog). [Anm. d. Übers.]

eines Taxifahrers hatten sogleich eine erstaunliche Wirkung. Sein Monokel fiel, aus blaugrau wurde stahlgrau, der Kiefer nahm mit einem Mal die Massigkeit an, die man der Braue zugebilligt hatte, und er sagte mit Nachdruck etwas so knapp Vernichtendes, daß er selbst die Bestürzung, die er damit hervorrief, leicht auflachend beenden mußte.« »Die überhöhte Forderung eines Taxifahrers«. Zweifellos ließ er sich, wie wir alle, nicht gern für dumm verkaufen. Doch häufig finden wir in seinen Briefen (von ihm *nicht* etwa als Beweis seiner Güte oder Wohltätigkeit hingestellt, sondern als etwas ganz Selbstverständliches) Anspielungen auf seine bemerkenswerte Großzügigkeit.

Seinem geliebten Freund Edward Garnett gegenüber erlegte sich Mr. Galsworthy erstaunliche Zurückhaltung auf, als ihm dieser sagte, die Gestalten in *Der Patrizier* seien ohne wahre Vertrautheit mit der Materie gezeichnet und erweckten den Eindruck, von einem Außenstehenden mehr erraten als dargestellt worden zu sein. Diese Erklärung leitete Garnett mit dem Satz ein: »Du kennst diese Leute nicht gut genug.«

Ein harter Schlag! Mr. Galsworthy erinnerte seinen »lieben Jungen« daran, er habe schon immer »ein wenig unter einer gewissen Ungerechtigkeit« seinerseits gelitten – seit er einen Auszug (»der mir keinesfalls hätte geschickt werden dürfen«) aus Mr. Garnetts Bericht über Jocelyn gelesen hatte, »in dem es heißt, daß ich nie ein Künstler sein werde, sondern stets durch die Fenster eines Klubs das Leben betrachte«.

In einem weiteren Brief schrieb Mr. Galsworthy – »Was die Kenntnis dieser Leute betrifft. Nun, wie kannst Du das sagen – erstens kennst Du sie selbst nicht; zweitens gehörte immerhin die Hälfte derer dazu, mit denen ich in Oxford war . . . Glaub mir, zwischen ihnen und gewöhnlichen (!) Menschen klafft kein so ungeheurer Abgrund, wie Du meinst.« (Das Ausrufezeichen stammt von Mr. Galsworthy.)

Doch Mr. Garnett ließ mit seinen Bekehrungsversuchen nicht locker. »Ehrlich gestanden«, schrieb er (in einem Brief vom 21. September 1910), »vermittelt mir die Atmosphäre in *Der Patrizier* weithin den Eindruck, als schreibe ein Außenstehender über Menschen, mit denen er keinen vertrauten Umgang pflegen konnte, *die er aber dennoch kannte.*« !!

Trotzdem dauerte die Freundschaft an.

Zu jener Zeit mußte, wie ich schon sagte, der gute Name Hilfloser Frauen beschützt werden. Das ging bisweilen nicht ohne Schwierigkeiten ab, was mit dem Verhalten jener Damen zusammenhing.

Zu denen, die diese Art von Obstruktion trieben, gehörte auch Lady Angela Forbes, ein schlimmes Überbleibsel aus der Zeit Edwards VII.

Dieser Plagegeist hatte in Farbe, Gestalt und Umriß, sowie der wirren Behaartheit nach, starke Ähnlichkeit mit einem älteren Gorilla, der eine höchst natürliche erotische Anziehungskraft auf das andere Geschlecht ausübt. In ihrer Autobiographie, die sie unklugerweise veröffentlicht hat, behauptet sie, ich sei »die Verzweiflung einer gutaussehenden Mutter« gewesen und Sacheverell, der damals noch zur Schule ging, ein – ich weiß nicht mehr, mit welchem Adjektiv sie, für die ein Adjektiv wie das andere war, ihn bedachte – ekelhafter kleiner Junge, »der nie Wörter mit weniger als drei Silben in den Mund nahm.«

Ich weiß nicht mehr, was ich mit Bezug auf mich selbst der Zeitung geantwortet habe, die diese Angriffe veröffentlichte. Doch was Sacheverell betrifft, erinnerte ich die Leser daran, daß der Name »Angela« dreisilbig ist, was aber in diesem Fall unerheblich sei, da alle jungen Männer ihrer Bekanntschaft sie grundsätzlich mit einsilbigen Wörtern bezeichneten – einem, das aus der Bibel, und einem anderen, das aus der Fachsprache der Tierärzte stammt.* In mancher Hinsicht verkörperte Angela Forbes die Epoche Edwards, eine Zeit, in der alles aufgeblasen und bunter als im wirklichen Leben wirkte, mit riesigen Rosen geschmückt, rosa wie die Schweine von Gadara, die in den Parks umherschwärmten.

Unfeine Menschen, denen ich nicht gestatte, in mein Privatleben einzudringen, sagen und schreiben gewöhnlich, ich sei »exzentrisch«. Wie ich schon gesagt habe, sind alle Künstler und Aristokraten insofern exzentrisch, als sie keinerlei Furcht vor den Ansichten der Menge haben. Ich bin nur insofern exzentrisch, als ich Dummheit schwer erträglich finde und mich beharrlich weigere, mir von Ignoranten die seelischen und technischen Aspekte der Kunst beibringen zu lassen, die ich seit nahezu einem halben Jahrhundert ausübe. Zwar lerne ich stets gern hinzu, lasse mich aber lieber von Menschen belehren, die wissen, wovon sie reden und deren technische Fähigkeiten auf dem Gebiet der Dichtung den meinen entsprechen. Meine selbsternannten Lehrer werfen mir vor, mir gehe Einfachheit ab, doch in Wahrheit hat es nie einen einfacheren Menschen gegeben als mich. Sie meinen mit Einfachheit das, was Roger Fry »eine inhaltsleere mechanische Einfachheit« genannt hat, die »nicht einem tiefen Empfinden dafür entspringt, daß komplizierte Tatbestände miteinander zur Deckung gebracht werden müssen, sondern die gewaltsam aufgezwungen wird, wobei alles auf eine geometrische Regelmäßigkeit und Einförmigkeit verkleinert wird.« (Roger Fry: »Sensibility versus Mechanism«, [Einfühlung gegen Mechanistik] *The Listener*, Vol. VII, 6. April 1932).

* Der englische Leser dürfte hier »whore« (Hure) und »bitch« (wörtlich Hündin, in der Umgangssprache soviel wie Schlampe oder Miststück) assoziieren. [Anm. d. Übers.]

In der entzückenden Fernsehserie »Brothers in Law« (Schwäger) nach einem Roman meines Freundes Henry Cecil sagte ein Anwalt über einen Richter, vor dem einer seiner Bekannten als Verteidiger aufzutreten genötigt war: »Verglichen mit ihm wirkt Dschingis Khan wie Godfrey Winn.«*

Genau in diesem Licht sehen mich Menschen, die mich nicht kennen. Dabei bin ich im Privatleben äußerst sanftmütig.

* In ganz England als Autor, Rundfunkkommentator, Katzenliebhaber und Homosexueller bekannt. [Anm. d. Übers.]

Die türkische Armee
in die Flucht geschlagen

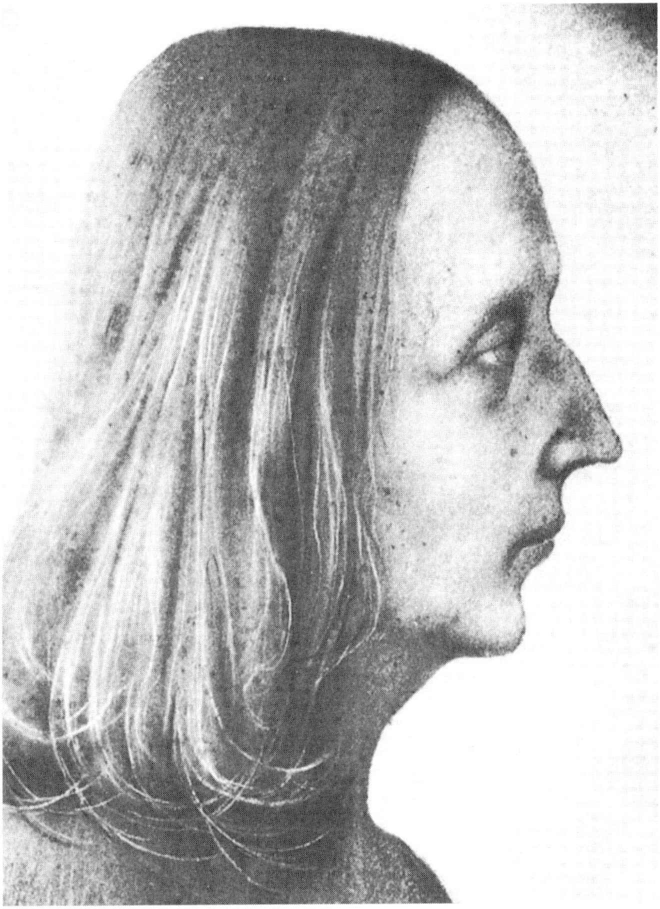

Edith
Portrait von Pawel Tschelitschew

Mein Leben in Pembridge Mansions, das so herrlich, wenn auch in Armut, begonnen hatte, war jetzt zunehmend schwierig geworden. Helen Rootham hatte die beste Übersetzung von Rimbauds *Les Illuminations* herausgebracht, die ich kenne. Sie hatte allen Grund, stolz darauf zu sein. Ich hatte mich bemüht, die verschiedenen Fassungen von Wilfred Owens Kriegsgedichten zu entwirren (die bisweilen vom Schlamm der Schützengräben, mit dem die Blätter bedeckt waren, nahezu unentzifferbar waren). Siegfried Sassoon hatte sie meiner Fürsorge anvertraut, als er in die Vereinigten Staaten reisen mußte.

Doch mit einem Mal nahm das Leben eine Wendung zum Schlimmeren. Helen, die mir als Kind und jungem Mädchen eine großartige Freundin gewesen war, schien halb vergiftet zu sein vom Geruch des Geldes und dem törichten Wunsch, »in der Gesellschaft zu verkehren«. Sie und ihre Schwester entwikkelten sich (als diese in Pembridge Mansions zu Besuch kam) zu solch hoher Abstammung, daß mir klar wurde, sie fehlten dem *Gotha* wahrhaftig. Kurz gesagt, lag ihnen weniger daran, in die feine Gesellschaft zu gelangen; sie wollten dort inthronisiert werden. Sie waren überaus vornehm, und ihre Vornehmheit blähte sich so sehr auf, daß sie davon beinahe platzten.

Helen wurde auch häufig von Träumen – vielleicht sollte ich besser sagen »Visionen« – heimgesucht. Eins dieser Phänomene beschäftigte sie zutiefst. Sie hatte in ihm zwei Lebewesen nebeneinander liegen und mit einem Mal aus einem der beiden etwas wie ein riesiges Blatt hervorkommen sehen – es mochte auch eine gewaltige Flamme sein –, das mit Vorbedacht in das andere eingedrungen war.

Was *konnte* das nur bedeuten? Irgendeinen Sinn *mußte* die Sache ja haben, und da Helen entschlossen war, dahinterzukommen, berichtete sie den Traum sämtlichen jungen Männern meiner Bekanntschaft in allen Einzelheiten und fragte: »Können Sie sich vorstellen, was das zu bedeuten hat?«

Sie sagten, das könnten sie.

Helen hatte sich gegen Ende des Ersten Weltkriegs mit verschiedenen serbischen und kroatischen Flüchtlingen recht gut angefreundet, und diese teilten ihr mit, sie sei in einem früheren Leben ihre Prinzessin Yellena gewesen, die ganz auf sich allein gestellt die Türken von dort vertrieben hatte, wo sie sich gerade aufgehalten haben mochten.

Das erschwerte den Umgang mit ihr in ungewöhnlichem Maße –

a) weil ihr klar wurde, daß sie tatsächlich eine Prinzessin war (was sie im tiefsten Inneren immer schon gewußt hatte), und

b) weil sie in allen, die mit ihr zusammentrafen, automatisch die vorrückende türkische Armee sah, die natürlich zurückzuschlagen war. Sie wurde ungeheuer mißtrauisch. Jeder, der mit mir sprach und dabei nicht zugleich ihr seine ungeteilte Aufmerksamkeit zuteil werden ließ, mußte zwangsläufig kriminelle Neigungen haben – wie hätte er sonst mit mir sprechen können?

Da sie bereits wegen der tragischen Krankheit, an der sie später sterben sollte, operiert worden war, beschloß sie, nach Paris zu gehen, wo sie mit ihrer Schwester leben wollte, die ihr Haus in London aufgegeben hatte. Zwei Umstände halfen ihr bei dieser Entscheidung: die Miete für unsere gemeinsame Wohnung wurde erhöht, und die unmittelbare Nachbarschaft kam herunter. Unsere Straße wurde häufig von einem Herrn mit gorillafarbenem Haar und zwei Helfern heimgesucht. Als ich eines Tages die Wohnung verlassen wollte und die Tür öffnete, stand der gorillafarbene Mann auf der Schwelle. Er steckte den Fuß in die Tür und schlug vor, ich solle mitkommen und mir seinen Säugling ansehen, der »wirklich niedlich«

sei. Ich trat ihm so auf den Fuß, daß er sich aufjaulend davonmachte. Nach diesem Vorfall schloß ich die Tür jedesmal sorgfältig ab. Einige Tage darauf fand man den Geschäftsführer des Kolonialwarenladens in einer Parallelstraße ermordet auf. Niemand in unserer Gegend hat die drei Männer noch einmal gesehen – außer vielleicht der Ermordete.

Helen und ich brachen nach Paris auf.

Mein Leben war die reinste Hölle.

Es machte mir nicht im geringsten etwas aus, jeden Abend die *boîte d'ordures* nach unten zu bringen, wohl aber machte es mir etwas aus, mir Niedertracht vorwerfen und in Aussicht stellen zu lassen, ich würde verrückt. »Hast du dich schon mal im Spiegel angesehen?«

Arme Helen! Sie war früher so gut und lieb zu mir gewesen, und ich werde ihr das nie vergessen.

Ihr Tod war einfach entsetzlich.

Die beiden Menschen, an die ich mich aus dieser unglücklichen Zeit gern erinnere, sind Gertrude Stein und der Maler Pawel Tschelitschew, mit dem sie mich bekannt machte. Gertrude war im Umgang mit Wörtern sehr interessant, zumal sie jeden Menschen falsch verstand. Sie hatte eine gewisse Ähnlichkeit mit einem der Idole von der Osterinsel, war beständig gut gelaunt und verfügte über eine beachtliche Fähigkeit, bei noch so entsetzlichem Lärm zu arbeiten. Es hieß, sie habe in einer Werkstatt, in der ihr Wagen gerade repariert wurde, gesessen und ganz konzentriert gearbeitet. Aber Dummheit konnte sie auf den Tod nicht ausstehen. Ihr berühmter Salon war aufgeteilt: sie selbst unterhielt sich mit den Ehemännern der anwesenden Damen, und um diese sowie die minder interessanten Gäste mußte sich Alice B. Toklas kümmern. Bisweilen merkten die Gäste, daß sie auf diese Weise eingeteilt worden waren, und bemühten sich wiederholt, an der Anordnung etwas zu ändern. Miss Toklas allerdings widersetzte sich solchen Versuchen mit Festigkeit.

Ich wurde erfreulicherweise stets neben Gertrude plaziert, und auf meine Einladung kam sie später nach England, um hier Vorträge zu halten.

Ihr Werk ist eine Illustration des Erfolgs wie auch der mit Neubewertungen einhergehenden Gefahren. Sie ist die letzte, die sich irgendein Autor oder eine Autorin zum Vorbild nehmen sollte; ihr Werk aber ist größtenteils äußerst wertvoll, und zwar wegen der Belebung, die von ihm ausgeht, und auch, weil es, meiner Ansicht nach, von großer Schönheit ist.

»Diese Künstler«, erklärte Roger Fry in seinem Katalog zur Zweiten Post-Impressionistischen Ausstellung, »wollen nicht das Leben nachahmen, sondern etwas dem Leben Gleichwertiges finden ... Sie sind in Wahrheit nicht auf die Illusion aus, sondern auf die Realität. Das konsequente Extrem einer solchen Vorgehensweise bestünde zweifellos im Versuch, alle Ähnlichkeiten mit der natürlichen Form aufzugeben und eine rein abstrakte Formensprache zu schaffen ...«

Das scheint mir auf Miss Stein mit ihrem stark ausgeprägten visuellen Empfinden anwendbar, das zweifellos durch ihre Freundschaft mit den bedeutendsten Malern ihrer Epoche verstärkt wurde.

In einem unserer Gespräche sagte sie zu mir: »Der Unterschied zwischen Picasso und unbedeutenden Malern besteht darin, daß jene alle Blätter eines Baumes malen, was dazu führt, daß man anschließend weder Baum noch Blätter sieht. Picasso malt ein Blatt an den Baum, und man sieht das Leben des Baumes.«

Sie warf ein Wort in die Luft, und wenn es zum Boden zurückkehrte, trug es seine ursprüngliche Bedeutung in sich, die es besessen hatte, bevor Überlieferung und falsche Anwendung sie verdunkelt hatten.

»Wenn wir uns ein einzelnes gedrucktes Wort ansehen«, heißt es bei William James in *Principles of Psychology*, »und es lange genug wiederholen, nimmt es schließlich ein gänzlich unnatürliches Aussehen an ... Sein Leib ist zwar da, aber seine Seele ist entflohen. Durch diese neue Weise, sich mit ihm zu beschäftigen, wird es auf seine Sinnen-Bloßheit reduziert. Nie zuvor haben wir uns auf diese Weise mit ihm beschäftigt, wir nahmen es gewöhnlich in seine Bedeutung gekleidet wahr, sobald wir seiner ansichtig wurden und sind von ihm rasch zu den anderen Wörtern eines Ausdrucks fortgeschritten. Wir haben es, kurz gesagt, zusammen mit einer Wolke begleitender Begriffe erfaßt und es auf diese Weise ganz anders empfunden, als jetzt, da es entblößt und allein ist.«

Hier, denke ich, liegen zugleich die Gefahr und der Wert von Miss Steins Vorgehensweise. Der Wert besteht darin, daß sie uns die Identität von Wörtern aufzeigt, die ihrer alten, sie erstickenden Assoziationen entkleidet sind. Selbstverständlich tut das in gewissem Ausmaß jeder wirklich gute Autor. Miss Stein aber geht weiter als die meisten von ihnen, denn wir sehen die Gegenstände zugleich auf eine neue Weise. In einem anderen Kapitel seines zitierten Buches sagt Professor James: »Die erste Sinnesempfindung eines Kindes bedeutet ihm das Universum.«

Das Kind und der große Künstler - sie allein empfangen Wahrnehmungen, wie sie zu Anbeginn der Welt waren.

Ich möchte in einem ganz groben Umriß das Leben Pawel Tschelitschews schildern, dieses tragischen, von Visionen heimgesuchten und noblen Malers - einer der großzügigsten Menschen, die ich je kennengelernt habe.

Tschelitschew wurde am 21. September 1898 geboren. Er stammte aus einer Familie von altem russischem Hochadel, die jahrhundertelang am Zarenhof gelebt hatte. Seine Urgroßmutter war eine Tochter des türkischen Sultans gewesen (und zwar ein Kind der Favoritin, nicht etwa einer x-beliebigen Haremsdame.)

Tschelitschews Vater vertrat liberale Ansichten, ließ sich aber trotz seiner unumstößlichen Überzeugung, man müsse den Bauern eigenes Land zur Verfügung stellen, ebensowenig in seiner Treue zum Zaren beirren, wie Tschelitschew selbst zuließ, daß sein in edler Leidenschaftlichkeit empfundener Kummer über das Elend der Armen und Hungernden zwischen ihn und seine Treue zur Zarenfamilie trat, der seine Vorfahren gedient hatten. Er quälte ihn wirklich, wie man an vielen seiner Zeichnungen erkennen kann, beispielsweise der eines zerlumpten Jungen, der glücklich in der Sonnenwärme schläft.

Wegen ihrer liberalen Haltung wäre die Familie Tschelitschew von der Revolution vermutlich unbehelligt geblieben, doch als Aristokraten mußten sie das Los ihrer Klasse teilen.

Aller Besitz wurde ebenso wie alles Barvermögen beschlagnahmt, so daß die Tschelitschews gänzlich mittellos dastanden.

Im Herbst des Jahres 1918 brach die Familie von Moskau nach Kiew auf, wo Pawels geliebte ältere Halbschwester und ihr Mann auf ihrem großen Besitz lebten. Doch wie anderswo in Rußland waren auch dort die Lebensmittel knapp – Tausende hatten, wie Mr. Soby in seinem Buch über Tschelitschew sagt, kaum die Möglichkeit, überhaupt etwas Eßbares aufzutreiben.

Von Kiew schlug sich Tschelitschew mittellos und allein zur Türkei durch, wo er die tiefsten Tiefen der Armut durchlebte. Schließlich schloß er sich dort der Truppe eines russischen Wandertheaters an und malte Kulissen als Gegenleistung dafür, daß er auf der Bühne schlafen und die Kartoffeln und Schokolade mit den Schauspielern teilen durfte, von denen sich diese ausschließlich ernährten.

Im Laufe der Zeit kam er nach Berlin, wo er im Herbst 1921 eintraf und bis 1923 blieb. Dort fanden seine Arbeiten begeisterte Aufnahme, und er bekam von der Linden-Oper den Auftrag, für Rimsky-Korsakows 1923 dort inszenierte Märchenoper *Der goldene Hahn* Bühnenbild und Kostüme zu entwerfen.

Im selben Jahr zog er nach Paris. Dort verübte Miss Stein, wie sie mir sagte, nachdem sie ein kleines Bild von ihm gesehen hatte, in seiner Abwesenheit einen »Einbruch« in sein ärmliches Atelier am Boulevard Montparnasse. Als er zurückkehrte, war kein einziges Bild mehr da, und Miss Stein bezahlte alle »geraubten« Werke.

Sie tat, was sie konnte, um ihm zu helfen. Doch seine verzweifelte Armut dauerte an, und dabei teilte er noch alles, was er besaß, wie auch seine armseligen Mahlzeiten mit anderen, die ebenso arm waren wie er. Er war der großherzigste Mann, den ich je kennengelernt habe, ein großartiger Freund, der unermüdlich überlegte, auf welche Weise er anderen helfen könnte.

Die einzige wirkliche Gefahr in seinem Wesen war, daß er sich von jedem einwickeln ließ, der ihm schmeichelte, und so umgaben ihn unbedeutende Menschen einer bedauerlichen Kategorie, wobei die Frauen im großen und ganzen unangenehmer waren als die Männer. *»Il y a quelque chose d'étrange en elle«*, pflegte er über jede Neuentdeckung zu sagen, doch das einzige, was man jeweils als *»étrange en elle«* ansehen konnte, war eine von ihnen ausgehende tödliche Langeweile und die Unfähigkeit, sich zu benehmen.

Ich saß ihm zu sechs Porträts (eins, das in der Tate-Galerie hängt, gehört Edward James). Er hat auch meinen Kopf in Wachs auf Draht modelliert, eine der drei einzigen Skulpturen, die er je gemacht hat. Dieser Kopf befindet sich in Amerika, doch besitze ich ein Werk derselben Art mit dem Titel »Der

Clown«, eine überaus tragische Arbeit, nebenbei gesagt, ein Selbstporträt des Künstlers.

Tschelitschew, seine liebe und wunderschöne Schwester Tschoura (Madame Zaoussailow), bei der er in Paris wohnte (dank ihrer gewann für mich die tragische, lachende schöne Anna Karenina ein Leben als Mensch), und ich wurden enge Freunde.

Das allerdings verhinderte nicht, daß wir uns von Zeit zu Zeit mit einer ungekannten Wildheit stritten. Seiner Aussage nach schwebte ich dabei mehrfach in unmittelbarer Lebensgefahr.

Ich denke da beispielsweise an einen schrecklichen Samstagnachmittag; zu jener Zeit hatte er ein Atelier in London, dessen Fußböden unvorstellbar glatt waren. Ich saß ihm zu einem der Porträts.

Ohne erkennbaren Anlaß brach ein ganz besonders heftiges Unwetter los. Ich weiß nicht einmal, warum, und habe es auch nie erfahren, vermutlich aber hing es damit zusammen, daß er sich am Vortag einen Zeh angestoßen hatte und die Schuld an diesem Mißgeschick, obwohl ich nicht dabei gewesen war, irgendeiner Nachlässigkeit meinerseits zuschrieb.

Jedenfalls schob er, Wutschreie ausstoßend, den Sessel, in dem ich saß, quer über den glatten Boden, als sei er ein Kinderwagen, und im nächsten Augenblick schleuderte er mir leere Leinwände um die Ohren, wobei er darauf achtete, meinen Kopf nicht zu treffen.

»Ja, ja, ich *bring* dich um, ich bring dich um!« »Nun, alter Junge«, sagte ich schicksalsergeben. »Tu, was du mußt. Aber verschone bitte den Bernstein.« (Ich trug den riesigen Bernsteinschmuck, der auf meinem in der Tate-Galerie ausgestellten Porträt von ihm zu sehen ist.) Er hatte die Tür abgeschlossen und den Schlüssel eingesteckt. Dann begann ich zu überlegen, ob ich bis Montag im Atelier eingesperrt bleiben müßte – an einem Samstag würde sich in London kein Schlosser dazu bewegen lassen, eine Tür aufzusperren (und schon gar nicht am Sonntag) – oder ob mich Polizei oder Feuerwehr retten würden. Allerdings wäre es ohnehin schwierig gewesen, jemanden herbeizurufen, denn mein Sessel sauste, weit vom Telefon entfernt, mit Lichtgeschwindigkeit über den Boden. Außerdem hätte womöglich nicht einmal dann jemand die Situation verstanden, wenn ich imstande gewesen wäre, ans Telefon zu gelangen.

Doch mit einem Mal ertönten Schritte auf der Treppe, und die Stimme Cecil Beatons* (der kam, um mit uns Tee zu trinken) durchdrang den Lärm.

Er rüttelte kräftig an der Tür und rief: »Was geht da drin vor? Mach *sofort* die Tür auf, Pawlik, hörst du mich? Mach auf!«

»Nicht, Cecil, um Himmelswillen«, kreischte ich, »er hat den Schlüssel in der Tasche, und wenn du so weiterrüttelst, geht das Schloß kaputt, und ich sitz bis Montag hier drin. Und du, Pawlik, hör auf, so zu brüllen.«

Das tat er und sagte ganz ruhig: »Das ist sicher Cecil, der zum Tee kommt.« Wir genossen eine angenehme Teestunde, und der Zwischenfall wurde mit keiner Silbe erwähnt.

Gewöhnlich sagte er nach einem sochen Ausbruch, wenn wir beide besonders wütend gewesen waren: »Jetzt bitte kein Zorn mehr.« Einmal wollte er vier Jahre lang nicht mit mir sprechen oder mir schreiben, da ich, wie er behauptete, eng mit einer gewissen Herzogin befreundet sei, die sich häufig in modischen Nachtbars aufhielt. (Dabei hatte ich die Frau nie im Leben gesehen!) Aber schließlich vergab er mir, und unsere Freundschaft dauerte an.

Manchmal war er sowohl in seinen Briefen wie in dem, was er sagte, unglaublich lustig, zuweilen mit Absicht, aber auch aus

* Englischer Fotograf, Bühnenbildner und Kostümentwerfer [Anm. d. Übers.]

Versehen. Einmal schien er als Gast bei einer Teegesellschaft in Streit mit einer Malerin geraten zu sein. Er hatte gesagt, keine Frau könne je eine bedeutende Malerin werden, da sie nicht die körperliche Ausdauer habe, achtzig Kilometer am Tag zurückzulegen. Das aber, sagte er, sei für einen Maler unerläßlich, der ständig von der Staffelei zurücktreten und wieder zu ihr zurückkehren müsse.

Da er ihren Namen nicht gehört hatte, bat er mich, Erkundigungen darüber einzuziehen, wer sie sei, und dazu beschrieb er sie mir so: »Großes, gewaschenes Gesicht, gelber Fuchspelz, alter schottischer Herr, sehr alt, sehr eigensinnig.«

Nachdem er unmittelbar vor dem Ausbruch des Zweiten Weltkriegs aus Paris nach Amerika gegangen war, schrieb er mir einmal wöchentlich. (Er wurde schließlich amerikanischer Staatsbürger.)

Nach Kriegsausbruch sorgte einer seiner Briefe an mich für eine gewisse Aufregung bei der Zensurstelle. Zu jener Zeit lernte er noch Englisch, das er später fehlerfrei beherrschte.

»Dies Monat«, schrieb er, »sind all mein Gespräch mit Katz« (er teilte meine Zuneigung zu Katzen). »Aber, meine Liebe, er verläßt mich wieder! Immer zweimal im Jahr geht er weg, heiraten. Aber er kommt wieder, siehst du! Was hältst du jetzt von Englische? Ist gut? Ist schlecht? Sag mir.«

Als mich der Brief schließlich nach etwa einem Monat erreichte, war er wie der Tiger in Blakes Gedicht in vielen Schattierungen gestreift, denn man hatte ihn auf unsichtbare Tinte untersucht. Lag es nicht auf der Hand, daß »Katz« ein untergeordneter Spion sein mußte? War nicht der Brief in einer Art Code geschrieben, und bezog sich nicht die auf seine Fortschritte in der Sprache gemünzte Frage »Was hältst du jetzt von Englische?« auf die Fortschritte, die unsere Heere machten (oder deren Gegenteil)?

*

Er starb im Sommer 1957 in Rom.

Aber er war von so ungeheurer Lebenskraft, daß ich nicht glauben kann, ihn nie wieder zu sehen.

Während ich jetzt an ihn denke, sehe ich ihn so vor mir, wie ich ihn kurz nach unserem ersten Zusammentreffen gesehen hatte. Tiefer Schnee bedeckte den Boden, und er sprang in die Luft und schlug dabei in seine großen Malerhände, weil ihn der Schnee an seine Kindheit und Jugendzeit erinnerte, bevor das Elend und der Glanz begonnen hatten.

Unter die Lupe genommen
Ein Blumenstrauß für die Kritiker

Edith
in Pembrigde Mansions

Man kann sagen, daß die Künste beschleunigtes und konzentriertes Leben sind, die Stimme der Sibylle, die uns das hinter dem Leben verborgene Geheimnis verkündet.

Die Gewalttätigkeit einer Epoche ist verantwortlich für die technischen Experimente heutiger Maler und Dichter. Die Schwierigkeit heißt: wie erreicht man ein bestimmtes Tempo? Was die Dichter betrifft, müssen wir uns dazu mit der Wirkung der Textur auf den Rhythmus beschäftigen. Diese Experimente sind größtenteils von gewalttätiger Art. Und wer fragt, warum Rhythmen gewalttätiger geworden sind, bekommt zur Antwort: wir leben in einer Epoche der Maschine, einem wilden Wettlauf um Zeit, wir unterliegen Beschränkungen, die zugleich verrückt und genau umrissen sind. Wer auszubrechen versucht, stößt mit dem Kopf gegen die Mauern des Materialismus. Diesen Zustand der Dinge spiegelt die neuzeitliche synkopische Tanzmusik, bei der die Musik aus der Welt der Eingebung herausgelöst ist (die sich organisch aus der Innenwelt des Künstlers herausentwickelt) und sie in die Maschinenwelt bringt, in der die Form als punktuelle Idee überlagert wird. Es gibt weder Platz noch Zeit für Träume. Daher benutze jedenfalls ich in den Gedichten, die sich mit der zu Staub zerfallenden Welt oder mit dem Materialismus beschäftigen, der ungeheure Gestalten aus dem toten Staub errichtet, die kompliziertesten Tanzrhythmen, die sich finden lassen, oder aber synkopische Rhythmen, die keine Tanzrhythmen sind.

Mit der Veröffentlichung von T. S. Eliots erstem Gedichtband *J. Alfred Prufrocks Liebesgesang* begann eine neue Ära der Lyrik. Natürlich ertönte das übliche Wutgeheul, mit dem jedes bedeutende Kunstwerk anfänglich begrüßt wird, in erster Linie, weil die Öffentlichkeit annimmt, der Mensch habe stets auf dieselbe Weise gesehen, wie er heute sieht. Das stimmt nicht. Nicht nur hat er mit anderen Augen gesehen, es ist auch unmöglich, daß wir gegenwärtig alle auf die gleiche Weise sehen, obwohl der Menge eine vereinheitlichte Sehweise am liebsten wäre. Der neuzeitliche Künstler gibt uns die Möglichkeit, durch das Sehen unsere Individualität auszuüben. Die frühere Schönheit, die der Alten Meister, ist die Schönheit von Art und Masse – die neue Schönheit ist hoch individualisiert und abgelöst. Dem neuzeitlichen Künstler geht es nicht um Massenphänomene, ihm liegt leidenschaftlich an der Art, wie sich das Geschick einzelner erfüllt, aus denen Masse besteht – ganz gleich, ob es sich nun bei diesen einzelnen um Menschen, Blätter oder Meereswellen handelt.

Der große Vorzug der Alten Meister war die Kraft, im naturwissenschaftlichen Sinne des Wortes – das, was die Moleküle der Welt aneinander bindet. Dadurch wirkt zum Teil ihr Sinn für künstlerische Formgebung so ungeheuer eindrucksvoll. Der große Vorzug der neuzeitlichen Meister ist eine explosive Energie, mit der die Moleküle voneinander getrennt und die Möglichkeiten des Atoms erkundet werden. Darin liegen zugleich Gefahr und Verdienst der bahnbrechenden Dichtung. Das Ziel der neuzeitlichen Dichter – ihr beständiges Ziel – besteht darin, diese Notwendigkeit, die Möglichkeiten des Atoms zu erkunden, mit der Notwendigkeit konsequenter Formgebung und Gestalt auszusöhnen. Vorrangige Bedürfnisse der heutigen Lyrik sind größere Ausdruckskraft, größere Formkraft und eine Rückkehr zur Rhetorik (wohlgemerkt im positiven Sinne). Ausdruckskraft und Rhetorik sind nahezu, wenn auch nicht vollständig, gleichbedeutend. Rhetorik im negativen Sinne, und damit meine ich eine, die nur übergestülpt wird – bedeutungslose Bilder, die weder eine Beziehung zum Material noch zur Gestalt des Gedichts haben –, führt zu schlechter Dichtung, wie sie Stephen Phillips* hervorgebracht

* Englischer Lyriker und Dramatiker der Zeit um die Jahrhundertwende, dessen Werk unterschiedlich bewertet wird. [Anm. d. Übers.]

hat. Mit Ausnahme der Werke Wordsworths beruht unsere gesamte wahrhaft bedeutende Dichtung zum Teil auf ihrer Rhetorik. Wer feststellen will, ob das stimmt, sehe sich an, was Milton geschrieben hat. Fürchten müssen wir den entkräfteten Zustand und die verminderte Vitalität, die sich im Ruf nach Abschwächung, nach Stille, nach neutralen Tönen in der Dichtung zeigen.

Diese Worte wurden geschrieben, als ich in Paris lebte, und ich zitiere sie hier aus Gründen, die klar sein dürften.

Ich kann nicht den Anspruch erheben, daß dies Kapitel, dem ich den Untertitel »Ein Blumenstrauß für die Kritiker« gegeben habe, eine chronologische Folge einhält. Aber ... »Wie es war im Anfang ...«

Jeder, der mich kennt, wird mir zustimmen, daß ohne diese Ausführungen kein Buch von mir vollständig wäre.

»Niemand darf sich für glänzender halten als seine Mitmenschen: wir brauchen keine Intellektuellen. Jeder Geist ist gleich wichtig.« (Bernhardt Rust, im Dritten Reich erst preußischer Kultusminister, später Reichsminister für Wissenschaft, Erziehung und Volksbildung, von *Our Time* im Januar 1946 zitiert).

Dr. F. R. Leavis* allerdings, den ich im Begriff stehe, ›unter die Lupe zu nehmen‹, ist ein Intellektueller.

*

FREMDER: »Ich scheine da eine sehr bedeutende und schlimme Art der Unwissenheit zu sehen, die sich gegen alle anderen Arten der Unwissenheit aufwiegen läßt.«

THEAITETOS: »Welche ist das?«

FREMDER: »Wenn ein Mensch annimmt, er wisse, ohne aber zu

* Englischer Literaturkritiker, 1885-1978. War so umstritten, daß er 1926 seine Lehrtätigkeit in Cambridge aufgeben mußte, gründete 1932 gemeinsam mit seiner Frau die einflußreiche Literaturzeitschrift *Scrutiny* (erschien bis 1953), las ab 1936 wieder in Cambridge. [Anm. d. Übers.]

wissen; das scheint der Hauptursprung aller Geistesirrtümer zu sein.«

THEAITETOS: »Das stimmt.«

FREMDER: »Und das ist, wenn ich nicht irre, die Art von Unwissenheit, die vor allen anderen den Namen Dummheit verdient.«

THEAITETOS: »Das stimmt.«

*

Es ist sowohl lehrreich als auch vergnüglich, die Arbeiten jener lebenden Kritiker näher in Augenschein zu nehmen, deren Ohren, so lang sie sein mögen, für das Hören von Dichtung nicht gemacht zu sein scheinen.

Dr. F. R. Leavis' Äußerungen bereiten immer wieder Vergnügen. Zum einen besitzt er die übernatürliche Gabe, Dinge, die er schreibt, selbst dann als unsinnig erscheinen zu lassen, wenn sie einen Sinn haben. Das gibt ihm eine ungekünstelte, aufrichtig wirkende und kultivierte Möglichkeit in die Hand, andere zusammenschrecken zu lassen; damit ähnelt er von Zeit zu Zeit einem unbarmherzigen, doch herablassend antiseptischen jungen Zahnarzt, der die Wurzel des Übels entdeckt und sie seinem Patienten erläutert.

Er ist offen, und er ist furchtlos. In seinen Anmerkungen zur Gestalt des Teiresias in T. S. Eliots *Wüstem Land* heißt es, nachdem er angemerkt hat: »Die beiden Geschlechter kommen in Teiresias zusammen ...«, ein kultivierter Mensch der Moderne sei mit der Erfahrung des anderen Geschlechts tief vertraut oder meine, es zu sein.

Wenn Dr. Leavis über D. H. Lawrence schreibt, scheint er die Begeisterung eines lieben alten Landgeistlichen, der über eine gefallene Frau predigt, mit der Ausdruckskraft jener interessanten Menschen zu verbinden, denen der Harem eines Sultans anvertraut ist.

Doch der glücklichste Augenblick ist der, da wir lesen, was Dr. Leavis über Milton zu schreiben hat, den er in seiner Zeitschrift *Scrutiny** bloßzustellen beschlossen hat. Er hat entschieden, daß es bei Milton nur äußerst wenig von Interesse zu finden gibt. Der Klang eines großen Teils von Miltons Dichtung hat auf Dr. Leavis dieselbe Wirkung wie der eines Motorrades auf mein minder empfindliches Nervensystem. »Wir zucken zusammen bei dem erwarteten dumpfen Schlag, der so unvermeidlich und letzten Endes unwiderstehlich kommt; denn beim Lesen von *Das verlorene Paradies* kann es nur darum gehen, Widerstand zu leisten, sich gegen die Bewegung der Verse aufzulehnen, oder sie so zu besänftigen, daß eine Art Sensibilität dabei herauskommt; am Ende aber ist unsere Widerstandskraft erschöpft, wir strecken schließlich vor der unerklärlichen Monotonie des Rituals die Waffen.«

Auf diesen Donnerschlag folgt eine Menge des üblichen Jammerns und Winselns über »Sensibilität« sowie eine Analyse der folgenden Stelle:

> The hasty multitude
> Ad*mir*ing enter'd and the wórk some praise
> And *some* the Architect: his hánd was known
> In Héav'n by many a Tówred structure high,
> Where Scéptr'd Angels held their résidence,
> And *sat* as Princes ...

> Die hastige Menge trat bewundernd ein
> Das Werk zu loben einige und andere
> Den Meister; seine Hand war nämlich auch
> Im Himmel wohlbekannt durch hohe Bauten,
> Die, reich betürmt, den eingesetzten Engeln
> Als Residenz und Fürstensitze dienten ...

* Etwa: kritische Analyse. Im Titel dieses Kapitels »I am about to scrutinize«, mit Bezug darauf im Dt. nicht nachvollziehbares Wortspiel. [Anm. d. Übers.]

Es ist betrüblich zu sehen, wie Miltons gewaltige Verse in der Sandwüste von Dr. Leavis' Vorstellung mit der Anmut eines Zuges ermatteter Kamele auf und ab schwanken.

D. J. ENRIGHT

Kürzlich schrieb jemand namens D. J. Enright* (wer auch immer das sein mag), der es leid war, seine Knickerbocker in den Quellen um Pieria, der Heimat der Musen, auszuwaschen und auf den untersten Hängen des Parnaß mit seinem Adamsapfel Jo-Jo zu spielen, wie folgt an den *New Statesman*:

Gewöhnlich sieht man, wie Autoren, die das Tragische von der Person ablösen, die es erleidet, schon bald danach das blutende Herz eines anderen vor sich her tragen. Da ihnen nichts geschehen kann, ist das ein übles Vorgehen, und um ein solches scheint es sich mir auch bei Dame Edith Sitwells Atom-Dichtung zu handeln.

Es käme mir nie in den Sinn, mich zu fragen, in welchem Licht Mr. Enright meine Dichtung sieht.

Hier nun vier Verse, die aus diesem meinem üblen Vorgehen entstanden sind

Dirge for the New Sunrise
Fifteen minutes past eight o'clock,
on the morning of Monday the 6th August, 1945

Bound to my heart as Ixion to the wheel,
Nailed to my heart as the Thief upon the Cross,
I hang between our Christ and the gap
Where the world was lost.

* Ein englischer Lyriker, Romancier, Reiseschriftsteller und Kritiker der Gegenwart, studierte bei J. R. Leavis in Cambridge. [Anm. d. Übers.]

Klage um den Neuen Sonnenaufgang
Fünfzehn Minuten nach acht Uhr,
am Vormittag von Montag, dem 6. August 1945

An mein Herz gebunden wie Ixion an das Rad
An mein Herz genagelt wie der Schächer ans Kreuz
Hänge ich zwischen unserem Christus und der Leere
In der die Welt verlorenging.

*

Und hier nun vier Verse des von solchen Menschen verfaßten unmelodischen Gebrabbels (es klingt wirklich abscheulich); vermutlich geht es teils um eine Liebesbeziehung und teils um den Atomkrieg – falls überhaupt um etwas. Die Unfähigkeit ist so groß, daß nichts klar wird, außer daß er schlapp an etwas herumnörgelt.

Someone else has stepped in there,
While you were - where? - were elsewhere:
Well-chosen words to sway against or for,
Conventional and nuclear, peace and war.

Ein anderer ging dort hinein,
Während du - wo? - woanders warst:
Wohlgesetzt schwanken Worte für oder wider
Konventionellen und nuklearen Frieden und Krieg.

Ihm scheint ein Wort wie das andere zu sein, und das »nuklear« hat er wohl irgendwo aufgeschnappt.

Und hier eine Strophe aus einem weiteren angeblich von ihm stammenden Gedicht, das er die Unverfrorenheit hatte »A Fine and Private Place« (das Gedicht, aus dem er das stibitzt hat, entstammt dem Werk eines großen Lyrikers) zu nennen:

It was fine, it was private, it was busy.
There he was, with his fingers crossed.
And a dead hand hung against the lively eye,
Doing what was expected of him,
            twenty-four hours a day,
Feeding the worms out of his flesh,
As was right, as was proper,
Enriching his piece of earth.

Es war schön, es war privat, es war emsig.
Da war er, mit gedrückten Daumen,
Und eine tote Hand hing vor dem lebhaften Auge,
Tat, was von ihm erwartet wurde,
            vierundzwanzig Stunden am Tag,
Er fütterte die Maden aus seinem Fleisch,
Wie es recht war, wie es sich gehörte,
Machte sein Stück Erde fruchtbar.

*

Mr. Enright ist, nehme ich an, nicht toter als üblich. Daher ist mir seine Äußerung über »Autoren, die das Tragische von der Person ablösen, die es erleidet« nicht verständlich.

Ein weiterer Dichter von vergleichbar hohem Rang hat vor einigen Jahren den Vers verfaßt:

Deliver us from fornication and hockey.

Erlöse uns von Ehebruch und Hockey.

*

Aus Mr. Robert Conquests Vorwort zur Anthologie *New Lines*: ». . . die Wiederherstellung einer gesunden und ergiebigen

Haltung gegenüber der Dichtung, des Grundsatzes, daß Dichtung vom und für den ganzen Menschen geschrieben wird: Intellekt, Emotionen und alles andere.«

*

Zwei Verse aus Mr. Conquests »Humanities«, angeblich ein Gedicht aus der Anthologie, im Zusammenhang mit der er die oben zitierte Behauptung aufgestellt hat:

Is it, when paper roses make us sneeze,
A mental or a physical event?

Wenn Papierrosen uns zum Niesen bringen –
Ist das ein geistiges oder ein körperliches Ereignis?

*

[Ich lebe so weit von *le beau monde* entfernt, daß ich keine Papierrosen besitze, also diese Frage nicht beantworten kann, so welterschütternd ihre Bedeutung auch sein mag, und so sehr sie »für den ganzen Menschen ... Intellekt, Emotionen und alles andere« geschrieben ist. E.S.]

NOCH EINMAL MR. CONQUEST

In einer Rezension Roy Fullers, die in *The Spectator* vom 24. Juni 1958 erschienen ist, heißt es:

»Er findet in Erscheinungen und Ereignissen von nur geringer Bedeutung machtvolleres und lebendigeres Material, als es die Leute von der »Kain-und-Kreuzigungs«-Truppe in all ihren Galaxien aus Blut und Feuer fertigbringen. Vielleicht enthalten seine sublunaren Bilder ganz gelegentlich etwas Ballast – das Leben eines Lungenwurms ist eher undramatisch, wenn es darum geht, eine Allegorie von zweiundvierzig Zeilen zu stützen.«

[Bestimmt nicht! E. S.]

[*Anmerkung*: Ich schreibe unter allen Dichtern als einzige über Kain und die Kreuzigung, weil sie mir, obwohl mir die sprachlichen Mittel, der Geist, der Verstand und auch das Empfinden dafür abgehen, ein wenig wichtiger erscheinen als Papierrosen zu beniesen oder das Leben eines Lungenwurms. E. S.]

Mr. Fuller hat ein Gedicht darüber geschrieben, wie er in seiner Badewanne auf eine Spinne stieß.

*

Aus der Literaturausgabe der *Times* (*Times Literary Supplement*) vom 25. August 1954:

»Eine Schwierigkeit, der sich ein neuzeitlicher Kritiker beim Umgang mit einem solchen Dichter gegenübersieht, ist natürlich, daß sich seine Aufmerksamkeit auf Wörter richtet. Für (x) waren Wörter selbst stets zweitrangig. (x) ist kein Dichter brillanten plötzlichen Verstehens, verblüffender einzelner Verse oder Passagen, und so ist es ihr völlig gleichgültig, ob die ihren Gedanken angemessenen Wörter in Lesern von anderer Temperamentslage möglicherweise nebensächliche Standardreaktionen auslösen ...

Diese Gedichte zeichnet ihre Zerbrechlichkeit aus. Wenn sie besonders gut gelungen sind, scheinen sie beinahe überhaupt nicht da zu sein.«

*

»Der Geist«, hat Miss --- (die betreffende Dichterin) zu mir gesagt, wie ich mich erinnere, »ist ein wirbelnder Strudel«.

Anmerkung: »Geist und Materie«, sagte die Dame mit der Perücke, »gleiten rasch in den Wirbel der Unermeßlichkeit. Heult das Erhabene und schläft sacht das ruhige Ideal in den flüsternden Kammern der Phantasie. Es zu hören ist lieblich. Aber dann lacht der strenge Philosoph auf und sagt zum Grotesken: »Nun mal los! Halt mir fest, was da wirkt. Bring es schon her!« Und so schwindet die Vision.

*

Die Literaturausgabe der *Times*, November 1957 (Das Nachstehende war bewundernd gemeint):

»Man fühlt sich an die große Schauspielerin erinnert, die angehenden Schauspielern riet, mitten in einer Liebesszene an die Wäscherechnung der kommenden Woche zu denken.«

*

The Spectator SCHLÄGT WIEDER ZU

Mr. Kingsley Amis in jener Zeitschrift, November 1957

(Eine Rezension Sir Sidney Colvins über *Keats* spricht von »... jener süßlichen, überspannten erotischen Dichtung in ›St. Agnes Abend‹.«)

»Noch in seinen besten Gedichten gibt sich Keats zu unkritisch der ›Welt der Vorstellungskraft‹ hin. Selbst *Ode an die Nachtigall* ist, obwohl sie Passagen enthält, die auch die Übersättigtsten entzücken müssen, voller Frostigkeiten, voller Verweise auf das Abgelegene und das bloß Phantastische.«

*

Vor Jahren bestand Kritik aus lautstarker Anmaßung. An ihre Stelle trat ein angstvolles Kriechen, von der Art, wie Sir James Frazer sie in einer aus *Histoire de la Nouvelle France* übersetzten Passage beschreibt: »Man hat gehört, daß nordamerikanische Indianer eine tote Maus streicheln, um den Schutzgeist der Mäuse zu besänftigen.«

Das ist die Haltung gewisser Kritiker gegenüber den unglücklichen kleinen Leuten, die durch unaufhörliches Quieken Ruhm zu erringen hoffen.

Wäre ich nicht zu wohlwollend, als daß ich es fertig brächte, über die grausame Enttäuschung und den Neid zu lachen, unter denen gewisse arme kleine erfolglose Autoren leiden, könnte es mich belustigen, daß die Erfolglosen nach wie vor bei der bloßen Erwähnung meines Namens praktisch auf Neid und Gehässigkeit zurückgehende epileptische Anfälle bekommen, obwohl ich inzwischen siebenundsiebzig Jahre alt bin.

Ich verstehe, daß so beschaffene Menschen glauben, ich lachte über sie.

Auf der anderen Seite halte ich es für sehr klug von ihnen, daß sie sich gegenseitig entdecken – allerdings müssen sie dabei wohl das gleiche Gefühl haben, wie man es beim Anblick des eigenen Spiegelbildes hat: sie sind völlig identisch. Immerhin können sie einander gespiegelt bewundern, und das muß ihnen ein großer Trost sein. Gegen sie als Autoren habe ich nichts, außer dreierlei:

I. Sie besitzen keinerlei Gedanken von irgendwelcher Tragweite.
II. Sie können kein Wort von einem anderen unterscheiden.
III. Sie können nicht schreiben.

Soweit ich höre, zielen diese Dichter auf Reinheit und Klarheit ab, mit dem Ergebnis, daß jedes ihrer Gedichte einem Glas lauwarmer Limonade ähnelt, in der man ein paar Teelöffel voll Matthew Arnold* aufgelöst hat.

* Einer liberalen Grundhaltung verpflichteter englischer Dichter und Kritiker des vorigen Jahrhunderts. [Anm. d. Übers.]

Eine Welt aus Schatten

Edith
mit Bildern von Tschelitschew

Jeden Tag, außer wenn die grauen Gefängnis-Gitterstäbe des Regens so dick waren, daß wir drinnen bleiben mußten, saßen wir auf der Veranda, die auf der Nordseite an das dunkle und schattige Haus von Renishaw angebaut war. Dort gab es nichts zu sehen außer der fernen Helligkeit zweier Getreidefelder und einige prächtige Bäume, deren Schatten stets auf unserem Haus zu liegen schien. Tatsächlich waren wir wie Menschen, die auf alle Zeiten im Schatten undenklich alter Bäume wandeln.

Doch im Süden liegt der große und sonnenbeschienene Park, Wärme, Duft- und Farbwolken und Bienen, so ähnlich den warmen und summenden Lichtern, bienenflügliges Licht, so ähnlich den Honigmacherinnen, daß man die einen kaum von den anderen zu unterscheiden vermag. Die riesigen Ulmen der Zufahrtsallee werfen jetzt ihren grüngoldenen Staub von sich, Wachträume schwappen über, die zeitlosen Standbilder haben alles vergessen, was in ihrer Vergangenheit trauervoll war.

Südlich von Renishaw lag der riesige Park wie ein Traum, es spukte darin, die Blumen waren bisweilen zaghaft wie die Träume der Jugend, oder sie lachten mit aller Weisheit der Reife.

Wie kam es, daß wir uns in einer Grabkammer voll toter und erstarrter Dinge umhergehend fanden? – Wir, die wir jung waren, badeten in den Lüften der Schönheit, die von einer unvergänglichen und jugendfrischen See kamen – wir hätten über das Gras dahinfliegen müssen, während der Tau eines leuchtenderen Himmels, als wir ihn kennen, auf unser Haar fiel – oder der Musik lauschen, jenem unermeßlichen und unausweichlichen Gefüge. Ich meine, nichts sei melancholischer als das ersterbende Niedersinken von Musik, die man neben einem Wasserfall hört – wo uns die aus einer bedeutenderen Kultur stammenden Standbilder an die Schönheit gemahnen, die nicht mehr unter uns weilt, seit längerem unter der Erde begraben liegt.

Doch wir lebten in einer Welt aus Schatten, aus unverkennbaren Schatten, auch wenn uns stets die ferne Musik inmitten der Ruinen begleitete.

Der Zweite Weltkrieg kam und ging. Es war mir gelungen, aus Paris nach England zurückzukehren, bevor die Feindseligkeiten ausbrachen, und ich war eine der Millionen, die unter den kleinen Einschränkungen und den großen Schrecken jener Zeit litten. Ich bekam Einladungen zu Rezitierabenden, bisweilen allein, bisweilen mit meinem Bruder Osbert, bisweilen mit Dylan Thomas, und kann mich an mindestens eine Gelegenheit erinnern, da ich, während ich vor einem aus Soldaten bestehenden Publikum las, das wohlbekannte Geräusch einer V 1 hörte, das mein Herz fast zum Stillstand brachte. Wohl alle im Raum fragten sich, ob wir uns unter die Tische werfen oder einfach um unser Leben rennen sollten. Ich las weiter, und die Bombe flog über uns hinweg.

Nach einem Kriegsjahr begann ich wieder Gedichte zu schreiben – seit *Gebräuche an der Goldküste* hatte ich nichts mehr geschrieben – über den Zustand der Welt, über den entsetzlichen Regen,

Dark as the world of man, black as our loss
Blind as the nineteen hundred and forty nails
Upon the Cross –

Finster wie die Welt des Menschen,
Schwarz wie unser Verlust,
Blind wie die neunzehnhundertvierzig Nägel am Kreuz.

der unterschiedslos auf Schuldige und Schuldlose fiel, auf Dives, den Reichen aus der Bibel, und auf Lazarus, bis

Under the Rain the sore and the gold are as one.

Unter dem Regen die Schwäre und das Gold wie eines sind.

Ich schrieb über das Leiden Christi, der Geschundene hing am Kreuz, der Gott des Armen, der alle Wunden in seinem Herzen trägt.

In einem Gedicht schrieb ich über die Welt, die auf den Affen reduziert ist, als Mutter, Unterweisende und Beschützerin.

Doch auch mit dem armen Christopher Smart pries ich Jesus Christus mit der Rose, und sein Volk, das eine Nation aus lebender Sanftheit ist.

Meine Zeit des Experimentierens war vorüber.

Bevor die Zeit kam, »Der Schatten des Kain« zu schreiben, beschäftigten sich mehrere meiner Gedichte mit dem Übergang von der Verehrung des heiligen, lebendigen, lebensspendenden Weizengoldes zu der des zerstörerischen Goldes, für das Dives steht –, dem Übergang von der Wärme der Liebe, die alle Menschen zu Brüdern macht, zum Zustand, in dem Menschen ihre Mitmenschen nur deshalb »Bruder« nennen, um die Rolle Kains zu spielen.

In »The Two Loves« (Zweierlei Liebe), einem Gedicht, das etwa achtzehn Monate vor »Der Schatten des Kain« entstand, schrieb ich über den Sommer der Erde und des Herzens:

. . . In such a heat of the earth, under
The red bough, the Colossus of rubies the first husband –
Man and grave-digger, the red Adam,
Dug from the earth of his own nature, the corn effigy
Of a long-buried country god, encrusted with earth-virtues,

... In solcher Hitze der Erde, unter
dem roten Zweig, grub der Koloß der Rubine der erste Gatte –
Mann und Totengräber, der rote Adam,
Aus der Erde seines eigenen Wesens das Ährenbild
Einer lange vergrabenen Gottheit, mit Erdtugenden verkrustet.

Damals war die Herzenswärme geschwunden, nur eine falsche Brüderlichkeit war geblieben. Doch noch hatte man die Sonne nicht als Kriegsmaschine gegen uns eingeschirrt:

Gone is the heat. But this is the hour of brotherhood,
the warmth that comes
To the rejected by Life – the shadow with no eyes –
Young Icarus with the broken alar bones
And the sapped and ageing Atlas of the slums
Devoured by the days until all days are done –
To the Croesus of the breadline, gold from the sun ...

Fort ist die Hitze. Aber das ist die Stunde der
Brüderlichkeit, die Wärme, die
Den vom Leben Verstoßenen kommt – dem augenlosen
Schatten –
Dem jungen Ikarus mit den gebrochenen Schulterknochen
Und dem abgekämpften alternden Atlas der Elendsviertel
Den die Tage verzehren, bis alle Tage vorbei sind –
Dem Krösus aus der Schlange vor der Suppenküche,
Gold von der Sonne ...

In »Der Schatten des Kain« jedoch bewegten wir uns noch weiter von der Sonne fort, die Christus ist, und der Sonne des Herzen. In diesem Gedicht geht es um die Aufspaltung der Welt in miteinander Krieg führende, zerstörerische und sich selbst zerstörende Teilchen. Es geht darin um die allmähliche

Wanderung der Menschheit im Anschluß an den Zweiten Sündenfall, der in Gestalt der Trennung des Bruders vom Bruder stattgefunden hat, Kains von Abel, einer Nation von der anderen, der Reichen von den Armen – die spirituelle Wanderung all dieser in die Wüstenei des Goldes, hin zur endgültigen Katastrophe, deren erstes Symbol auf Hiroshima herniederfiel.

Das Gedicht entstand so:

Am 10. September 1945 fuhren mein Bruder Osbert und ich mit dem Zug zu einer Lesung nach Brighton. Er wies mich auf einen Artikel in der *Times* hin, in dem ein Augenzeuge über die unmittelbaren Wirkungen der Atombombe auf Hiroshima berichtete. Er hatte einen Totempfahl aus Staub zur Sonne emporsteigen sehen, als Beweis für die Ermordung der Menschheit ... Ein Totempfahl, das Symbol der Schöpfung, das Symbol der Zeugung.

Von dem Augenblick an entstand das Gedicht, auch wenn ich es erst im April des folgenden Jahres niederschrieb. Es durchlief zahlreiche Stadien.

Ich schrieb, wie die Wanderer nach der Goldwüstenei – zu der sage ich gleich noch etwas – an ein offenes Tor kamen, obwohl alles, was ihnen noch blieb, die Urwirklichkeiten waren.

And when we reached an open door
The Fate said, »My feet ache.«
The Wanderers said, »Our hearts ache.«
There was great lightning
In flashes coming to us over the floor:
The Whiteness of the Bread –
The Whiteness of the Dead –
The Whiteness of the Claw –
All this coming to us in flashes through the open door.

Und wir kamen an ein offenes Tor,
Das Schicksal sagte: »Meine Füße tun weh.«
Die Wanderer sagten: »Unsere Herzen tun weh.«
Da kamen große Blitze
Die zuckten über den Boden zu uns hervor:
Die Weiße des Brotes
Die Weiße des Todes
Die Weiße der Kralle –
Sie alle kamen in Blitzen auf uns zu durch das offene Tor.

Ich träumte diese Verse etwa zwei Monate, bevor ich das Gedicht im ganzen niederzuschreiben begann. Das offene Tor in meinem Traum war das Tor der Geburt, durch das wir zum Brot, Streit (die Kralle) – und zum Tod gelangen. Wie ich das Symbol des Tores im Gedicht benutzt habe, ist es nach wie vor das Tor der Geburt; doch es ist zugleich das Tor, durch das wir unseren eigenen Weg finden müssen. Die drei Blitze sind nach wie vor die drei Urwirklichkeiten. Auf sie reduziert, sah ich im Hause der Geburt und des Todes, nachdem wir unseren Weg durch die Goldwüstenei gefunden hatten, den Frühling zurückkehren. Noch herrschte die Großartigkeit der Sonne und die der Rückkehr Christi zu uns mit dem lebenspendenden Weizen der Ernte.

And everywhere
The great voice of the Sun is sap and bud
Fed from the heart of Being, the panic Power,
The sacred Fury, shouts of Eternity
To the blind eyes, the heat in the wingèd seed,
The fire in the blood.

Und überall
Die große Stimme der Sonne ist Saft und Brut,
Genährt vom Herzen des Seins, der panischen Kraft,
Der heiligen Wut; Schreie der Ewigkeit
Zu blinden Augen, Glut im beschwingten Samen;
Feuer im Blut.

Doch dann kam das Entsetzen, dessen Symbol jener Zeuge in Hiroshima erblickt hatte –

We did not heed the Cloud in the Heavens shaped
like the hand
Of Man . . .
the Primal Matter   Was broken, the womb from which all life
began.   Then to the murdered Sun a totem pole of dust arose
in memory of Man.

Wir achteten nicht der Wolke am Himmel, die hatte die
Form der Hand
Des Menschen . . . die Ursubstanz klaffte offen,
Zerbrochen der Schoß, der sollte Leben schenken.
Dann stieg zur ermordeten Sonne ein Totem aus Staub auf zu
des Menschen Gedenken.

Vulgarität, wie sie bisher war,
sein wird und auf immer sein soll, Amen

Edith
Portrait von Felix Topolski,
das sie nicht mochte

Immer wieder werde ich gefragt, was ich von – beispielsweise – Zornigen Jungen Männern halte. Über diesen Gegenstand und andere schweige ich lieber und sage nur so viel, daß sie nicht zornig genug sind. Wer ihre grämlichen Ausbrüche mit dem Zorn Swifts oder dem meines Bruders Sacheverell in seinem Buch SPLENDOURS AND MISERIES (Glanz und Elend) vergleicht, wird verstehen, was ich meine. Mein Entschluß, ein Buch über die Vergangenheit zu schreiben, hat mich der Notwendigkeit enthoben, meine Ansichten zur Gegenwart auszudrücken. Vielleicht ist das auch ganz gut so! Allerdings bin ich auf einige Gedanken gestoßen, die ich zum Thema »Vulgarität« niedergeschrieben hatte. Da mir scheint, daß sie heute ebensosehr gelten wie zur Zeit, als ich sie formulierte, habe ich sie mit aufgenommen:

Als ich vor kurzem über »The Dunciad«* schrieb, in meinen Augen eine der bedeutendsten Dichtungen in englischer Sprache, kam es mir in den Sinn, daß Vulgarität eigentlich nichts anderes ist als eine neuzeitliche schicke und unverfrorene Nachfahrin der Göttin Dummheit**. Sofern wir den Sitz der Vulgarität aufsuchten, würden wir dort – zweifellos neugemalt oder zumindest in einen dunklen Winkel gehängt – das alte Familienporträt der Dummheit finden, und das Gesicht würde haargenau die Züge ihrer großen Nachfahrin tragen; mit demselben einfältigen Lächeln und demselben leeren Ausdruck. Ein Unterschied allerdings läge darin, daß die porträtierte Dame ein Kleid von bescheidenem Zuschnitt und aus einfachem Material trüge, während ihre Urenkelin von sich so viel wie möglich herzeigt – den Rest bedeckt glänzendes Wachstuch.

* Satirisches Versepos von Alexander Pope, auf deutsch unter dem Titel Die *Dunciade*, Ein heroisches Gedicht, erschienen.

** Das von der Autorin verwendete Wort »Dullness« hat viele Facetten; einige davon sind neben »Dummheit«: »Langeweile, Stumpfsinn, geistige Trägheit«. [Anm. d. Übers.]

Der andere Unterschied wäre der: während die Dummheit Achtbarkeit nicht als Ausgestoßene behandelt, ist diese unter allen Ausgestoßenen die einzige, mit der die Vulgarität nicht einmal redet.

Wer eine Biographie abfaßt, tut stets gut daran, dem Leben des Gegenstandes, dem seine Verehrung gilt, von Anfang an nachzuspüren. Wir dürfen Held oder Heldin nicht in der Mitte ihrer glänzenden Laufbahn zeigen, beim Eintritt in die Gesellschaft oder im Begriff, der Welt seinen oder ihren Stempel aufzudrücken. Wir müssen bei der Geburt dabei sein, den Wiegenliedern lauschen, das erste Lallen bewundern, den Bildungsweg verfolgen. Unternähmen wir den Versuch, die Lebensgeschichte der Göttin aufzuzeichnen, die gemeinsam mit ihrem Bruder Mammon die heutige Welt regiert, stießen wir auf diese und jene Schwierigkeit. So ist beispielsweise das Geburtsdatum unserer Heldin unbekannt. Sie erweckt den Eindruck, so alt zu sein wie die Welt; sie muß, vermuten wir, schon immer in unserer Mitte gelebt haben; und obwohl das Verhalten Karls II. wie auch Seiner Majestät Ludwigs XV. sowie Lord Nelsons Liebschaft mit Lady Hamilton nicht nur die Geburt dieser Göttin verkünden, sondern auch, daß sie in ihre reifen Lebensjahre eingetreten war, finden wir sowohl in der Literatur Englands wie der des europäischen Kontinents erst in der Mitte des neunzehnten Jahrhunderts Hinweise, die auf ihre Anwesenheit deuten. Beispielsweise kann man nicht behaupten, die Vulgarität sei eine Begleiterin Monsieur Jourdains* oder der *Précieuses Ridicules* gewesen, und auch Mrs. Malaprop** ist von diesem Vorwurf freizusprechen, denn

* Monsieur Jourdain ist die Hauptperson aus Molières »Bürger als Edelmann«, der, mit seinem Reichtum unzufrieden, um jeden Preis zu den feinen Kreisen gehören möchte und sich damit lächerlich macht.

** Eine Dame aus Sheridans Komödie »Die Nebenbuhler« mit einer Vorliebe für schwierige Fremdwörter, die sie unfehlbar verwechselt. [Anm. d. Übers.]

ein gänzlich unschuldiges Streben, das niemandem schadet, darf man kaum als vulgär bezeichnen; es geht häufig auf eine Art inneren Hunger zurück oder liefert, schlimmstenfalls, lediglich einen Vorwand für ein nachsichtiges Lachen des Zuschauers.

Auch findet sich weder in Tobias Smolletts Romanen noch in den Werken Rabelais' oder Swifts Vulgarität; denn Grobianismus oder Ungeschliffenheit im großen, sofern ihnen ernstzunehmende Motive zugrunde liegen, hat nichts mit Vulgarität zu tun. Solcherlei Haltungen können es sich gar nicht leisten, im Zwergenformat aufzutreten oder vor sich hin zu kichern – und es wäre mir lieb, wenn gewisse neuzeitliche Dramatiker das bedächten.

Vulgarität ist nie frei – sie ist stets und ständig in Konventionen gefangen (beispielsweise gilt bei Einladungen, zu denen die Gäste im Schlafanzug und mit einer Flasche in der Hand antreten müssen, der Grundsatz, daß ein Tugendbold ist, wer auf Schicklichkeit achtet). Vulgarität ist nie gesund. War Falstaff vulgär? War Marie Lloyd* vulgär?

Obwohl das Geburtsdatum der großen Göttin unbekannt ist, mag man es irgendwann um die Mitte oder gegen Ende des neunzehnten Jahrhunderts ansetzen – oder auch nicht. Eins stützt diese Vermutung, nämlich daß wir um jene Zeit neben einer wahren Flut von Memoiren, die von Kurtisanen verfaßt wurden, eine allgemeine Wertschätzung von deren Daseinsform finden. Damals haben es sich beispielsweise Großherzöge in großem Stil zur Gewohnheit gemacht, aus den Schuhen dieser jungen Frauenzimmer Champagner zu trinken – meiner Ansicht nach eine unhygienische Angelegenheit, die überdies dessen ermangelt, was die Werbung als »persönliche Frische«

* Englische Varietékünstlerin der Zeit um die Jahrhundertwende, die sich vor allem auf den Cockney-Humor spezialisierte. [Anm. d. Übers.]

bezeichnen würde – und zu eben jener Zeit brachte Monsieur Dumas seinen Unsinn über die *Kameliendame* hervor. Halten wir allerdings die Göttin für jünger als Monsieur Dumas' Heldin, würde ich – grob geschätzt – sagen, daß sie während der Regierungszeit Edwards VII. zur Welt kam, und als ihr Geburtsland können wir Amerika vermuten, von mir aus auch England – aber es dürfte wohl eher Amerika sein.

Schon in der Wiege nahm die Göttin die Herrschafts-Insignien zur Hand – berief Hofmaler und machte sich Haltungen und Ansichten zu eigen – machte sich vor allem bestimmte Blumen zu eigen – so zum Beispiel Kletterrosen, unter denen die als ›Dorothy Perkins‹ bekannte die Königin ist –, insbesondere aber den Glaubensgrundsatz, daß es von Verstand und wahrer Lebensart zeuge, kein Herz zu haben. Gefördert wurde der Besitz eines Herzens allerdings dann, wenn Aussicht bestand, auf diese Weise vor den Scheidungsrichter zu kommen; und die Göttin erfand eine neue Art Heldin, eine, die mit ihrem Herzen um sich warf, als sei es ein hübscher, harter Tennisball. Sie erfand die Frau mit Vergangenheit. Sie erfand außerdem zwei neue Arten gesellschaftlicher Spitzen: die Stimme der einen ist wie das Blöken des Goldenen (oder Ehernen) Kalbes, die andere ähnelt den *Tunicata* – um erneut die naturwissenschaftliche Bezeichnung dieser einfachen Lebensform zu benutzen –, sie hält sich mit Vorliebe im Schlamm auf, besitzt zwar Magen und Mund, doch weder Herz noch Nerven.

Erst nach dem Ersten Weltkrieg aber setzte sich die Vulgarität richtig durch, im Gefolge der Horden neureicher oder neuhalbreicher »feiner« Leute, die jetzt unser Land heimsuchen oder, scharenweise wie die Ratten auftretend, Ausflüge an den Lido unternehmen. Dem Himmel sei Dank – die noch vor zehn Jahren üblichen Einladungen im Schlafanzug und mit einer Flasche in der Hand sind vorüber, wie auch so ›originelle‹ Einladungen wie zur Feier einer Scheidung. Vorbei sind auch die minder schlimmen Langweiler und Abscheulichkeiten, wie Röcke, die oberhalb der Knie endeten, der Bubikopf, die Platinblonden und die Schatzsucherei. Doch noch immer beobachten, be- und verurteilen, entdecken, verzeichnen und preisen verständige alterslose Damen, die Gespenster der Restaurants *à la mode*, überschwenglich die neuesten Moden mit Bezug auf Verhalten, Bräuche und Menschen – beispielsweise die Mode, kein Gesicht zu haben – (Gesichter, meine Kinder, sind vollständig aus der Mode, niemand trägt sie mehr). Sie entdecken die Mode des ›Gabelfrühstücks‹, das geschäftige Frauen, die rein gar nichts zu tun haben, stehend einnehmen müssen – Frauen, die so viel zu tun haben, daß sie gerade noch ins Eßzimmer ihrer Gastgeberin gehen können, um dort deren Speisen hinunterzuschlingen und die Getränke hinabzustürzen. Sie entdecken neue ›interessante Persönlichkeiten‹, und jeder dieser unbezähmbaren Aufsteiger ähnelt verdächtig

> . . . bold Ainall, with a weight of skull
> Furious he drives, precipitately dull.
> No crab more active in the dirty dance
> Downward to climb, and backward to advance,
> He brings up half the bottom on his head
> And loudly claims the journals and the lead.

Ganz anders zeigte sich der kühne Arnall, mit einem schweren Gehirn taucht er wüthend und eilfertig dumm unter, mit aller Kraft der Schwere begabt. Um seine arbeitenden Arme drehen sich Wirbel und Stürme. Kein Krebs ist so leicht, im Tanze durch den dicken Koth hinunter zu kriechen, und wieder rückwärts zu gehen. Er bringt den halben Schlamm des Bodens auf seinem Kopf heraus und fordert mit lauter Stimme das Journal und das Bley.

Der wartend zuschauende Chronist entdeckt überdies neue Wörter, die zeigen, daß wir mitreden können: Verdatung, Fließheck, Dünnsäureverklappung. Ach! Und die neuen klugen Stimmen, die sie erschallen lassen! Sind es Frauenstimmen, klingen sie betont unmelodisch und hölzern, laut und künstlich aufgerauht – oder blechern, bläßlich und beschnitten, als kämen sie aus einer minderwertigen und abgenudelten Musikbox; Männerstimmen sind so piepsig, durchdringend und bedeutungslos wie das Kreischen von Papageien oder Pfauen. Aus Frauenmund hört man nicht nur das neueste modische Schlagwort nachgeplappert, sondern überdies *gros mots* und Gossensprache; aus dem Mund der Männer kreischt es »Liebling« und »wirklich himmlisch«, wie wir den jüngsten Neuigkeiten aus den Salons der Pariser Modeschöpfer entnehmen. Der Anblick dieser jungen Herren – (die, sofern das möglich ist, noch schlimmer sind als die Frauen) – erinnert uns erneut an die *Dunciade*, diesmal ist es das von den Händen der »sanften Stumpfheit« geformte Abbild:

All as a partridge plump, full-fed and fair,
She formed this image of well-bodied air;
With pert flat eyes she windowed well its head:
A brain of feathers, and a heart of lead;
Never was dashed out, at one lucky hit
A fool, so just a copy of the wit.

Sie hatte es (d.h. ein Bildnis) wohl aus verdichteter Luft gebildet; überall so fett, wie ein gemästetes Rebhuhn, seinen Kopf mit den Fenstern kleiner lebhafter Augen, einem Gehirn von Federn versehen, und ihm ein Herz von Bley, leere Worte und eine schallende Stimme gegeben: sonst war der Götze ohne Verstand, ohne Leben, leer und eitel! Nie ward durch einen glücklichen Pinselstoß ein Narr herausgestoßen, der so vollkommen einem Witzlinge glich.

Sie schämen sich jedoch ihrer Schöpferin und halten die Stimmen, die ihnen als Vorposten dienen, für Befestigungen oder einen Schutzwall gegen sie.

Diese jungen Männer – (die Frauen sind größtenteils gesichtslose Hohlköpfe, die deren Führung folgen) – darf man getrost Weihrauchfaßschwinger und Pagen der neueren Vulgarität nennen, mit ihrem »schick«-Gekreisch und ihrem pubertären Drang, im Hause wie auf dem Leibe stets das Neueste zur Schau zu stellen – Wohnzimmerwände, die mit Stiefelknöpfen, Perlmuttknöpfen oder Stroh verziert sind, Möbel aus Stahl, Wachstuchkleider für die gesichtslosen internationalen Filmsterne aus Venedig, Paris und London. Ja, ich denke, man kann wahrheitsgemäß sagen, daß die jungen Männer die Göttin noch glühender anbeten als die jungen Frauen; sie haben noch mehr Angst als jene, zwei Wochen hinter der letzten Mode herzuhinken; der Titel des neuesten Buches oder Musikstücks kommt ihnen häufig von den Lippen. Denn am schlimmsten ist, daß sie die Künste als Mittel zum gesellschaftlichen Aufstieg übernommen haben und hinstellen. Die einzige Möglichkeit, unsere Liebe zur Kunst zu beweisen, besteht darin, daß wir, so weit uns das möglich ist, dem Künstler helfen; diese Leute tun nichts, als dessen Zeit zu vergeuden – sie strecken ihm keine helfende Hand entgegen. Und über die Künste selbst müssen wir sagen, daß in ihnen eine neue Art Vulgarität herrscht. Im Fall der Hofmaler der Vulgarität zur Zeit Edwards VII. hielt man es für erforderlich, daß all der Zuckerguß von einem alles beherrschenden Eindruck der Fülle überlagert wurde – die Chiffontücher, die Vogelfedern, die Vorhänge –, ich meine Fülle vom Maler aus gesehen. Man vermittelte den Eindruck, das Bild sei im Wohnzimmer *gemalt* worden; selbst dann, wenn der Porträtierte vor den Säulen einer Terrasse oder unter einem uralten Baum stand. Kleidungsstücke oder Teile der Anatomie des Porträtierten hingegen mußten, soweit möglich, eine Ähnlichkeit mit irgendwelchen Nahrungsmitteln aufweisen. So ähnelten die Hände von Damen häufig verdächtig grätenlosen Räucherlachsscheiben, und ihre Kleider bestanden nicht selten aus Schlagsahne.

So viel zur Vergangenheit! Jetzt ist, was die Malkunst betrifft, alles anders und Leere zu einer Notwendigkeit geworden. In der Literatur herrscht unumschränkt eine ganz neue Form der Vulgarität; und gewisse Romanautorinnen verschaffen sich darin fast ein Monopol mit ihrer Entschlossenheit, sich den Tatsachen zu stellen, mit ihren lauten Rufen nach Moralin und Kernseife, mit ihrer gesunden »Offenheit«, ihrer heißen Luft auf dem Gebiet der Politik, ihrer »Tapferkeit«, Aufgeschlossenheit und der beharrlich vorgetragenen Bitte, der Leser möge das System der emotionalen Gesundheit ihrer Gestalten in Augenschein nehmen, wie auch mit ihrer Angewohnheit, jedes Buch aus ihren eigenen Reihen zu loben, das Unsinn von der Überlegenheit der Frauen über die Männer oder über »Frauenarbeit« vom Stapel läßt. Sie führen sich auf, als seien Frauen Kaninchen, die kürzlich erst den Gebrauch ihrer Pfoten erlernt haben.

Das ist der eher schwerfällige Typus der Vulgarität; der schaumigere, am Lido flanierende »elegante« würde, vermute ich, über die Vulgarität lachen, vor der die Vornehmheit das Knie beugt. Doch in Wirklichkeit handelt es sich um Schwestern. Beiden wohnt eine tiefverwurzelte Furcht vor der Meinung anderer inne, die eine ist ebensowenig frei wie die andere. Wer »schick« ist, findet es weniger vulgär, Angst zu haben, diese oder jene »Gesellschaftsspitze« könnte der Ansicht sein, man müsse daheim die Wände mit Stiefelknöpfen statt mit Stroh verzieren, als jemand, der in einer Vorstadt wohnt und Angst hat, die Nachbarin könne meinen, man verwende die falsche Kakaomarke, oder sie könne die Wäsche auf der Leine hängen sehen. Warum tun wir nicht, was uns gefällt?

Um es zusammenzufassen: Vulgarität ist in gewissem Sinne häufig nichts anderes als eine verkleidete Furcht, und zwar eine, die die Reichen befällt. Denn Vulgarität ist kein Merkmal der wahrhaft Armen. Es ist nichts Vulgäres daran, wenn die Massen an einem Feiertag am Strand eines Seebades auf Eseln reiten, auf einem Karussel kreisen, Muscheln suchen, in einem Boot hinausfahren oder Meeresschnecken essen. Vulgarität hat sich noch nie einfach gekleidet.

Roy Campbell
& Dylan Thomas

Dame Edith

Bevor der letzte Krieg zu Ende war, hatte ich nahezu alle Menschen kennengelernt, die ich jetzt als Freunde betrachte.

Zwei junge Männer - beide meine Freunde - waren noch sehr jung, als sie starben, die großen Dichter Roy Campbell und Dylan Thomas.

Roy Campbell gehörte zu der äußerst geringen Zahl bedeutender Dichter in unserer Zeit. Mit den Worten eines der Orakel des Porphyrios waren seine Gedichte »zu heiligen Formen verdichtetes reines Feuer«.

Seine Gedichte haben nicht nur Format, sondern auch die Stärke und die Bewegungskraft eines Riesen. Darüber hinaus besitzen sie eine außergewöhnliche sinnliche Schönheit; alles ist in Größe umgewandelt. Wenn er beispielsweise in dem meisterhaften Gedicht »Vision of Our Lady over Toledo« (Vision unserer Lieben Frau über Toledo) vom Jasmin sagt, er klammere sich »wie Donner an die Gipfel« oder er erzeuge »in seinem Schatten betautes Sternenlicht«.

Bisweilen brachte er einen »wilden tierhaften Vers« hervor, »in dem er rohe Helligkeit und Wärme kanalisierte« (um zu zitieren, was Jean Helion in »Avowals and Comments« über eine gewisse Art zu malen geschrieben hat [veröffentlicht in *The Painter's Object**, herausgegeben von Myfanwy Evans]). Oder er stürzt rasend wie ein Wirbelwind und mit entsprechendem Ungestüm dahin.

Eine solche Windsbraut findet sich in den nachstehenden Versen aus

* Der Titel enthält ein Wortspiel, da »Object« hier sowohl »Gegenstand« als auch »Absicht« bedeutet.[Anm. d. Übers.]

Horses on the Camargue

. . .
When hail and fire converge,
The only souls to which they strike no pain
Are the white-crested fillies of the surge
And the white horses of the windy plain.
Then in their strength and pride
The stallions of the wilderness rejoice;
They feel their Master's trident in their side,
And high and shrill they answer to his voice.
With white tails smoking free,
Long streaming manes, and arching necks, they show
Their kinship to their sisters of the sea –
And forward hurl their thunderbolts of snow.
Still out of hardship bred,
Spirits of power and beauty and delight
Have ever on such frugal pastures fed
And loved to course with tempests through the night.

Pferde in der Camargue

. . .
Wenn sich Hagel und Feuer vermischen
Sind die einzigen Seelen, denen sie keinen Schmerz zufügen
Die Fohlen der Brandung mit dem weißen Kamm
Und die weißen Pferde der winddurchwehten Ebene
Dann jauchzen die Hengste der Wildnis
Vor Kraft und Stolz;
Sie spüren den Dreizack ihres Meisters in der Flanke,
Und antworten hoch und schrill auf seine Stimme.
Mit weißen Schweifen, die ungehindert zucken,
Lang fließenden Mähnen und gebogenem Hals

Zeigen sie ihre Verwandtschaft mit den Schwestern
vom Meere –
Und schleudern vorwärts ihre Blitze aus Schnee.
Nach wie vor Kinder der Not,
haben je auf solch kargen Gründen geweidet
machtvolle, schöne und entzückende Geister
und sind gern die Nacht hindurch mit dem Sturm um die
Wette gelaufen.

Emerson hat Plato als den Mann bezeichnet, »der wie eine Sonne im Mittelpunkt des Denkens sich befand, ein unbegrenztes Gesichtsfeld und einen wolkenlosen Glauben hatte.« So hätte man auch Roy Campbell charakterisieren können.

Seine Sprache war von der »höchsten Feinheit«, die Ben Jonson als für die Dichtung unerläßlich bezeichnet hatte, und innerhalb der Schwankungsbreite seiner ungewöhnlichen Technik lagen die Verse, mit denen der tote Mazeppa* beschrieben wird, wie auch der auserlesene, kühle, lebenssprühende und tanzende Ton von »The Palm« – es klingt tatsächlich wie Luft, die in Blättern raschelt. Ich zitiere die wenigen Verse (er schrieb über den Sand an den Wurzeln der Palme):

. . .
For bitter and cold though it rasp to my root,
Each atom of gold is the chance of a fruit,
The sap is the music, the stem is the flute,
And the leaves are the wings of the seraph I shape
Who dances, who springs in a golden escape,
Out of the dust and the drought of the plain,
To sing with the silver hosannas of rain.

* Mazeppa, ein Kosakenhetman aus dem 17. Jahrhundert, dessen romantisches Schicksal zahlreiche Künstler auf allen Gebieten (u.a. Lord Byron) bis in die Gegenwart angeregt hat.

. . .
Denn obwohl er bitter und kalt an meinen Wurzeln kratzt
bietet jedes Goldatom Aussicht auf eine Frucht,
Der Saft ist die Musik, der Stamm die Flöte,
Und die Blätter sind die Flügel des Seraphs, den ich bilde
Der tanzt und in einer goldenen Flucht hüpft,
Aus dem Staub und der Dürre des Tieflandes,
um mit den Silber-Hosiannas des Regens zu singen.

Oder man nehme als Kontrast das großartige, entsetzliche und bewegende Gedicht »To a Pet Cobra« (An eine Kobra, die als Schoßtier gehalten wird) –, das mir dieselbe Größe wie gewisse Gedichte Baudelaires zu haben scheint, und das so beginnt:

With breath indrawn and every nerve alert,
As at the brink of some profound abyss,
I love on my bare arm, capricious flirt,
To feel the chilly and incisive kiss
Of your lithe tongue that forks its swift caress
Between the folded slumber of your fangs,
And half reveals the nacreous recess
Where death upon those dainty hinges hangs.

Mit angehaltenem Atem und angespannten Nerven,
Wie am Rande eines tiefen Abgrunds,
Spüre ich gern auf meinem Arm, launische Tändelei,
den kühlen und beißenden Kuß
Deiner flinken Zunge, die ihre rasche Liebkosung spaltet
Zwischen den gefalteten Schlaf deiner Giftzähne
Und halb die perlmuttfarbene Höhlung enthüllt
Wo Tod an diesen zierlichen Gelenken hängt.

Auch hier wieder die Schönheit wie Wellenschlag, der unaussprechlich anrührende Klang seiner Übersetzung aus »Upon a gloomy night« des Johannes vom Kreuz (In einer trübsinnigen Nacht).

Doch ich muß von ihm als Menschen sprechen. Hochgewachsen, breitschultrig, kräftig und lebensvoll hatte er Augen vom blitzenden Blau des Eisvogels. Er wäre überall aufgefallen, wie er die Menge überragte, nicht nur wegen seiner Körpergröße, und gewiß nicht wegen irgendwelcher Merkmale, die er zur Schau gestellt hätte - ihm war jede Affektiertheit des Auftretens und des Wesens fremd -, sondern wegen seiner ungewöhnlichen Persönlichkeit.

Er war von großer Einfachheit, und die Zuvorkommenheit und Liebenswürdigkeit, mit denen er seine Freunde behandelte, hätten nicht größer sein können. Er war hinreißend tapfer und ritterlich und hatte das schlichte Herz und Vertrauen eines Kindes. Er hätte sich im 16. Jahrhundert, dem Zeitalter der Tudors, wohler gefühlt als in diesem Zeitalter unproduktiver grauer Glaubenssätze und von Diktatoren, die die Menschheit als »Bazillen des Planeten« anzusehen vermochten. Er bestand aus »der wilden Natur der Welt«. Man hat ihm vorgeworfen, Faschist zu sein. Das war er zu keiner Zeit, doch er kämpfte als tiefreligiöser Mensch gegen die Roten in Spanien. Ihn durchdrang die Überzeugung - und ich teile sie -, daß es keinen Unterschied mehr macht, ob man Priester, Nonnen, Juden, Bauern oder Aristokraten abschlachtet - eins ist so schändlich wie das andere. Man verzieh ihm auch nie, daß er den britischen Monarchen mit leidenschaftlicher Treue anhing.

Ich habe nie einen mit so viel Lebenskraft erfüllten Gesellschafter erlebt, und auch keinen, der Seltsameres erlebt hätte. Seine Abenteuer waren bisweilen so ungewöhnlich, daß Menschen, die ihn nicht sehr gut kannten, anfangs nicht glauben konnten, daß sie ihm wirklich widerfahren waren. Aber es stimmte immer.

Wem, außer ihm, konnte es geschehen, daß (in einem afrikanischen Waldgebiet) ein Nashorn seinen Wagen attakkierte, wobei es Sieger blieb und – was ungewöhnlich war, um es zurückhaltend zu sagen – mit der Motorhaube als Trophäe auf dem Horn in den Wald verschwand. Wem, außer ihm, konnte es geschehen, daß man ihm (als er im vorigen Krieg Kommandierender Hauptfeldwebel einer aus Schwarzafrikanern bestehenden Einheit war) einen irischen Baronet unterstellte, der der Schwarzen Magie anhing. Als seine Leute das erfuhren, wurden ihre schwarzen Gesichter grau, und er bekam den Auftrag, den Iren so rasch wie möglich loszuwerden. Also nahm ihn Roy aus der Truppe und »schüttelte ihn ab«. Wer, außer ihm, hätte als Kind Tintenfischen das Innere nach außen gekehrt, wenn sie Schwierigkeiten zu machen drohten?

Kämpfe genoß er.

Von seinem letzten Afrika-Aufenthalt (bei dem die Sache mit dem Nashorn passierte) schickte er mir eine Ansichtskarte mit dem Foto eines besonders freundlich dreinblickenden, schlafenden Löwen. Auf ihr stand: »Wie benimmt sich *The* (folgte der Name einer englischen Wochenzeitung, die mich mit Unverschämtheiten eingedeckt hatte) zur Zeit? Ich werde in einigen Wochen wieder in Europa sein. *Soll ich mal hingehen?*« Ich zittere beim Gedanken an das, was den Mitarbeitern des Blattes widerfahren wäre, hätte er es *getan!*

Der Kampf gegen das Nashorn war, glaube ich, der einzige, den er je verloren hat. Es gab allerdings Augenblicke, da Gegner einen bedauerlichen Mangel an Bereitschaft bewiesen, sich zum Kampf zu stellen. Ein bestimmter Universitätslehrer hatte schwächlich winselnd und lamentierend nahezu alle der kraftvollsten Gedichte unserer Zeit heruntergemacht, und Roy entschloß sich, ihm in seiner eigenen Umgebung die Stirn zu bieten. Also begab er sich zu der betreffenden Universität und teilte dort vor einer riesigen Zuhörerschaft von Studenten (die meisten von ihnen waren begeistert, einige aber, unter dem mickrigen Zauber dieser grauen Halb-Eminenz stehend, ungehalten) in einer Vorlesung klipp und klar mit, was er von dem Mann hielt. Als dieser von der Sache erfuhr, wurde er etwas unruhig und erklärte, er werde wohl »einen Leibwächter einstellen« müssen. Daraufhin schrieb ihm Roy: »Nur zu, stellen Sie einen Leibwächter ein. Ich komme dann in Ihr College und reiße Ihnen die Kleider vom Leibe, so daß weder Ihre Frau noch Ihre Kinder Sie wiedererkennen werden. Und anschließend verlasse ich Ihr College ohne die kleinste Schramme!« »Und weißt Du was, Edith«, sagte er mir, *»der feige Kerl hat nicht mal geantwortet!«*

Nietzsche hat über Petronius geschrieben, dieser habe »die Füße des Windes ... den Zug und Athem, den befreienden Hohn eines Windes, der Alles gesund macht, indem er alles laufen macht.«

Diese Worte hätten auf Roy gemünzt sein können. Aber mir gefällt weder das Wort Hohn, noch weisen Roys Satiren (von denen einige zu meinem tiefen Bedauern auf Menschen zielen, die zu meinen Freunden gehören) ihn als den großen Dichter aus, der er ist. Das tun Gedichte wie »To a Pet Cobra«, das großartige und kraftvolle »Horses on the Camargue«, das wunderschöne Gedicht auf seine Frau im zweiten Band seiner »Collected Poems« sowie im selben Band das Gedicht »Vision of Our Lady over Toledo«. Er hat manche Menschen durchaus gründlich falsch verstanden; doch das lag an schrecklichen Umständen, und ich bin sicher, wäre ihm klar geworden, daß er sie falsch eingeschätzt hatte, er hätte es unumwunden zugegeben.

Man hat ihn oft wegen seiner wüsten Verunglimpfungen der Roten in Spanien geschmäht, gegen die er kämpfte. Aber wer ihn so schmäht, weiß nicht, was manche dieser Roten seiner geliebten Frau und seinen beiden sehr jungen Töchtern (die unter großer Gefahr in Spanien lebten, während er kämpfte) für den Fall angedroht hatten, daß sie ihnen in die Hände fielen! Roy wußte diese Drohungen nicht zu schätzen. Wie unvernünftig doch manche Menschen sind!

Dieser schlichte Riese »mit Hingabe im Herzen« war der wahre Ritter unserer Lieben Frau, und wenn ihn der Tod dahinraffen mußte, war es nur angemessen, daß es geschah, als er von der Feier der Auferstehung ihres Sohnes heimkehrte.

Ich glaube auch, daß er, der ganz Energie und Feuer war, ungern hilflos dahinsiechend den Strohtod gestorben wäre. Er starb, wie er gelebt hatte: wie ein Blitz.

BRIEF AN DYLAN THOMAS

Lieber Mr. Thomas,
Obwohl wir einander nie begegnet sind, muß ich Ihnen schreiben, um Ihnen zu sagen, auf wie unzulängliche Weise auch immer, mit welch tiefer Bewunderung und Wonne ich Ihr wunderschönes Gedicht gelesen habe, das mit dem Vers beginnt »A Grief ago« (Einen Kummer zuvor) wie auch das schöne und seltsame Gedicht in der neuesten Ausgabe von *Life and Letters**. Es ist keine Übertreibung, wenn ich sage, daß ich mich nicht erinnern kann, wann mich die Arbeit eines Lyrikers der jüngeren Generation zuletzt so tief angerührt und angenehm erregt hat oder wann ich eine so tiefgehende Gewißheit empfunden habe, daß es sich um einen Dichter handelt, der alle Fähigkeiten und Möglichkeiten zur Größe besitzt. Ich bin von dieser Gewißheit und dieser Bewunderung völlig überwältigt. Nur ein junger Mann, dem es bestimmt ist, ein großer

* Englische Vierteljahres-Literaturzeitschrift [Anm. d. Übers.]

Dichter zu werden, konnte das entzückende, wahre und ergreifende Gedicht im Programm verfassen – (auch das erste ist überragend) – ich kann mich gar nicht beruhigen! Ich glaube, ich lerne es auswendig. Und was das Gedicht in *Life and Letters* betrifft, konnte nur ein wahrhaft bedeutender Dichter diesen außergewöhnlichen zweiten und dritten Vers der Passage schreiben, die so beginnt:

What is the metre of the dictionary?
The size of genesis? The short spark's gender?
Shade without shape? The shape of Pharaoh's echo.«

Was ist das Metrum des Wörterbuchs?
Die Größe der Schöpfungsgeschichte? Das Geschlecht des
kurzen Funkens?
Schatten ohne Gestalt? Die Gestalt von des Pharaos Echo.

Oder die beiden wunderbaren Verse, mit denen das Gedicht anfängt, oder der Vers

Death is all metaphors, shape in one history.

Der Tod ist alle Metaphern, Gestalt in einer einzigen
Geschichte.

*

Ich habe gerade einen Artikel über »A Grief ago« für den *Mercury** beendet. – Mein guter Bekannter Mr. Herring schreibt mir, daß von Ihnen bald ein neues Buch herauskommt. Ich habe meinen Agenten bereits wissen lassen, daß ich es gern besprechen möchte, aber ich wäre äußerst dankbar, wenn Sie

* Damals in London erscheinende Literaturzeitschrift [Anm. d. Übers.]

mir mitteilen könnten, in welchem Verlag und wann es erscheint, damit ich auch bestimmt das Vergnügen und die Ehre habe, darüber zu schreiben. – Ich bewundere ebenfalls eine ganze Anzahl Ihrer 18 Gedichte, aber Ihre beiden neuesten haben mich über alle Maßen erregt und entzückt. – Ich muß gestehen, daß mir das erste Ihrer Gedichte, das ich gelesen habe, vom technischen Standpunkt aus nicht gefallen hat – und ich habe es für meine Pflicht gehalten, das zu sagen, ohne Ihren Namen zu nennen, wobei ich das Vorgenannte nur als Beispiel nahm.

Ich weiß jetzt, und daran kann es keinerlei Zweifel geben, daß wir in Ihnen einen Dichter haben, von dem wahre Größe erwartet werden darf.

Dies ist ein sehr unzulänglicher Brief. Ich hoffe, wir lernen einander eines Tages kennen. Es gibt zahllose Fragen, die ich Ihnen stellen möchte. Ihr Werk hat, das darf ich Ihnen versichern, keinen treueren Bewunderer als

Ihre aufrichtige

Diesen Brief an Dylan Thomas schrieb ich, als er zweiundzwanzig Jahre alt war. Er bedeutete den Anfang einer Freundschaft, die bis zu seinem tragisch frühen Tod im Alter von neununddreißig Jahren dauerte. Dylans frühes Leben als Dichter war keinesfalls leicht, obwohl (äußerst wenige) Menschen für ihn eingetreten sind. Nach der Veröffentlichung seines zweiten Buches wurden in der Leserbriefspalte einer der beiden großen Londoner Tageszeitungen wütende Attacken gegen ihn geritten. Es war mein Vorrecht und mein Stolz, es den Angreifern zwei Monate lang mehr als nur heimzuzahlen. Die Luft scheint immer noch vom Klang kräftig getroffener Dummköpfe widerzuhallen.

Ich habe kein gutes Gedächtnis und führe auch nicht Tagebuch, daher kann ich mich, obwohl mir die Angelegenheit äußerst wichtig war, nicht an das genaue Datum unseres ersten Zusammentreffens erinnern. Ich hatte sein zweites Buch besprochen und den obigen Brief geschrieben; und so suchte er mich auf, als er nach London kam.

Dichtung ist in gewissem Maße der ätherische Leib des Dichters (allerdings nur in gewissem Maße) - und so will ich versuchen, Dylan Thomas' Äußeres zu beschreiben.

Als ich ihm zum ersten Mal begegnete, hatte ich sogleich den Eindruck, Rubens habe es sich in den Kopf gesezt, einen jugendlichen Silen zu malen. Er war nicht groß, aber überaus breitschultrig und erweckte den Eindruck außergewöhnlicher Kraft, Robustheit und im Übermaß vorhandener Lebenskraft. (Ein Eindruck, den seine rötlich-bernsteinfarbenen Locken, kräftig wie die zwischen den Hörnern eines jungen Stiers, noch verstärkten.) Das Porträt, das Mr. Augustus John von ihm gemalt hat, ist zwar schön, läßt ihn aber wie einen Cherub wirken. So ansprechend es ist, das Gefühl erzengelgleicher Kraft, das man bei Dylans Anblick hatte, gibt es, zumindest nach Ansicht der Verfasserin, nicht wieder.

Von vorn sah er weitgehend so aus, wie William Blake in jungen Jahren ausgesehen haben muß. Er hatte - wie dieser - große Augen, die zuerst den Eindruck erweckten, als nähmen sie nichts wahr; in Wirklichkeit aber sahen sie alles, während ihr Blick in unmeßbare Fernen gerichtet war.

Ich habe nie jemanden kennengelernt, der sich besser als er darauf verstand, die Zuneigung anderer zu gewinnen. Und das ging nicht nur auf seine große Wärme zurück, seinen Charme und seine anrührende Spaßhaftigkeit. Ich habe nie einen Menschen von heiligerer und kindlicherer geistiger Unschuld gekannt. Sein Kraft förmlich ausstrahlender Leib, sein dem Körperlichen zugewandtes Leben verwischten und beeinträchtigten diesen Eindruck zu keinem Zeitpunkt. Er liebte alle Menschen und empfand Verachtung lediglich für die grausamen, die herzlosen (das sind nicht unbedingt dieselben) und die boshaften. Er war äußerst großzügig in seiner Begeisterung und ein überaus treuer Freund. Leider waren einige derer, die sich um ihn drängten, dieses Edlen unwürdig. Doch will ich sie ihrer Schande überlassen, denn er ist tot, und man kann nichts daran ändern.

Schon sehr jung heiratete er Caitlin Macnamara, das schöne junge Mädchen, das die Liebe seines kurzen Lebens war. Ihrer beider Zuneigung füreinander war äußerst rührend und schön anzuschauen. Vor nicht allzu langer Zeit, als er nach einer Dichterlesung in London mit mir soupierte, sah er über den Tisch zu seiner schönen jungen Frau hinüber, mit ihren Wangen wie Heckenrosen und ihren tanzenden blauen Augen, ihrem hellen glänzenden, funkelnden Haar, das alle Farben eines Frühlingstags in sich zu schließen schien, und wandte sich mit dem Ausruf an mich: »*Ist sie nicht schön!* Vom ersten Augenblick an, als ich sie sah, war sie die einzige. Es hat nie eine andere als sie gegeben, und es wird auch keine andere geben.« Ein anderes Mal, es war unsere letzte Begegnung vor seinem Tode, stand er vor der Abreise nach Amerika, und sie war unglücklich, weil er ihr so fern sein würde. Er bat mich: »Sagen Sie ihr, wenn ich fort bin, wie sehr ich sie liebe.« Das tue ich jetzt, da er sehr weit fortgegangen ist. Es hat nie eine andere als sie gegeben.

Seine schöne Sprechstimme klang macht- und prachtvoll, und Dichtung, die er sprach, wirkte ebenso außergewöhnlich wie das, was er schrieb. Die »Löwen und Feuerbrände seines fliegenden Atems«, um einen seiner eigenen Ausdrücke zu verwenden, waren so, daß in den Leben, die er sich sozusagen zu eigen machte, jeglicher Stolz, alles Licht einherschritt. Von ihm Blakes »Tiger« rezitiert zu hören, war eine Offenbarung. Es erfüllte mich mit großem Stolz zu hören, wie er meine Gedichte las.

Natürlich gab es da Augenblicke ... Einmal kam er bei einer Teegesellschaft, die Carson McCullers gemeinsam mit David Gascoyne gab, auf mich zu und sagte: »Ich habe gehört, jemand verbreitet, ich hätte mich in Bermondsey viehisch aufgeführt. Ich habe mich in Bermondsey *nicht* viehisch aufgeführt.«

Bei einer anderen Gelegenheit, er aß bei mir zu Mittag, sagte er, als er eintraf: »Es tut mir leid, daß ich so abscheulich rieche, Edith. Es ist Margate.«* Ich sagte: »Natürlich, mein lieber Junge, es ist Margate.«

Ein anderes Mal, zu Beginn unserer Bekanntschaft, hinderten ihn die Umstände daran, mich aufzusuchen. Dylan schrieb einen Entschuldigungsbrief, den ich verloren habe. Offenkundig war er mit ihm nicht zufrieden; nachstehend sein zweiter Brief:

Cwmdonkin Drive.
Uplands, Swansea.
2. September 1936.

Liebe Miss Sitwell,
Mir ist klar, daß ich keine Antwort auf meinen Brief erwarten durfte, den ich vor so vielen Monaten geschrieben habe. Ich war abscheulich unhöflich, nicht zu kommen und alles, und ich verstehe gut, daß Sie meinen albernen Entschuldigungsbrief nicht beantwortet haben. Aber ich hoffe, Sie zürnen mir nicht wirklich, und ich möchte, daß Sie mir glauben, wie sehr ich bedaure – so sehr wie nur irgend etwas auf der Welt – die Freundschaft nicht fortgesetzt zu haben, die wohl zwischen uns entstanden war.

Sind Sie trotz allem bereit, mich wiederzutreffen? Sie bedeu-

* Englisches Seebad, einst vorwiegend von Angehörigen der besseren Stände besucht

ten für mich nach wie vor eine starke Ermutigung – und das wird immer so sein – und ich weiß das aufrichtig zu schätzen.

Ihr sehr ergebener
Dylan Thomas

In Amerika verfolgte ihn ein ganzer Rattenschwanz langweiliger kleiner Flittchen wie das Gefolge des Comus* in unverschämter Weise. Ich glaube, Schmeichelei gefiel ihm. Er litt wohl bisweilen an einer gewissen Verwirrtheit und hätte sagen können wie Rimbaud in *Une Saison en Enfer:* »*Oui, j'ai les yeux fermés à votre lumière. Je suis une bête, un nègre. Mais je puis être sauvé. Vous êtes de faux nègres, vous, maniaques, féroces, avares. Marchand, tu es nègre; magistrat, tu es nègre; général, tu es nègre; empereur, vieille démangeaison, tu es nègre; tu as bu d'une liqueur non taxée, de la fabrique de Satan.*« (*Eine Jahreszeit in der Hölle:* »Ja, meine Augen sind eurem Lichte verschlossen. Ich bin ein Tier, ein Neger, ihr, Verrückte, Rohlinge, Geizhälse. Kaufmann, du bist Neger; Richter, du bist Neger; General, du bist Neger; Kaiser, räudiger alter Mann, du bist Neger; du hast von einem schwarz gebrannten Saft getrunken, aus der Kelter Satans.«) Es bedarf wohl nicht eigens der Erwähnung, daß sich »Neger« nicht auf die Pigmentierung der Haut bezieht, sondern Menschen kennzeichnet, die nie mit der Zivilisation in Berührung gekommen sind.

Man hat Dylan vorgeworfen, seine Gedichte seien dunkel. Niemand würde bestreiten, daß er gelegentlich schwierig war. Das hängt zum Teil mit der verblüffenden Frischheit seiner Bilder zusammen. Wie Mr. John Crowe Ransom gesagt hat: »Ein Bild kann man der urtümlichen Frische keinesfalls entklei-

* E. S. spielt hier auf eine Stelle bei John Milton an. Comus, ein – angeblicher – Sohn des Bacchus und der Circe, lauert Reisenden auf und verlockt sie mit einem Zaubertrunk, der ihnen das Aussehen wilder Tiere gibt, woraufhin sie sich in ›tierhafter‹ Weise hemmungslos gebärden. [Anm. d. Übers.]

den, die Ideen nie zu beanspruchen vermögen. Eine Idee ist etwas Abgeleitetes und Gezähmtes. Bilder befinden sich im natürlichen oder wilden Zustand.«

Doch ist die Formulierung ». . . [ich] so glücklich war wie das Gras grün« in »Fern Hill« gewiß für jeden verständlich, und das damit Gesagte hat jeder erfahren. Zweifellos gilt das auch für nachstehende wundervolle Strophe aus demselben Gedicht:

And then to awake, and the farm, like a wanderer white
With the dew, come back, the cock on his shoulder; it was all
Shining, it was Adam and maiden,
The Sky gathered again
And the Sun grew round that very day.
So it must have been after the birth of the simple light
In the first, spinning place, the spellbound horses walking
warm
Out of the whinnying green stable
On to the fields of praise.*

Und dann zu erwachen, und der Hof, wie ein Wandrer, vom
Tau
Weiß, wieder da, mit dem Hahn auf der Schulter. Das war alles
Leuchten, das war Adam und junge Frau
Der Himmel war wieder gesammelt
Und die Sonne wurde am selben Tag rund.

* Dies Gedicht beschreibt offenkundig in Form einer erweiterten Metapher einen Frühlingsmorgen als eine Erneuerung der Schöpfung. Beispielsweise muß man in der Formulierung »Der Himmel war wieder gesammelt« lesen »Der Himmel erstand neu«, denn der hier verwendete Ausdruck »the sky gathered« zitiert die Schöpfungsgeschichte an der Stelle, an der es heißt, daß das Wasser von der Erde geschieden wird. Entsprechend muß »der erste Ort, wo man spann« gelesen werden als »der Ort, wo alles entstand«, denn »spin« hat im Englischen eine Vielzahl von Konnotationen, die teilweise auch wieder im Bezug zur Genesis stehen. [Anm. d. Übers.]

So muß es gewesen sein nach des einfachen Lichtes Geburt
Am ersten Ort, wo man spann, als die Pferde, bezaubert und
warm
Hinausgingen aus dem Wiehern des grünen Stalles
Auf die Felder voll Dank.

Gelegentlich verwendet er Wörter, die uns sonderbar erscheinen. Dr. Marianne Moore zitiert Wallace Stevens mit den Worten: »Wonne liegt in Wörtern mit Makeln und widerspenstigen Klängen. Oder«, fährt sie fort, »wie der metaphorische Apisstier sagen könnte: verbale Kraftmeierei, Unerträgliches.« Thomas war ein großer Freund verbaler Kraftmeierei.

Dante sagt in *De Vulgare Eloquio*: »Manche Wörter sind kindisch, andere weibisch, wieder andere aber männlich; und aus der letzteren Gruppe sind einige wild und manche weltgewandt, und von denen, die wir weltgewandt nennen, kommen uns einige gekämmt und glatt vor, andere hingegen zerzaust und struppig. Von diesen bezeichnen wir die gekämmten und struppigen als großartig, die glatten und struppigen hingegen sind die, die überflüssig klingen.«

Thomas ist größtenteils »struppig«, das Werk Ben Jonsons und John Donnes oft – aber keineswegs immer – »wild«, das Miltons und Shelleys »gekämmt«. Die Mehrzahl der minder bedeutenden klassischen Autoren muß als »glatt« angesehen werden. Sie hatten wohl den falschen Friseur.

Ich glaube, Whitman hat gesagt, »selbst im religiösen Eifern verbirgt sich noch ein Funken animalischer Glut.« In seiner Dichtung findet sich sowohl religiöse wie animalische Glut, und zwar im höchsten Maße. Seine Dichtung war »zu heiligen Formen verdichtetes reines Feuer«, von dem eins das Orakel des Porphyrios sprach. Die Entstehung dieser Gedichte ging mit jener großen Glut einher, die Aristoteles zufolge »mit der Zeugung von Löwen einhergeht«. Ihm war das Blut Geist.

Seine Sprache »wurde vom Atem der Natur angefacht, die nach oben springt; ihr geht es in erster Linie um Schwung und Wirkungen sowie um das, was sie pflanzt und zum Wachsen kräftigt.« (Whitman, *Notebooks*) Er befreit die Wörter von ihrer alten, gewohnten stumpfen Schläfrigkeit und gibt ihnen eine aufgefrischte und wache Bedeutung, einen neuen Widerhall.

Wie ich in meiner Besprechung von Thomas' *Collected Poems* in der *New York Herald Tribune* vom 10. März 1953 gesagt habe, ähnelt seine Stimme keiner anderen; der Geist ist jener vom Anfang der geschaffenen Dinge; es geht hier nicht um eine getrennte Vorstellung von Erfindung. Aus den Tiefen des Seins, von den Wurzeln der Welt, spricht eine Stimme. Ohne weiteres hätte er sich in den Versen

> I, in a wind of fire, from green Adam's cradle
> No man more magical . . .

> Ich in einem Feuerwind, aus des grünen Adams Wiege,
> Kein Mann mit mehr Zauberkraft . . .

selbst beschreiben können, hat es ohne Zweifel auch getan. Ihm bedeutete, wie Jakob Böhme, »der Saft im Baum die reine Gottheit«. Er liebte und pries

> The force that through the green fuse drives the flower

> Die Kraft, die aus dem grünen Stengel die Blüte treibt.

wie auch die

. . . animals thick as thieves
On God's rough tumbling grounds
(Hail to His Beasthood!)!

. . . Tiere, die auf Gottes rauhem Gelände
Wie Kletten aneinanderhängen
(Heil Seiner wilden Tierheit!)

(Dylan sah die Welt als Gelände, auf dem es kunterbunt durcheinander geht, und auf dem es gleichermaßen Freude gibt wie die heiligen Kriege des Geistes.)

Bei ihm ist alles Gebet und Lobpreis. Dichtung ist für ihn Gebet. »Beim Beten«, sagte der Curé d'Ars, »sollten wir unseren Mund Gott entgegen öffnen, wie der Fisch, wenn er die Woge kommen sieht.« »Ich bin so eingesetzt und untergetaucht in der Quelle seiner unmessbaren Liebe, als wäre ich im Meere und könnte von keiner Stelle irgendein Ding tasten, sehen, fühlen als Wasser«, heißt es bei der heiligen Katharina von Genua. Und so könnte Dylan Thomas gesprochen haben. Aber ich habe ja schon mehrfach wiederholt, daß eine Ähnlichkeit zwischen den Erlebnissen des Heiligen und des großen Dichters besteht.

In dem bedeutenden Gedicht »Weigerung, den Flammentod eines Kindes in London zu betrauern« mit seiner dunklen, prachtvollen, stolzen Bewegung sehen wir den Tod in seiner Wirklichkeit – als Rückkehr zum Anfang der Dinge, als feierliches Einkleiden und eine Einsetzung jener, die seit Anbeginn der Zeiten unsere Freunde waren:

. . . Jenseits der Zeit, ihrer Mutter schwarzen Adern von
allen Seiten, . . .

[(Erde, ihre Mutter.) Vogel, Tier und Blume haben ihren Teil an der Erschaffung der Menschheit. E. S.]

Und ich wieder hinein muß in das runde
Zion des Wassertropfens gehen
Und in der Kornähre Synagogenmauern.

(Der Wassertropfen ist heilig, die Getreideähre ein Ort des Gebets.) Die »zeugende und alles beugende Dunkelheit« selbst ist eine Kraft, die neues Leben hervorbringt. Noch Kummer und Tränen bedeuten ein Zeugen. »Die Stationen der Atemnot« sind die des Kreuzwegs.

Mit welch unabänderlicher Trauer liest man jetzt diese an seinen sterbenden Vater gerichteten Verse:

Do not go gentle into that good night,
Old age should rave and burn at close of day;
Rage, rage against the dying of the light.
Wild men who caught and sang the sun in flight
And learn, too late, they grieved it on its way,
Do not go gentle into that good night.

Geh nicht sacht in jene gute Nacht,
Das Alter sollte bei Tagesende verzückt sein und brennen
Wüte, wüte gegen das Ersterben des Lichts.
Wilde Männer, die die Sonne auf der Flucht einfingen und besangen
Und, zu spät, erfahren, daß sie ihr auf ihrer Bahn Kummer bereiteten
Gehen nicht sacht in jene gute Nacht.

Leider verließ er, der die fliehende Sonne einfing und besang und dennoch Bruder der Sonne war, ihr auf ihrer Bahn nie

Kummer bereitete, uns ohne Abschied, ohne Gute Nacht zu sagen. Nie wieder werde ich jene goldene Sprechstimme hören, die Stimme des Löwen, des Adlers, der Taube, der Sonne. Aber auch ich darf nicht

... lästern alle Stationen der Atemnot

....

Nach dem ersten Tod gibt es keinen zweiten.

Oberflächliche Eindrücke

Edith und Sir Osbert
in New York

Viele meiner liebsten Freunde sind Amerikaner, und ich kann dies Buch der Erinnerungen – auch wenn ich nicht alle von ihnen mit Namen nennen werde – nicht ohne ein Wort über dies warmherzige, gastfreie Land beenden.

Es handelt sich um oberflächliche Eindrücke ... minder bedeutende Erinnerungen an ein Land, in dem ich einen großen Teil meiner Zeit auf der Eisenbahn, in Hotelzimmern und, im Verlauf einer Vortragsreise, mit Dichterlesungen verbracht habe.

Im Jahre 1948 wurden mein Bruder Osbert und ich eingeladen, gemeinsam zu lesen, und als wir das erste Mal nach New York kamen, zogen wir dort in das Hotel *St. Regis.*

Ich erinnere mich an unseren Lesungs-Agenten, einen Hünen. Als ihn der Fotograf aufforderte, sich zwischen Osbert und mich zu stellen und uns beide anzuschauen, schüttelte er den Kopf und sagte betrübt: »Ich kann ihn oder sie ansehen, aber nicht beide auf einmal.«

Er wirkte ungeheuer beruhigend. »Machen Sie sich keine Sorgen«, sagte er, »ich kümmer mich darum, daß alles klappt. Als bei der Vortragsreise von Mrs. Roosevelt auf jedem Bahnhof die ›Jungs‹ mit ihren Blaskapellen bereitstanden, hab ich Mrs. Roosevelt auf einen früheren Zug gesetzt und denen eine lange Nase gedreht ...«

Mein erster Eindruck von New York war überwältigend. Alle Menschen schienen jung zu sein. Unmöglich, sich so lebendige Menschen alt vorzustellen. Und die riesigen Häuserblocks, die nachts in verschiedenen Farben angestrahlt wurden, so daß sie wie Edelsteine glänzten, boten einen Anblick, der in meiner Erinnerung fortlebt wie das verbrannte Gold des mexikanischen Bodens und die seltsame anrührende Einheit von Bettlern vor den wuchtigen Kirchen jenes Nachbarlandes ...

Da ich mich in New York so lebendig fühlte, fiel es mir schwer zu schlafen. Ich weiß noch, wie ich einmal den Empfang angeläutet und dort vorgeschlagen habe, ich könne im Grand Central Bahnhof kampieren, denn dort sei der Lärm sicher nicht so schlimm. Man antwortete mir mit der untadeligen Art, die ich an den Angestellten jenes Hotels stets wahrgenommen habe. Das gilt auch für den Kellner Charley, an den ich mich vor allem wegen eines lustigen Vorfalls erinnere, der meinen Bruder betraf. Osbert hatte ein Bad genommen und trocknete sich gerade ab, als Charley durch die Tür hereinstürzte. Nicht im geringsten durch die Nacktheit meines Bruders außer Fassung gebracht, fragte er, sich umsehend: »Sir Charles, wo ist Miss Smith?«

Danach nannte man mich gewöhnlich Miss Smith, obwohl Charley meinen Bruder mit Sir Charles Mendel verwechselt hatte, dessen Sekretärin jene Miss Smith war ...

Wie ich schon sagte, verbrachte ich in Amerika einen Großteil meiner Zeit auf der Bahn, und zu meinen weniger wichtigen Erinnerungen gehört meine erste Begegnung mit einer Erscheinung, die man wohl »Musikberieselung« nennt.

Als ich mich in Paris aufhielt, hatte ich eigens für meine geliebte Katze eine Schallplatte mit dem Titel »Baby don't be blue« gekauft, auf der ein Herr sang, der als Gesangstragöde von einer gewissen affektierten Überlegenheit galt ...

Der Text hieß, soweit ich mich erinnere:

O baby don't say you're through
Baby I'm so blue ...
Baby ...

O Kleines, sag nicht, daß es zuende ist
Kleines, ich bin so schwermütig ...
Kleines ...

Meine Katze liebte diese Platte leidenschaftlich, und so erkannte ich die vertrauten Töne sogleich wieder, als sie aus dem Abteil nebenan drangen, während mich der Zug quer durch den Kontinent trug. Dann folgte der erste Teil von Griegs Klavierkonzert, der Marsch aus *Zampa**, ein Walzer, der während meiner Kinderzeit in Hotels an der englischen Küste viel gespielt wurde, sowie schließlich der Marsch der Priester aus *Attila* . . .**

Darauf erfolgte ein lautes Klicken, als habe jemand sein Gebiß herausgenommen, und es ging wieder los mit »Baby I'm so blue . . .« Das Ganze fing, wie ich mich erinnere, um sieben Uhr morgens an und dauerte bis Mitternacht. Da ich wußte, daß die Frau im Abteil neben mir in Begleitung eines Kindes reiste, das zweifellos bei Laune gehalten werden mußte, ertrug ich das Konzert am ersten Tag klaglos. Als es aber pünktlich um sieben am nächsten Morgen erneut einsetzte, wurde es mir zuviel. Ich zog einen Schuh aus, hämmerte mit aller Kraft gegen die Trennwand zum Nachbarabteil und rief anschließend den Schaffner. Er zeigte sich überrascht und machte sich sogleich an einer Abdeckung weiter hinten im Abteil zu schaffen. Das Konzert hatte ich mir, wie es schien, selbst eingebrockt . . .

Bei einer unserer Lesungen wurde mein Bruder gefragt: »Wie können Sie gute Dichtung von schlechter unterscheiden?«

»Genau wie bei Fisch . . . frischer ist gut, alter ist schlecht, und wer unsicher ist, legt der Katze was zum Probieren hin.«

Während dieser Lesung erteilte mein Bruder jemandem aus der Zuhörerschaft, der sich beklagte »Wir können nichts hören«, seine vielzitierte Antwort »Wenn Sie aufpassen, hören Sie auch was.«

* Oper von Louis-Joseph-Ferdinand Hérold

** Oper von Giuseppe Verdi [Anm. d. Übers.]

Bei jeder Lesung, in welchem Land der Erde auch immer, gibt es stets zwei nebeneinandersitzende alte Frauen, die sich beklagen, daß sie nichts hören können. Immer wenn ich mit Dylan Thomas gemeinsam las, wandte er sich mir zu, bevor der Vorhang aufging und fragte: »Was meinen Sie, wo diesmal das schwerhörige Paar sitzt?«

Weniger angenehme Erinnerungen von meinen Lesereisen habe ich an Begegnungen mit Engländerinnen. Vor allem eine werde ich nie vergessen. Es war der Tag, an dem ich die Nachricht von Roy Campbells Tod bekommen hatte, und ich war früh zu Bett gegangen, da mich diese Mitteilung verständlicherweise zutiefst aufgewühlt hatte. Das Telefon klingelte, und die Stimme am anderen Ende sagte: »Sie und ich, wir sind beide aus England. Wir sollten uns zusammensetzen und mal richtig miteinander plauschen . . .«

Die Zeit hat einen Schleier über meine Antwort gezogen. Später fragte ich den Portier, ob es sich bei dem Anrufer – eine Medizinerin, wie sich später erwies – um einen Mann oder eine Frau handelte. »Ach«, gab dieser zur Antwort, »das wüßte hier jeder gern.«

Meine zweite Begegnung dieser Art hatte ich in Boston. Eine Engländerin vertrat mir, als ich im Hotel den Aufzug betreten wollte, mit den Worten den Weg: »Ach, Miss Sitwell. Es tut mir leid, daß ich Ihr kleines Konzert verpaßt hab.«

Da es sich um eine schon seit Monaten ausverkaufte Lesung handelte, war ich nicht besonders begeistert und gab zur Antwort: »Wir haben Sie alle schrecklich vermißt.«

In Chicago spielte, wie ich mich erinnere, ein besonders kräftiges blaues Licht auf den Aquamarinen, die ich wie stets trug, was zweifellos ihre Farbe veränderte. Eine wütende Stimme ertönte aus dem Zuschauerraum: »Das sind nie im Leben Smaragde!« Ebenfalls in Chicago wurde ein armer Mann fortgetragen, der einen epileptischen Anfall erlitten hatte, und zwar nach meiner Rezitation der Szene, in der Lady Macbeth schlafwandelt. Als ich diesen Vorfall später Miss Ethel Barrymore berichtete, wirkte sie tief beeindruckt und sagte: »Was für ein Kompliment!«

In erster Linie erinnere ich mich an Chicago wegen der Menschen, die ich dort kennengelernt habe und die mir gute Freunde geworden sind – eine Gruppe bezaubernder und lebhafter junger Menschen mit einer ausgesprochenen Ader für Späße. Eines Tages kam mit der Post der Brief eines Bewunderers, in dem es hieß: »Zauberhaftes Wesen. Keine Gefahr möge Sie von uns fernhalten. Wir halten uns jede Woche in diesen Räumen auf, von Montag um 10 Uhr vormittags bis Freitag um 10 Uhr abends. Unser Doktor Rabinowitsch wird Ihnen verkünden, was die Sterne mit Bezug auf Ihre Gedichte und Ihre hochgeschätzte Person sagen. Kommen Sie, zauberhaftes Wesen ... unsere jungen Damen leben für nichts anderes, als Sie in ihren Armen zu halten.«

Meine jungen Freunde änderten das Wort »Gedichte« in »Kritiken«, steckten diesen Brief in einen Umschlag und schickten ihn nach England, an die Adresse eines bekannten englischen Kritikers, von dem ich, wie ich auf diesen Seiten schon klar gemacht habe, nicht allzu viel halte ...

Das sind Reminiszenzen, wie sie mir auf gut Glück in den Sinn gekommen sind. Minder bedeutende Erinnerungen, wie ich schon sagte, an einen großartigen Kontinent und wahrhaft bemerkenswerte Menschen. Eine sonderbare Ironie des Schicksals fügte es, daß mich später meine lieben Freunde Jock Whitney, damals Botschafter der Vereinigten Staaten in England, und seine Gattin Betsy nach St. Dunstans, ihrem Haus im Regent's Park, einluden, und ich merkte: das Haus, in dem sie mich mit der Wärme ihrer Freundschaft so glücklich machten, war eben das, in dem ich als kleines Mädchen so todunglücklich gewesen war, zu einer Zeit, da es meinem Onkel Francis als Londoner Stadthaus gedient hatte.

So sieht die der Güte innewohnende magische Verwandlungskraft aus ...

Los Angeles ist die einzige Stadt Amerikas, in der ich mich längere Zeit aufgehalten habe.

Hollywood

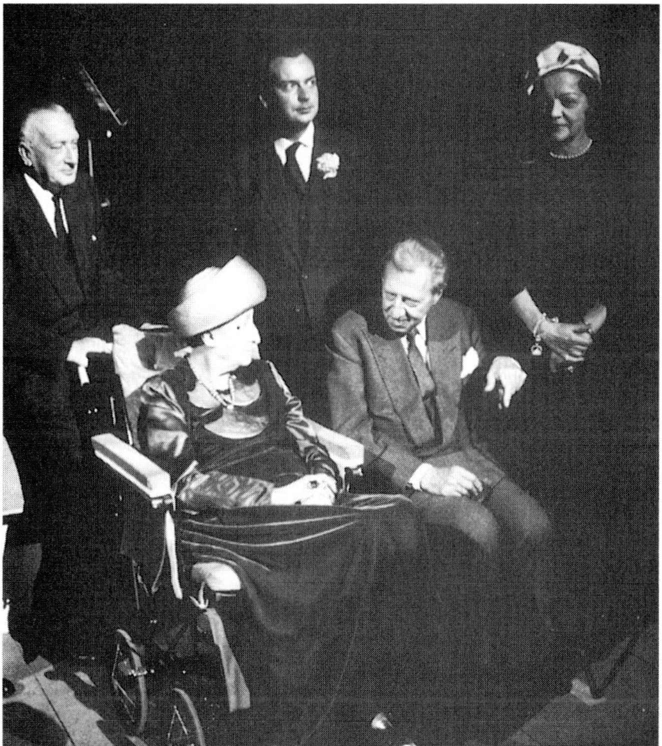

Dame Edith
in New York 1962

Bei meinem ersten Besuch in Hollywood, der auf George Cukors Anregung zurückging (der einmal geglaubt hatte, man könne mein Buch *Fanfare for Elizabeth* verfilmen), erfuhr ich aus den Zeitungen, eine kleine alte Dame in knöchellangem Pelzmantel und schwarzen Sandalen habe sich in Hollywood eingeschlichen.

Diese zwergwüchsige Alte von einem Meter achtzig, die noch nie im Leben schwarze Sandalen getragen und sich gewiß noch nie irgendwohin *geschlichen* hatte, war leicht überrascht.

Während Osbert und ich die gewaltige Strecke vom Bahnhof zum Hotel *Bel Air* fuhren, wo wir die erste Woche blieben, bevor wir in einen hohen Wohnblock am Sunset Boulevard zogen, schien die frühmorgendliche Luft voll bezaubernder Schönheit. Selbst die Straße erweckte ein Gefühl der Erregung.

Die Entfernungen in Hollywood und Los Angeles sind ungeheuer. Wenn wir bei Essenseinladungen fragten, wie lange es dauern werde, das Haus des Gastgebers zu erreichen, bekamen wir häufig zur Antwort: »Ach, es ist ganz nah. Es dauert höchstens eine Dreiviertelstunde!«

Auf dem Weg vom Bahnhof fuhren wir zwischen endlosen Reihen riesiger Palmen, mit denen die langen Boulevards bestanden sind. Es ging an luxuriösen Häusern vorbei – dort wohnten die Filmstars. Vieles an Hollywood erinnerte mich stark an verschiedene Stellen aus Arthur Rimbauds *Les Illuminations,* beispielsweise die Visionen in ›Métropolitain‹: *»Des routes bordées de grilles et de murs, contenant à peine leurs bosquets, et les atroces fleurs qu'on appellerait cœurs et sœurs, Damas damnant de longueur, – possessions de féeriques aristocraties ultra-Rhénanes, Japonaises, Guaranies . . .«*

(›Stadtbahn‹: »Straßen, eingerahmt von Gittern und Mauern, die nur mit Mühe ihre Gebüsche zusammenhalten und die grauenhaften Blumen, die man Herzen und Schwestern nennen könnte, Damast, der einen rasend machen könnte vor Sehnsucht, - Besitzungen von zauberhaften Adelsgeschlechtern jenseits des Rheins, Japanerinnen, Guaraninnen . . .‹«)

Große goldene Tausterne fielen von den hohen Mimosenbäumen, den Oleandern, den riesigen Baumfarnen und anderen Erzeugnissen der tropischen Vegetation. (Obwohl es Januar war, herrschte eine beinahe tropische Hitze.)

Leute, die nichts vom Leben in Hollywood wissen, haben an seine Stelle eine falsche Vorstellung des Künstlerlebens gesetzt, die Murgers *Szenen aus dem Leben der Bohème* vor fünfzig Jahren oder mehr in manchen Köpfen hervorgerufen hat. Kein Künstler, der den Namen verdient, führt ein solches Leben, und Filmsterne gründen ihr Dasein nicht auf solche Prosa-Beispiele, wie ich sie parodieren werde und die den Lesestoff der Zeitungs-Klatschspalten bilden.

»Freunde der So-und-Sos sind gestern im Eifer, als erste hinein zu gelangen und mir mitzuteilen, wie sehr sie den Kopf über diese Hochzeit schütteln, förmlich über ihre eigenen Füße gestolpert. Pixie soll am Samstag in dem und dem Nachtklub Bill ins Gesicht gespuckt und dieser sie daraufhin geschlagen haben. Beide wurden vor die Tür gesetzt und haben draußen ihren Streit fortgeführt. Schade! Sie sind erst seit zwei Wochen verheiratet, und wenn es auch erst ihre siebzehnte und bei ihm sogar erst die fünfzehnte Ehe ist, fürchteten Freunde, sie hätten schließlich doch das Glück gefunden. Dabei ist Pixie eine so *reizende* junge Frau und eine *vollkommene Dame!* Und obwohl man Bill als Kommunisten aus dem Lande verbannen müßte, ist er doch so, wie jede Mutter ihren Sohn gern hätte. Doch jetzt bleibt Pixie stets schmollend zu Hause, während Bill mit einer hinreißenden Blondine umherzieht. Schade. Bis morgen!«

»Es sieht ganz so aus, als hätte Pixie doch nicht Bill ins Gesicht gespuckt. Sie wollte Millicent treffen, die mit Pixies vierzehntem Mann, Porky Panzo, geht, hat sie aber verfehlt. Schade! Und Bill hat sie auch nicht geschlagen, und man hat sie auch nicht aus dem Klub gewiesen. Und die schöne Blondine ist Bills Schwester Joey. Also ist sie keine hinreißende Blondine, obwohl sie wirklich schön und auch blond ist. Und daß Pixie nie mit Bill ausgeht, liegt einfach daran, daß sie um 9:23 vormittags am kommenden Montag ein Kind bekommen wird (der reinste Engel, lauter Locken!). Und sie sind seit zwei Jahren verheiratet, nicht seit zwei Wochen. Und Bill ist auch kein Kommunist. Und sie sind alle so glücklich und lieben einander so sehr. Und Pixie ist eine so bezaubernde junge Frau, und auch Joey, und Bill ist ein wunderbarer Mann und – Augenblick, lassen Sie mich zu Atem kommen.«

Kurz, »Freunde« hatten wieder einmal zugeschlagen.

Nur ein einziges Mal hatte ich eine kurze Auseinandersetzung mit einer Dame jener Art. Ihre Artikel werden in jedem von Metzgern und Kolonialwarenhändlern kostenlos an Hausfrauen abgegebenen Blättchen nachgedruckt, und sie ist eine keineswegs unbeachtliche Nervensäge.

Nach einigen Monaten, in denen sie mir allwöchentlich nachstellte (»Na schön, Edith, es ist ja nur die englische Sprache, die Sie massakrieren«), schrieb ich ihr und ließ sie wissen, daß ich sie zu strafen gedächte: »Aber wenn es so weit ist, werden Sie nicht merken, was über Sie gekommen ist! Ich weiß nicht, wie ich Sie anreden soll. Eine Gans kann ich Sie nicht nennen, denn Gänse haben das Kapitol in Rom gerettet, Sie aber könnten gackern, so viel Sie wollen – Sie würden niemanden damit aufwecken!

Auch einen Esel kann ich Sie nicht nennen, denn Bileams ständiger Begleiter sah einen Engel und erkannte ihn.

Ich kann mir nur vorstellen, daß Sie ins Reich der Pflanzen gehören, und damit ist klar, daß all Ihr Zischen und Wüten auf das Zerfallen pflanzlicher Materie zurückgeht.«

Damit endete die Korrespondenz. Doch zuvor traf ich mit der Dame zusammen – kurz, aber nicht annähernd kurz genug.

Ich besuchte eine Gesellschaft in Hollywood, als sich irgend etwas auf mich zu bewegte. Der Mann, der gerade mit mir sprach, erklärte, es müsse sich um ein schlecht verschnürtes Paket handeln, das Pfadfinderinnen nach einem Lager fortgeworfen hatten und das dem Blick der Allgemeinheit jeweils zur Hälfte verbeulte Haushaltswaren und die offenherzige Wäsche der lieben und tatkräftigen jungen Mädchen preisgab.

Doch ich bin eine geschulte Beobachterin, und so wurde mir nach einem kurzen prüfenden Blick klar, daß es sich um Miss X. handelte, die Dame, die mich seit einiger Zeit verfolgte. Ich sah mir ihr Gesicht nicht genau an, habe mir aber von einem unserer bemerkenswertesten Dramatiker sagen lassen, daß es eine Quelle der Sorge für sie bedeute, denn es bestehe aus einer »wilden Flucht von der Nase bis zum Nabel«. Sie trug an manchen Stellen eine ungeheure Menge von Kleidungsstücken und an anderen – es war ja Abend – keine. Das gleiche System – wenn man den Begriff in diesem Zusammenhang verwenden darf –, fand Anwendung auf ihre Haare, die an den unerwartetsten Stellen konzentriert hervorzubrechen schienen. Noch dem oberflächlichsten Beobachter war klar, daß sie ihre lustigen, kleinen Launen, Schrullen und Grillen hatte.

*

Sobald Osbert und ich in Hollywood eintrafen, lud uns der große Filmregisseur George Cukor zu einer Mittagsgesellschaft ein. Als ein auf vielen Gebieten gebildeter Mann bewies er ein weitgehendes Interesse, nicht nur am Film, der von ihm betriebenen Kunst, sondern an allen Künsten – und sein Haus, eins der schönsten in Hollywood, ist voller Freude, Zauber und Originalität. Es ist grundlegend anders als alle anderen Häuser, die ich kenne, und spiegelt in jeder Beziehung die ungewöhnlich einfühlsame Wesensart und die vornehme Denkweise seines Besitzers wider. Neben anderen Schätzen besitzt er einige ausnehmend schöne Stühle mit vergoldeten Beinen. Sie stammen aus dem achtzehnten Jahrhundert, und ihre Lehnen und Sitzflächen sind aus riesigen Stücken Perlmutt gefertigt. Unter seinen Gemälden befindet sich ein begeisternd schöner Renoir.

Er besaß auch – jetzt leider nicht mehr – einen lebenden Schatz in Gestalt eines riesigen schwarzen Pudels, etwa so groß wie ein Shetlandpony. Sascha, dies liebe und entzückende Geschöpf, mit einer Haartracht wie der Herrscher der Kannibalen-Inseln, und an keiner Stelle seines Körpers getrimmt, war so sehr auf seinen Herrn fixiert, daß er, kaum wurde dieser aus dem Zimmer gerufen, stöhnend sein Mißvergnügen herauskeuchte und sich, in der Hoffnung, dort Trost zu finden, an die Brust eines jeden in der Nähe Befindlichen warf – in der ganz und gar irrigen Annahme, Mr. Cukor habe den Wunsch, ihm für immer zu entfliehen.

Es handelte sich um eine große Mittagsgesellschaft, und unter den Gästen befand sich Ethel Barrymore, ein mit Leben und Witz begabtes prachtvolles Standbild, sowie Merle Oberon, die wie ein dunkler und entzückender Schwan wirkte.

*

Am folgenden Nachmittag suchte mich einer der Herren auf, der mit mir an dem Filmprojekt arbeiten sollte. Ich war ihm noch nie zuvor begegnet, ein Mann mit viel Gefühl für Spaß, der aber sehr ernst dreinblickte. Wir gingen gemeinsam die Szenenfolge durch. »Und jetzt kommen wir«, sagte Mr. . . ., »zu der Szene, in der diese Hanswürste von Kardinälen dem König (Heinrich VIII.) ewige Verdammnis androhen. Und Sie lassen den König zu ihnen sagen: ›Von mir aus, Jungs, nur zu! Sagt euerm Chef, dem Papst, *ich* bin König von England. Er soll sich mit seinen ewigen Verdammungen zum *Teufel* scheren!‹«

Bei einem Besuch im Hause meiner alten Freunde Aldous und Maria Huxley fand ich Spaß, Munterkeit und Glück meiner verlorenen Jugend wieder.

Eines warmen Nachmittags klagte Aldous, an einen Baum gelehnt, über gewisse präraffaelitische Maler: »*Wirklich,* Edith, wie ich hier mit dem Rücken an dem Baum stehe, fällt mir unwillkürlich das Bild mit dem Titel »Die lange Verlobung« ein, bei der ein anglikanischer Vikar mit langem Kaiserbart eine bleiche Frau an sich drückt, der die Hoffnungslosigkeit im Gesicht geschrieben steht. In die Rinde des Baumes, an dem er lehnt, ist ein Herz mit den Initialen der beiden geschnitten.«

Eine hitzige Auseinandersetzung über die Gründe der langen Verlobungsdauer folgte – Aldous vertrat die Ansicht, sie gehe auf das »völlig unzureichende Gehalt« des Geistlichen zurück.

Bei einer anderen Gesellschaft lernte ich Mary Pickford kennen, eine Zuckerbäcker-Göttin aus Eis mit Vanillegeschmack. Sie berichtete mir ziemlich ausführlich über ihre Rolle im Film »Der kleine Lord Fauntleroy« und äußerte sich über die ernstzunehmende Pflicht aller Künstler, die darin bestehe, das seelische Leben ihres Publikums zu kräftigen!

Solange ich mich in Hollywood aufhielt, bekam ich nur wenige der Stars zu sehen. In New York war ich Charles Chaplin und Greta Garbo begegnet, letztere körperlich ein Wesen aus dem Reich der Lilien, mit Herz und Sinn eines Menschen.

Aber ich begegnete dort Marilyn Monroe.

In ihrem Privatleben war sie nicht im entferntesten so, wie ihre Verleumder sie hinstellten. Sie war sehr still, besaß viel natürliche Würde (ich kann mir nicht vorstellen, daß irgend jemand, der sie kannte, versucht hätte, sich bei ihr Frechheiten herauszunehmen), war überaus intelligent und ungewöhnlich empfindsam.

Welche Willenskraft muß sie aufgebracht haben, um nach der Grausamkeit, mit der man sie behandelt hatte, der Mensch zu bleiben, der sie war! Diese Grausamkeit war ganz und gar schändlich. Sie ging wohl zum Teil auf den Neid solcher Menschen zurück, denen es an Schönheit mangelt, und zum Teil auf die herzlose Dummheit jener, die nie große und schreckliche Armut erlebt haben.

Auch gibt es Menschen, die nicht glauben können, daß Schönheit und Frohsinn Teil des Guten sind. So kann ich nicht umhin, an die Antwort zu denken, die der große Naturkundler John Ray auf die Frage »Welchen Nutzen haben Schmetterlinge?« gegeben hat: »Sie sind dazu da, die Welt zu verschönern, das Auge des Menschen zu entzücken, die Landschaft aufzuhellen und in großer Zahl als goldener Flitter die Felder zu zieren.«

Im Zusammenhang mit Grausamkeit müssen wir versuchen, uns der Dummheit zu erinnern, des Neides und der Enttäuschung, auf die sie zurückgeht. Alexander Pope hat in einem Brief geschrieben: »Die Boshaftigkeit meiner Verleumder kommt ihrer Dummheit gleich. Erstere vergebe ich, die zweite bemitleide ich, und beide verachte ich.«

(Pope selbst hatte man den Vorwurf der Grausamkeit gemacht. Aber es ist ein wenig ermüdend, unaufhörlich grundlos gequält zu werden. Und vielleicht nahm Pope an, weil das auf ihn zutraf, könne er es seinen Quälgeistern mit gleicher Münze heimzahlen.)

Zum ersten Mal begegnete ich Miss Monroe, als ich am Sunset Boulevard in einem ungeheuer hohen Gebäude mit dem Namen Sunset Tower eine große Wohnung hatte. Den Haushalt führte mir dort eine ungarische Witwe, Mrs. Pastor, eine Frau wie von Shakespeare gestaltet. Ich glaube, wüßte man, wer Perditas Ziehmutter, die Frau des Hirten im *Wintermärchen* war, hätte man in ihr Mrs. Pastors Schwester erkannt, eine warmherzige, erdverwurzelte Heilige, die stets nur gibt – Zeit, Geld und eine Freigebigkeit, ohne jede Spur der Kälte, die diese sonst umgibt.

Sie kennt die Welt, doch hat das ihre große und menschenfreundliche Würde ebensowenig vermindert, wie ihr die Düsternis der Welt etwas von ihrer Güte genommen hat.

Sogleich nach meiner Ankunft in Amerika wollte die Redaktion einer der großen amerikanischen Massen-Zeitschriften von mir eine Beschreibung des Landes, noch wichtiger aber war es den Leuten, mich mit Miss Monroe zusammenzubringen. Für sie lag es auf der Hand, daß wir geboren waren, einander auf den ersten Blick zu hassen und das auch prompt tun würden, so daß die Berichterstattung über die Kränkungen, die wir einander entgegenschleudern würden, Schlagzeilen machen müßten.

Sie irrten sich.

*

Bei unserer Begegnung trug sie ein grünes Kleid und sah mit ihrem blonden Haar aus wie eine Narzisse.

Wir sprachen, soweit ich mich erinnere, in erster Linie über Rudolf Steiner, dessen Schriften sie gerade gelesen hatte – Eine Zeitlang war auch Helen Rootham überaus an Steiner interessiert gewesen, und so fand ich mich eines Abends als Zuschauerin bei etwas wieder, was – glaube ich – Naturtanz hieß (vermutlich gelangt man dabei zur Einheit mit der Allmutter Erde) und wobei Damen eines nur zu gewissen Alters mit staubbedeckten großen und bloßen Füßen über einen teppichlosen Boden galoppierten. Ich weiß nicht, ob man diese Zurschaustellung Dr. Steiner zuschreiben darf, aber das Ganze schien etwas mit dem Höheren Denken zu tun zu haben, und ich fürchte, Miss Monroe und ich konnten uns das Lachen dabei nicht verkneifen.

Im Ruhezustand lag auf ihrem Gesicht in manchen Augenblicken eine sonderbare prophetische Tragik, es war das Gesicht eines schönen Geistwesens - ein kleiner Frühlingsgeist, ein unschuldiger Fruchtbarkeitsdämon, der Vegetationsgeist, der Ophelia war.

Auch wenn man einmal nicht an die Witterungsextreme denkt (im einen Augenblick herrscht eine Hitzewelle - die eine merkwürdige Liebesgeschichte bedeutet, ob mit glücklichem oder tragischem Ausgang -, im nächsten stürzen solch tobende Regengüsse vom Himmel, daß man beinahe fürchtet, stehend zu ertrinken), sind die Gegensätze in Hollywood enorm.

Das gilt auch für die Gegensätze zwischen dem Leben derer, die dank natürlicher Gaben alle Hindernisse überwunden haben, und dem der Halbtoten, der Not der Elenden, denen das Glück nur leere Hände zeigte und die, ohne begabt zu sein - vielleicht irregeleitet davon, daß sie in früher Jugend recht gut aussahen -, nach Hollywood gekommen waren, um dort das Gold aufzulesen, mit dem, wie sie glaubten, die Straßen gepflastert seien.

Am Tag, da ich Miss Monroe erstmals begegnete, sah ich mich diesen Gegensätzen von Angesicht zu Angesicht gegenüber.

Zuerst will ich von dem dunklen Schatten sprechen, der über dem ersten Teil jenes Februarnachmittags lag - ein Nachmittag, an dem große Hitze herrschte (in Hollywood im Februar keineswegs ungewöhnlich).

Zu Beginn jenes Nachmittags fuhr man mich durch den wohlhabenden Teil Hollywoods zum schlimmsten Elendsviertel von Los Angeles. Ich weiß nicht mehr, wie es wirklich heißt, doch man nannte es, wie alle üblen Elendsviertel in Amerika, »Skid Row« - tiefer kann man nicht sinken.

Mich begleiteten die Fotografen jener Zeitschrift, die mich in ihre Dienste genommen hatte - freundliche, gutmütige Männer, die viel Geduld mit dem armen, halbverrückten menschlichen Treibgut aufbrachten, Elendsgestalten, die fotografiert werden wollten - vielleicht, um angesichts ihrer auf diese Weise verewigten Gesichter glauben zu können, daß sie noch lebten.

Einer der Fotografen - und diese Episode scheint mir die Atmosphäre des Lebens, das die Bewohner Hollywoods führen, in unnachahmlicher Weise wiederzugeben - hatte einmal das merkwürdige Erlebnis, sich eines Tages am Nordpol wiederzufinden und vier Tage später in Hollywood einen blutigen Kampf zwischen mit Tomahawks bewaffneten Rothäuten aufzuhalten; er war aus Versehen in die Szene geraten, hatte seinen Kopf zwischen die geschwungenen Kriegsbeile bekommen und war dabei zu Boden gestürzt, wo er im Koma liegenblieb. Die Kampfszene mußte unterbrochen und von vorn bis hinten neu gedreht werden; kein Wunder, daß ihn der Regisseur wegen seines Dazwischentretens von ganzem Herzen verfluchte.

Zu meinen Begleitern in diesen Kreis der Hölle gehörte auch mein farbiges Mädchen Velma (Mrs. LeRoy), die man 1962 aus Hollywood nach England geflogen hat, damit sie mit mir im Fernsehen auftreten konnte. Sie hat ein Gesicht wie eine große gelbe Treibhaus-Begonie, riesige schwarze Kulleraugen, glattgezogenes Haar, das aber dennoch im Nacken in einem kleinen gelockten Drachenschwänzchen endet, und überaus zarte Handgelenke und Fußknöchel - sie gehören zu den rassigsten, die ich je gesehen habe. Außerdem begleitete uns ein riesiger farbiger Polizist, ein Freund von Velmas »lieben Brüdern«.

Wir fuhren bei dem herrlichen goldenen Wetter zuerst in die Chinesenstadt mit ihren wunderbaren Häusern, deren Dächer mit Drachen bemalt sind. Hier sahen wir trotz der Armut nur glückliche Gesichter. Freundschaft schien allumfassend zu sein. Nichts wirkte schmutzig, keinerlei Spuren von Verzweiflung waren zu erkennen - vielleicht, weil niemand Ehrgeiz entwickelt hatte; und es gab sogar Anzeichen eines bescheidenen Luxus - beispielsweise Obstläden, in denen man herrliche goldene, fremdländisch aussehende Früchte erblickte, die großen Monden ähnelten.

Was die Menschen sprachen, während wir die Straße entlangfuhren, war wie der Klang von Juniblättern, die Regen trinken.

Doch aus der Chinesenstadt gelangten wir in das schlimmste Elendsviertel, das ich je gesehen habe - noch schlimmer als die fürchterlichen Elendsquartiere Neapels, die es inzwischen nicht mehr gibt.

Die Straße war ungeheuer breit. Ich glaube, es hätte fünf Minuten gedauert, sie zu Fuß zu überqueren. Und das war einer ihrer Schrecken, denn auf dem einen Gehsteig konnte eins der menschlichen Wracks Hungers sterben, ohne daß die auf dem gegenüberliegenden vorübergehenden halbtoten Geschöpfe etwas davon ahnten; sie konnten auch, von ihrem eigenen Elend benommen, völlig unberührt bleiben.

Als wir die Chinesenstadt verließen, sahen wir, daß von jener ungeheuerlichen Straße eine Gasse nach links abging, die Gott weiß wohin führen mochte. Vielleicht nirgendwohin, außer in eine Art Vorhölle des Todes, wo jegliche Individualität aufgehoben war.

Trotz des goldenen Wetters machte die entsetzliche Straße den Eindruck, als sei sie in mit Flitter besetzte schwarze Gaze gehüllt, und an ihrem Eingang sah man einen Laden ohne Fenster und Türen, der mit unsäglichen schwarzen Lumpen behangen war, die aussahen, als habe man sie den Toten gestohlen.

Dort stand eine Anzahl von Mietshäusern, die den Eindruck aufkommen ließen, als seien sie ausschließlich von Geistern und Ratten bewohnt – Häuser wie das von James Purdy in seiner großartigen Novelle *Sixty-Three, Dream Palace* beschriebene. Dort befand sich auch eine große Zahl kirchlicher Hilfsstellen, die wie Särge aussahen. Die Elenden, die vor dem Verhungern standen, betraten diese abweisenden Gebäude und bekamen zur Belohnung dafür, daß sie sich eine Predigt anhörten und ein Gebet mitsprachen, eine Tasse Kaffee und ein Stück Gebäck. Auch abscheulich aussehende Vergnügungspaläste in der Art von Varietétheatern gab es dort, in deren Eingängen wie Cowboys gekleidete, ungeheuer aufgeblähte, aberwitzig große und ungeschlachte Gestalten standen.

Die Menschen, die über die Gehsteige krochen, sahen aus, als bestünden sie entweder aus roten oder aus grauen Fetzen. Die aus roten Fetzen bestehenden husteten unaufhörlich, die anderen starrten lediglich vor sich hin.

Es gibt keine Berührung zwischen einem Menschen und einem anderen. Verhungert jemand, ist das ausschließlich seine Sache. Er darf nicht erwarten, daß sich ein anderer, dem dasselbe Geschick droht, darum kümmert. (Jedesmal, wenn ich einen Armen sehe, sehe ich den am Kreuz Geschundenen vor mir.)

Und was ist mit den Obdachlosen, die durch jene Straße treiben? Bevor ich sie aufsuchte, hatte ich gerade Jonathan Swifts *Ein bescheidener Vorschlag* gelesen. Man habe ihm versichert, heißt es darin, »daß ein junges, gesundes, guternährtes Kind im Alter von einem Jahr eine äußerst wohlschmeckende, nahrhafte und bekömmliche Speise sei . . .«

Er fährt fort, er denke, da diese Speise recht teuer sei, komme sie *für Grundbesitzer* infrage, denn ihnen scheine am ehesten ein Anspruch auf die Kinder zuzustehen, nachdem sie schon die Eltern größtenteils zugrunde gerichtet hatten.

Es gab nur hier wenige Geschöpfe, die einst Frauen gewesen waren, und sie hätten geschlechtslos wie die Toten gewirkt, wäre nicht bei einigen zu sehen gewesen, wie sie inmitten der flatternden Banner ihres Elends ein Kind an sich preßten.

Bekümmert dachte man an die Ebene voll Winterwölfe unter den Herzen jener Wesen, die einst Männer und Frauen gewesen waren ... ohne Persönlichkeit ... ohne Gesicht für Tränen ... ohne Erinnerung ... ohne Alter ... ohne Habe außer der Nacht und dem Tag. Einst besaßen sie einen Namen, doch jetzt, da es niemanden gab, der ihn aussprach, hatten sie ihn beinahe selbst vergessen. Nur an ihrer Haut war zu erkennen, daß sie noch lebten. Doch wird, wie Swift in seinem *Bescheidenen Vorschlag* anregt, »diese Haut, kunstvoll bearbeitet, wunderbare Handschuhe für Damen liefern und Sommerstiefel für Herren.«

Sie trieben mit einer besonderen Art der Fortbewegung die Straße entlang. In einer Artikelreihe über Skid Row, die Mr. Lou Larkin unter dem Titel »Die Legion der Verdammten« für den *Mirror* von Los Angeles verfaßt hatte, beschrieb er diese Elendsgestalten, unter denen er zehn Tage zugebracht hatte: »Sie gehen nicht, sondern fallen beständig vorwärts. Es ist eine langsame muskellose Bewegung, die nahezu ausschließlich dem Gesetz der Schwerkraft unterliegt ... man läßt den Rumpf nach vorn fallen, das rechte Knie strafft sich und trägt den Körper, der dann leicht seitwärts kippt. Diese Bewegung hebt das linke Bein vom Boden. Frei schwingt es wieder fünfzig Zentimeter nach vorn, und so weiter. Altgediente Landstreicher können bestätigen, daß man bei dieser Art der Fortbewegung weniger Energie verbraucht, als damit, daß man stehenbleibt.« Fragte man diese Leute, wohin sie gehen – ob sie es wüßten? Sie kommen nirgendwo her und gehen nirgendwo hin – wie alle anderen und alles andere. Sie kennen nur den einen Wunsch, das Ende der Welt möge kommen.«

Während ich diese Menschen ansah, dachte ich: »Vielleicht *ist* es schon gekommen.«

*

Ich hatte Skid Row durch das Licht eines falschen Frühlings übergoldet gesehen. Aber jetzt gehe ich in meinen schlaflosen Nächten erneut durch diese lange Straße, unvergoldet von jenem Licht, so, wie sie wirklich ist, in eine Welt, die dem Winter anheimgefallen ist. Und ich war Teil jener Winterwelt.

Winter ist die Zeit der Behaglichkeit, guten Essens, die Zeit der Wärme, die Zeit, eine Freundeshand zu berühren und am Feuer miteinander zu reden; es ist die Zeit, daheim zu sein. Es ist keine Jahreszeit, in der man durch die Welt zieht, als sei man der Wind, der ziellos durch die Straßen bläst, ohne Ort, da man rasten könnte, ohne Nahrung, und ohne daß einem Zeit etwas bedeutete – genauso, wie dem Wind Zeit nichts bedeutet. Das einzige, was ihm etwas bedeutet, ist Anfang und Ende. Und Kälte. Doch hier, in den Höllenkreisen der Stadt, kriechen ohne Freund noch Obdach zwanzigtausend Menschen, die unter die Welthöhe leerer Häuser gesunken sind. Den ganzen Tag über, umgeben vom betäubenden mörderischen Dröhnen des Tageslichts, das sich in die ungeheure Tartaros-Finsternis des Nebels wandelt, durch die tiefsten Kreise der Hölle, traten alle Ausprägungen des Elends auf und schwanden wieder. Monströse Gestalten, die blicklosen Gesichter dem Himmel zugekehrt, der ihrer nicht achtet, klopften mit einem hohlen Geräusch auf den Boden, das Millionen von Faden tief bis in die Mitte der Erdkugel zu hallen schien. Denn in dieser Stadt der beständigen Nacht vermögen nur die Blinden zu sehen. Über die breiten Gehsteige, so lang und hart wie die ungeheure Hauptstraße der Hölle, kalt wie die allumfassende Schwärze des Höllentags, trieben die Türme aus Lumpen und Knochen – jeder ein All des Elends, eine Welt aus

Hunger und Polarwüsteneien, von allen anderen abgeschlossen. Einige waren jung und trugen nichts zwischen der Haut und ihrer einzigen äußeren aus Lumpen bestehenden Umhüllung, so daß es schien, als habe man sie früh für ihr Grab hergerichtet.

Bei denen, die älter waren, konnte man glauben, alle Nationen der Toten hätten sich erhoben, in ihre eine Million Jahre alten Lumpen gehüllt, um uns anzuklagen. Flüsternd drang es durch meine Schlaflosigkeit. »Was haben wir getan? Was haben wir getan? Jetzt ist immer Nacht und Winter. Und man hat uns hinab in die Hölle geworfen. Nacht für Nacht! Woche für Woche, Monat für Monat, Jahr für Jahr ... Wie viele Augenblicke machen eine Stunde, wie viele Stunden eine Nacht, wie viele Nächte ein Jahr, wie viele Jahre ein Leben? Und jede Nacht eine Ewigkeit aus Kälte.«

»Warum begräbt man uns nicht?« fragte eine andere Stimme. »Warum nur begräbt man uns nicht? Dort wäre es wärmer.«

Vor meinem Haus wirbelt noch immer ein wenig Staub auf, hört man die Unterhaltung von Leuten, die nach wie vor hoffen, mich stören und mein Gehirn verfaulen lassen zu können, wie sie es mein ganzes Leben hindurch versucht haben.

Aber jetzt ist alles stiller, eine geschrumpfte Welt ohne Horizonte. Dennoch gewahre ich bisweilen eine riesige Löwenpranke auf meiner Fensterbank, und meine Drei Besucherinnen kommen wie eh und je – die mit dem einen Zahn (aber was für ein reißender Wolfszahn das wäre, gäbe es außer der bloßen Leere etwas zu beißen!) – die mit dem einen Auge, sie schaut in die von den undurchsichtigen Schwaden der Bombe verhüllte trübe Zukunft – die mit dem einen Ohr wartet auf eine Botschaft aus dem Jenseits.

Sie kommen nach wie vor zu mir. Aber bald werden die drei Nornen ihre Besuche einstellen.

Dann wird alles vorüber sein, abgesehen vom Schreien und den Würmern.

ANHANG

Nachweis der Zitate

Alle Zitate dieses Buches, die hier nicht nachgewiesen werden, übersetzte Karl A. Klewer, da keine deutschsprachigen Ausgaben zu ermitteln waren.

S. 17 Sören Kierkegaard, *Die Tagebücher,* Erster Band. Ausgewählt, neu geordnet und übersetzt von Hayo Gerdes, Düsseldorf 1962

S. 18 Arthur Rimbaud, *Les Illuminations (Farbstiche),* »Fleurs« (»Blumen«); aus: A. R., Sämtliche Dichtungen. Französisch und Deutsch. Übersetzt von Walther Küchler, Heidelberg 1962

S. 33 Arthur Rimbaud, *Une Saison en Enfer (Eine Zeit in der Hölle),* a.a.O.

S. 33 Gertrude Stein, *Porträts und Stücke,* Band I. Aus dem Amerikanischen von Bernd Samland, Zürich 1986

S. 41 William Blake, *Die Hochzeit von Himmel und Hölle,* Übersetzt von Walter Wilhelm, Berlin 1958

S. 44 Jean Cocteau, Kritische Poesie, Teil II, Deutsch von Friedrich Hagen, Frankfurt am Main 1988

S. 49 Arthur Rimbaud, *Les Illuminations (Farbstiche),* »Enfant« (»Kindheit«), a.a.O.

S. 56 Alexander Pope, *Der Lockenraub,* Übertragung von Rudolf Alexander Schröder, Frankfurt am Main 1968

S. 61f. Bernhard von Clairvaux, *Gotteserfahrung und der Weg in die Welt.* Herausgegeben, eingeleitet und übersetzt von Bernardin Schellenberger, Olten und Freiburg 1982

S. 68f. Edith Sitwell, *Gedichte,* Englisch und Deutsch. Herausgegeben und übersetzt von Werner Vordtriede, Frankfurt am Main 1964

S. 102 Arthur Rimbaud, *Les Illuminations (Farbstiche),* »Villes«, (»Städte«), a.a.O.

S. 109f. Blaise Pascal, *Pensées.* Über Religion und die Gegenstände. Übertragen und herausgegeben von Ewald Wasmuth, Heidelberg 1978

S. 110 Louis-Ferdinand Céline, *Reise ans Ende der Nacht,* Übersetzt von W. Rebhuhn, Hamburg 1958

S. 158 Lewis Carroll, *Alice im Wunderland.* Übersetzt und herausgegeben von Christian Enzensberger, Frankfurt am Main 1963

S. 190f. Edith Sitwell, *Gedichte,* a.a.O.

S. 227 John Milton, *Das verlorene Paradies.* Aus dem Englischen übertragen und herausgegeben von Hans Heinrich Meier, Stuttgart 1968

S. 243 ff. Edith Sitwell, *Gedichte,* a.a.O.

S. 249 Alexander Pope, *Die Dunciade.* Deutsch von J. J. Dusch, Straßburg/ Mannheim 1778

S. 263 R. W. Emerson, *Vertreter der Menschheit.* Aus dem Englischen übertragen von Heinrich Conrad, Leipzig 1903

S. 267 Friedrich Nietzsche, Werke, Abt. 2. Herausgegeben von F. Koegel, Leipzig 1896

S. 274 Arthur Rimbaud, *Une Saison en Enfer (Eine Zeit in der Hölle),* a.a.O.

S. 275 f. Dylan Thomas, *Ausgewählte Gedichte.* Übersetzt von Erich Fried, München 1967

S. 277 Walt Whitman, *Lyrik und Prosa.* Herausgegeben und mit einem Nachwort von Hans Petersen, Berlin 1966

S. 278 Katharina von Genua: aus: Martin Buber, *Ekstatische Konfessionen,* Leipzig 1923

S. 278 f. Dylan Thomas, *Ausgewählte Gedichte,* a.a.O.

S. 291 f. Arthur Rimbaud, *Les Illuminations (Farbstiche),* »Métropolitain« (»Stadtbahn«), a.a.O.

S. 302 Jonathan Swift, *Ausgewählte Werke,* Band II, Politische Schriften, Frankfurt am Main 1972

Bildnachweis

Ein ungewöhnlich heftiges Kind
Lady Ida, die Mutter Edith Sitwells: Gemälde von Sir William Richmond.

In Ungnade, weil ein Mädchen
Edith, drei Jahre alt: Aus dem Familienbesitz der Sitwells.

Der Klang von Dichtung
Familienportrait von John Singer Sargent, Sammlung der Sitwell Settled Estates.

Die Pension
Davis mit Osbert, Sacheverell und Edith: Aus dem Familienbesitz der Sitwells.

Die Primeln hatten es nicht so gemeint
Edith, vier Jahre alt: Aus dem Familienbesitz der Sitwells.

Lange ist's her, manch' Jahr ist seitdem vergangen
Edith in den zwanziger Jahren: Studioaufnahme, BBC Hulton Picture Library.

Das Geräusch von Schritten
Cecil Beatons Fotoexperiment mit den Sitwells: 1926, Sotheby's Belgravia.

Frau auf Haft-Urlaub
Edith, Portrait von Roger Fry: 1918, Graves Art Gallery, Sheffield.

Aldous und Maria Huxley
Edith, Portrait von C. R. W. Nevinson: Aus den frühen 20er Jahren, Elizabeth Salter.

Auswärts essen
Edith, Photo von Cecil Beaton.

Der fehlende Kragen
Edith, Portrait von Wyndham Lewis: 1923, Tate Gallery, London.

Ein Rothaariger
Edith, Photo von Cecil Beaton.

Die Stunden, die ich mit dir verbrachte, Geliebter
Edith, Photo von Cecil Beaton.

Das Publikum soll lachen
Edith, Photo von Cecil Beaton: Popperfoto.

Exzentrikertum
Edith als Lady Macbeth: New York, 1950, George Platt Lynes photograph.

Die türkische Armee in die Flucht geschlagen
Edith, Portrait von Pawel Tschelitschew: 1935, Sir Sacheverell Sitwell.

Unter die Lupe genommen
Edith in Pembridge Mansions: 1928, Popperfoto.

Die Welt aus Schatten
Edith, mit Bildern von Tschelitschew: Pembridge Mansions, 1930, Photo von Cecil Beaton, Sotheby's Belgravia.

Vulgarität, wie sie bisher war, sein wird und auf immer sein soll, Amen
Edith, Portrait von Felix Topolski: 1959, University of Texas.

Roy Campbell & Dylan Thomas
Dame Edith: Portraitaufnahme von Mark Gerson.

Oberflächliche Eindrücke
Edith und Sir Osbert in New York: 1948, Keystone Press Agency.

Hollywood
Dame Edith in New York 1962: Daily Express. Weitere Personen auf dem Photo: Sir William Walton, Francis Sitwell, Sir Osbert und Georgia Sitwell.

Personenregister

Im Register wurden auch die Personen aufgenommen, die im Text indirekt erwähnt werden.

Lebensläufe

Spiegel des 20. Jahrhunderts

Peter Stephan Jungk
Franz Werfel
Eine Lebensgeschichte
Band 12121

Hans Keilson
Das Leben geht weiter
Eine Jugend in der Zwischenkriegszeit
Band 12122

Thomas Mann
Über mich selbst
Band 12123

Arthur Miller
Zeitkurven
Ein Leben
Band 12124

Yaakov Shabtai
Erinnerungen an Goldmann
Roman
Band 12125

Edith Sitwell
Mein exzentrisches Leben
Autobiographie
Band 12126

Anne Stevenson
Sylvia Plath
Eine Biographie
Band 12127

Leonard Woolf
Mein Leben mit Virginia
Erinnerungen
Band 12128

Fritz Zorn
Mars
Mit einem Vorwort von Adolf Muschg
Band 12129

Stefan Zweig
Die Welt von Gestern
Erinnerungen eines Europäers
Band 12130

Fischer Taschenbuch Verlag

fi 7000 / 1 b

Die Biographie einer der großen Schriftstellerinnen unserer Zeit und die Geschichte der literarischen Metropolen unseres Jahrhunderts: New York, Paris, London, Berlin

---

Djuna Barnes
Eine Biographie
von Andrew Field

Aus dem Englischen von
Ingrid von Rosenberg
Mit zahlreichen Abbildungen
384 Seiten
Fadenheftung. Lesebändchen
Schön gebunden
ISBN 3-627-10232-0

Djuna Barnes war Schriftstellerin, Künstlerin, Schauspielerin, Journalistin und eine aufregende Schönheit – oder wie ein Kritiker bemerkte: »Irgend etwas zwischen Greta Garbo und James Joyce.« Andrew Field zeichnet ein umfassendes Portrait dieser leidenschaftlichen und extravaganten Persönlichkeit und ein faszinierendes Bild der Künstler- und Schriftstellergeneration der zwanziger und dreißiger Jahre. »Ein aufregendes Buch, das jeder mit Gewinn lesen wird, der sich für die großen literarischen Epochen dieses Jahrhunderts interessiert.«

New York Times Book Review

Frankfurter Verlagsanstalt